经济所人文库

孙冶方集

中国社会科学院经济研究所学术委员会 组编

中国社会科学出版社

图书在版编目（CIP）数据

孙冶方集/中国社会科学院经济研究所学术委员会组编.
—北京：中国社会科学出版社，2019.1
（经济所人文库）
ISBN 978-7-5203-3502-7

Ⅰ.①孙…　Ⅱ.①中…　Ⅲ.①经济学—文集
Ⅳ.①F0-53

中国版本图书馆 CIP 数据核字（2018）第 251592 号

出 版 人	赵剑英
责任编辑	王　曦
责任校对	赵雪姣
责任印制	戴　宽
出　　版	中国社会科学出版社
社　　址	北京鼓楼西大街甲 158 号
邮　　编	100720
网　　址	http://www.csspw.cn
发 行 部	010-84083685
门 市 部	010-84029450
经　　销	新华书店及其他书店
印刷装订	北京君升印刷有限公司
版　　次	2019 年 1 月第 1 版
印　　次	2019 年 1 月第 1 次印刷
开　　本	710×1000　1/16
印　　张	21.5
字　　数	290 千字
定　　价	99.00 元

凡购买中国社会科学出版社图书，如有质量问题请与本社营销中心联系调换
电话：010-84083683
版权所有　侵权必究

中国社会科学院经济研究所学术委员会

主 任 高培勇

委 员 （按姓氏笔画排序）

龙登高　朱　玲　刘树成　刘霞辉
杨春学　张　平　张晓晶　陈彦斌
赵学军　胡乐明　胡家勇　徐建生
高培勇　常　欣　裴长洪　魏　众

总　序

作为中国近代以来最早成立的国家级经济研究机构，中国社会科学院经济研究所的历史，至少可上溯至1929年于北平组建的社会调查所。1934年，社会调查所与中央研究院社会科学研究所合并，称社会科学研究所，所址分居南京、北平两地。1937年，随着抗战全面爆发，社会科学研究所辗转于广西桂林、四川李庄等地，抗战胜利后返回南京。1950年，社会科学研究所由中国科学院接收，更名为中国科学院社会研究所。1952年，所址迁往北京。1953年，更名为中国科学院经济研究所，简称"经济所"。1977年，作为中国社会科学院成立之初的14家研究单位之一，更名为中国社会科学院经济研究所，仍沿用"经济所"简称。

从1929年算起，迄今经济所已经走过了90年的风雨历程，先后跨越了中央研究院、中国科学院、中国社会科学院三个发展时期。经过90年的探索和实践，今天的经济所，已经发展成为以重大经济理论和现实问题为主攻方向、以"两学—两史"（理论经济学、应用经济学和经济史、经济思想史）为主要研究领域的综合性经济学研究机构。

90年来，我们一直最为看重并引为自豪的一点是，几代经济所人孜孜以求、薪火相传，在为国家经济建设和经济理论发展作出了杰出贡献的同时，也涌现出一大批富有重要影响力的著名学者。他们始终坚持为人民做学问的坚定立场，始终坚持求真务实、脚踏实地的优良学风，始终坚持慎独自励、言必有据的学术品格。他们是经济所人的突出代表，他们的学术成就和治学经验是经济所最宝贵的财富。

抚今怀昔，述往思来，在经济所迎来建所 90 周年之际，我们编选出版《经济所人文库》（以下简称《文库》），既是对历代经济所人的纪念和致敬，也是对当代经济所人的鞭策和勉励。

《文库》的编选，由中国社会科学院经济研究所学术委员会负总责，在多方征求意见、反复讨论的基础上，最终确定入选作者和编选方案。

《文库》第一辑凡 40 种，所选作者包括历史上的中央研究院院士，中华人民共和国成立后的中国科学院学部委员、中国社会科学院学部委员、中国社会科学院荣誉学部委员、历任经济所所长以及其他学界公认的学术泰斗和资深学者。在坚持学术标准的前提下，同时考虑他们与经济所的关联。入选作者中的绝大部分，都在经济所度过了其学术生涯最重要的阶段。

《文库》所选文章，皆为入选作者最具代表性的论著。选文以论文为主，适当兼顾个人专著中的重要篇章。选文尽量侧重作者在经济所工作期间发表的学术成果，对于少数在中华人民共和国成立之前已成名的学者，以及调离经济所后又有大量论著发表的学者，选择范围适度放宽。为好中选优，每部文集控制在 30 万字以内。此外，考虑到编选体例的统一和阅读的便利，所选文章皆为中文著述，未收入以外文发表的作品。

《文库》每部文集的编选者，大部分为经济所各学科领域的中青年学者，其中很多都是作者的学生或再传弟子，也有部分系作者本人。这样的安排，有助于确保所选文章更准确地体现作者的理论贡献和学术观点。对编选者而言，这既是一次重温经济所所史、领略前辈学人风范的宝贵机会，也是激励自己踵武先贤、在学术研究道路上砥砺前行的强大动力。

《文库》选文涉及多个历史时期，时间跨度较大，因而立意、观点、视野等难免具有时代烙印和历史局限性。以现在的眼光来看，某些文章的理论观点或许已经过时，研究范式和研究方法或许已经陈旧，但为尊重作者、尊重历史起见，选入《文库》时仍保持原貌而未加改动。

《文库》的编选工作还将继续。随着时间的推移，我们还会将更多经济所人的优秀成果呈现给读者。

尽管我们为《文库》的编选付出了巨大努力，但由于时间紧迫，工作量浩繁，加之编选者个人的学术旨趣、偏好各不相同，《文库》在选文取舍上难免存在不妥之处，敬祈读者见谅。

入选《文库》的作者，有不少都曾出版过个人文集、选集甚至全集，这为我们此次编选提供了重要的选文来源和参考资料。《文库》能够顺利出版，离不开中国社会科学出版社领导和编辑人员的鼎力襄助。在此一并致谢！

一部经济所史，就是一部经济所人以自己的研究成果报效祖国和人民的历史，也是一部中国经济学人和中国经济学成长与发展历史的缩影。《文库》标示着经济所90年来曾经达到的学术高度。站在巨人的肩膀上，才能看得更远，走得更稳。借此机会，希望每一位经济所人在感受经济所90年荣光的同时，将《文库》作为继续前行的新起点和铺路石，为新时代的中国经济建设和中国经济学发展作出新的更大的贡献！

是为序。

于 2019 年元月

编者说明

《经济所人文库》所选文章时间跨度较大,其间,由于我国的语言文字发展变化较大,致使不同历史时期作者发表的文章,在语言文字规范方面存在较大差异。为了尽可能地保持作者个人的语言习惯、尊重历史,因此有必要声明以下几点编辑原则:

一、除对明显的错别字加以改正外,异形字、通假字等尽量保持原貌。

二、引文与原文不完全相符者,保持作者引文原貌。

三、原文引用的参考文献版本、年份等不详者,除能够明确考证的版本、年份予以补全外,其他文献保持原貌。

四、对外文译名与今译名不同者,保持原文用法。

五、对原文中数据可能有误的,除明显的错误且能够考证或重新计算者予以改正外,一律保持原貌。

六、对个别文字因原书刊印刷原因,无法辨认者,以方围号□表示。

作者小传

孙冶方，男，原名薛萼果，化名宋亮、孙宝山、叶非木、勉之等，1908年10月24日生于江苏无锡，1957年进入经济所工作。

孙冶方于1923年加入中国社会主义青年团，1924年年底转为中共党员，任无锡党支部第一任书记，1925年11月受党组织派遣，去苏联莫斯科中山大学学习。1927年毕业后，在该校和莫斯科东方劳动者共产主义大学任政治经济学讲课翻译。1930年9月回国后，任上海人力车夫罢工委员会主席，后又任人力车夫总工会筹备委员会主席。同年底调任沪东区工人联合会筹备委员会主席，在上海从事工人运动和左翼文化运动。1933年，与陈翰笙、薛暮桥等发起成立中国农村经济研究会，并以"孙冶方"为笔名，发表了许多具有马克思主义观点的农村经济论文。1935年又开设新知书店、中国经济资料室，发行《中国农村》月刊，任英文《中国论坛》通讯员。1937年9月调任中共江苏省委文化工作委员会书记，长期从事马克思主义理论教育和经济部门的领导工作。1941年到达苏北根据地，担任华中局宣传部宣传教育科科长，后调华中局党校教学，并兼任教育科科长，在党校工作期间，提倡理论与实际的联系，批评党内所存在的经验主义倾向，加强干部的马克思主义理论教育。其后还担任中共淮南津浦路西地委宣传部部长、苏皖地区货物管理总局副局长。在山东工作时，任华东财办秘书长。

1949年后，孙冶方先后担任过上海市军管会工业处处长、华东军政委员会工业部副部长、上海财政经济学院（现上海财经大学）院长、国家统计局副局长。1957年调任中国科学院经济研究所所长。在经济所工作期间，孙冶方多次深入农村、工厂进行调查，接触到不少实际的经济问题，痛感中国经济管理体制和经济政策所存在的弊端和失误，为此撰写了大量的内部报告和论文，对在国内外社会主义经济建设中有着广泛影响的唯意志论和自然经济论进行有力的批判，深入探讨了社会主义经济理论，发表了一整套改革经济管理体制的真知灼见，例如以提高经济效果为中心的价值论、流通论、企业论、利润论等。当时担任孙冶方助手的著名经济学家张卓元曾总结过孙冶方的三条治所经验：一是强调经济理论研究要很好地联系实际，从实际出发寻找研究课题，深入实际调查研究；二是大力倡导标新立异，向传统的经济理论挑战，扭转从书本到书本、从概念到概念的教条主义学风；三是用编写《社会主义经济论》的任务带学科、带队伍。

1964年10月，孙冶方遭遇大规模的政治批判，1968年4月被投入监狱。狱中七年，孙冶方坚贞不屈，以顽强的毅力将《社会主义经济论》默忆了85遍，直至1975年4月无罪释放。1977年后，孙冶方担任中国社会科学院经济研究所顾问、名誉所长，中国社会科学院顾问，国务院经济研究中心顾问、中国社会科学院经济研究所名誉所长等职。1982年9月，孙冶方抱病出席中共第十二次全国代表大会，当选为中共中央顾问委员会委员。同年12月16日，为表彰与学习孙冶方，中共社会科学院机关党委通过决定，授予他模范共产党员的称号。1983年2月22日，孙冶方在北京因病辞世，享年75岁。

在半个多世纪的革命与学术工作中，孙冶方先后撰写、发表了多篇论文和研究报告，并先后出版了《社会主义经济的若干理论问题》《社会主义经济的若干理论问题（续集）》《社会主义经济论稿》等著作。孙冶方一生用力最著的领域是价值理论，他认为，价值并不仅仅是商品经济所特有的范畴，它是社会化大生产的产物，反映社会化生产过程中的各种社会经济关系，在这个意义来说，它对资本主义和社会主义都是共同的。在社会主义全民所有制的条件下，价值可以通过统计、会计直接和具体地捉摸到。价值规律是价值存在和运动的规律，它是任何社会化大生产都不能取消的自然规律，社会主义经济作为社会化生产，它同样也存在着价值规律发生作用的机制。

在我国经济管理体制的改革方面，孙冶方也提出过不少独到的见解。他强调，企业应是独立的经济核算单位，要正确处理国家集中领导和企业独立经营的关系。经营管理体制中"大权"和"小权"、"死"和"活"的界限，就是简单再生产和扩大再生产的界限。属于简单再生产范围以内的事，是企业应该自己管的"小权"，国家多加干涉，就会管死，束缚企业从事生产经营的积极性和主动性。属于扩大再生产范围以内的事，是国家应该抓的"大权"，国家必须严格行使权力，不管或管而不严，就会大乱。孙冶方进而提出"利润论"，认为利润是考核企业经营好坏的综合指标。利润是物质生产部门职工为社会扩大再生产和社会公共需要，而创造的一部分物质财富。在价格合理的条件下，降低成本和增加利润完全是同义词，它们都是企业技术水平高低、经营管理好坏的综合指标。抓住了利润指标，许多问题就会迎刃而解。他因此主张，为了调动企业的生产积极性，必须扩大企业的权限，把固定资产折旧和设备更新的权责交给基层企业。同时，把产品在原来协作关系、供销关系范围以内的供产平衡工作，下放给企业自行处理。

为纪念孙冶方对马克思主义经济科学的重大贡献，由薄一波、姚依林、谷牧、张劲夫、陈翰笙、薛暮桥、马洪、于光远、许涤新等55人发起，成立了"孙冶方经济科学奖励基金委员会"，并于1985年开始评选孙冶方经济科学奖，每两年颁发一次，是我国经济学界公认的最具权威地位也是最受关注的经济学奖项。

目 录

把计划和统计放在价值规律的基础上 …………………………… 1
价值规律和改进计划统计方法问题(节选) ………………… 14
从"总产值"谈起 ……………………………………………… 34
要用历史观点来认识社会主义社会的商品生产 …………… 49
论价值
　　——并试论"价值"在社会主义以至于共产主义政治
　　　经济学体系中的地位 ………………………………… 60
对社会主义政治经济学中若干理论问题的感想(节选) …… 108
关于等价交换原则和价格政策(节选) …………………… 138
千规律,万规律,价值规律第一条(节选) ………………… 143
政治经济学也要研究生产力
　　——为平心同志《论生产力》文集序 ………………… 148
论作为政治经济学对象的生产关系 ……………………… 161
关于价值规律的内因论与外因论 ………………………… 180
什么是生产力以及关于生产力定义问题的几个争论 …… 184
价值规律的内因论和外因论
　　——兼论政治经济学的方法 …………………………… 202
谈谈搞好综合平衡的几个前提条件
　　——在国民经济综合平衡理论问题讨论会上的发言 …… 223
关于生产劳动和非生产劳动、国民收入和国民生产总值的讨论
　　——兼论第三次产业这个资产阶级经济学范畴以及社会
　　　经济统计学的性质问题 ……………………………… 231

为什么调整 调整中应该注意的一个重要问题
　　——兼论按资金量区分简单再生产和扩大再生产问题⋯⋯ 248
讲经济就是要以最小的耗费取得最大的效果⋯⋯⋯⋯⋯⋯ 270
坚持以计划经济为主市场调节为辅⋯⋯⋯⋯⋯⋯⋯⋯⋯⋯ 272
我们的经济计划要符合社会需要⋯⋯⋯⋯⋯⋯⋯⋯⋯⋯⋯ 275
关于固定资产管理制度的几个问题⋯⋯⋯⋯⋯⋯⋯⋯⋯⋯ 278
经济工作者必须认真学习《资本论》⋯⋯⋯⋯⋯⋯⋯⋯⋯ 287
《社会主义经济论》导言(大纲)⋯⋯⋯⋯⋯⋯⋯⋯⋯⋯⋯ 292
编选者手记⋯⋯⋯⋯⋯⋯⋯⋯⋯⋯⋯⋯⋯⋯⋯⋯⋯⋯⋯ 324

把计划和统计放在价值规律的基础上

很久以来,就存在一种说法,认为价值规律属于商品经济的范畴,它是与社会主义的计划经济互相排斥的;计划管理范围越广泛,越深入,那么价值规律的作用范围便越受约束。如果说,在社会主义社会内,价值规律还起着一定作用,那只是因为:在社会主义社会中,除了全民所有制的国营经济外,还存在着集体所有制和个体所有制,在这些所有制之间还存在着商品交换,职工工资也仍以货币形式支付的。这就是说,在将来的全民所有制的共产主义社会中,价值规律将完全消失而不起作用;而在社会主义社会中,价值规律也不是最基本的所有制(即全民所有制或国营经济)的生产过程本身所客观存在的规律,而是由于它与其他种所有制发生交换关系才产生的,是流通过程的范畴。因此至少在国营企业的生产领域中是可以不考虑价值规律的作用的。

为了说明我们的问题,我们先要说一下:到底什么是马克思的劳动价值规律,以及这规律在商品经济中是如何起作用的。我们从两方面来说明这个问题。

第一,马克思关于价值规律的学说告诉我们:在商品经济中任何商品的价值都是由劳动创造的,因而商品的价值量是由生产这商品所耗费的劳动量决定的,即由劳动时间决定的。然而这并不是说,工作条件愈差,技术愈落后,工作者愈不熟练,价值便愈高。因为商品价值不是由生产者的个别劳动时间决定的,而是由社会平均必要劳动时间决定的。因此,条件差、技术落后,不熟练的生产者所耗费的劳动量便高于社会平均必要劳动量。他赚钱便少,甚至要蚀本；如果长期不改变便会被淘汰。反之，如果生产者的个别劳动消耗量低于社会必要劳动量，他便能赚到额外利润，他的事业便日益发达。商品生产者为了赚大钱，为了自己的事业的发达，至少是为了不蚀本，避免被淘汰，便日夜钻研，改进技术，改善自己的经营管理。这样，价值规律便通过同一行业之内的生产者之间的互相竞争，像一条无情的鞭子一样，不断督促着生产的进步。马克思在《共产党宣言》中曾说，资本主义社会像用魔术一样唤醒了沉眠在社会劳动里的巨大生产力，使得不到一百年间创造了比先前一切世代总共造成的生产力还要宏伟众多。这魔术不是别的，便是在这个竞争中自发地作用着的价值规律。这就是说，价值规律在商品经济中起着促进技术进步和生产力发展的作用。

第二，竞争不仅存在于同一生产部门之内的各个企业之间，而且存在于各生产部门之间。由于商品生产是盲目自发性的，因此供求永不能平衡，市场价格就环绕着价值（社会平均必要劳动量）不断涨落。在这价格的涨落中，某一生产部门中便有多少商品生产者发了财，而另一生产部门中便有多少生产者破了产。在这种价格的涨落中，能够站住脚而且发展的也是那些能够不断改进技术、改善经营的企业。但是在各个不同的生产部门之间的竞争不仅也像同一部门内的竞争一样，促进了技术的改进和生产力的发展，而且使社会资本和劳动力从一个生产部门流入了另一个生产部门。价值规律便这样自发地起着生产调节者的作用，执行了分配社会生产力的任务。

现在我们来看一看，上述内容的价值规律，在社会主义社会，特别是共产主义社会中，是否还继续起着作用。

首先，商品是历史范畴；在共产主义社会中将不再有交换，因而生产品也不再是商品；社会生产的直接目的是使用价值而不是价值——这些都是可以肯定的原则。然而叫作生产品也好，或直接叫使用价值也好，它总是劳动所创造的或者说是花了一定量的劳动消耗的代价换来的；这代价当然不是目的而是手段，然而不能改变事情的本质。花了代价就不能不计算一下代价的大小,至于你把这代价叫作"价值"呢,还是直接叫作"社会必要平均劳动量"呢,那倒是无关紧要的。

其次,在商品经济中,价值规律自身变成了一个自发的然而是极灵敏的计算产品的社会平均必要劳动量的自动计算机,它随时提醒落后的生产者要他努力改进工作,否则便要受到严酷的惩罚;也随时鼓励先进的生产者并给他丰厚的奖赏,要他继续前进。它是赏罚分明,毫不留情,不断督促着落后者向先进者看齐。

在社会主义社会或共产主义社会里,我们限制或消除了市场竞争所带来的消极的、破坏性的一面,这是好的。但是我们不能不计算产品的社会平均必要劳动量。否定了或者是低估了价值规律在社会主义经济中的作用,事实上也便是否定了计算社会平均必要劳动量的重要性。因而现在我们的计划统计指标着重于表现物量,而忽视了价值,着重于表现生产的成果(所谓"总产值",即毛产额)[①],而不着重于分析这成果的内容如何(即新增产值和转移产值各占多少;也即是净产值和物资消耗各占多少);更不着重于分析如何以社会平均必要劳动量的计算来推进劳动生产率,以达到增加物质财富的最终目的。

因为虽然说我们的计划统计指标是很多的,企业管理工作者之间有所谓七大指标的说法(指总产值、商品产值、产品产量、劳

[①] 总产值在俄文中叫 валовая продукция,在英文中叫 grossproduce 或 gross output,直译应为"毛"产量,或"毛"产额,是对净产额而说的。"总产值"这一译名不能反映与"净"相对的"毛"的意思。除此以外它还有一个缺点,就是造成了一种错觉,似乎"总产值"是表现生产品的价值的。其实相反,以不变价格表现的"总产值"不是表现生产品的价值而是通过货币形式来表现的使用价值。这是本质上完全不同的两个概念。我们的计划和统计方法上很多缺点的根源就在于偏重了使用价值的计算,而忽视了价值的计算。关于这一点,下面要专门谈一谈,在俄、英文中"产量""产值"都是一个词。为表明我们在中文中用"量""值"两个不同的汉字来表明的那个差异,就分别称为"以实物表现的毛产额"和"以货币表现的毛产额"。这当然没有"总产量""总产值"那么顺口,可是却不会把本质上两个完全不同的概念混淆起来(这混淆在今天已给实践带来很大害处)。但在本文中为避免混乱,仍沿用现在通用的译名。

动生产率、成本、利润和流动资金）；但是在目前的计划制度和管理制度之下，我们抓的主要指标是一个以不变价格计算的"总产值"，就是说是一个物量指标。① 它在整个指标体系中不是一个综合性的指标，它不能带动其他指标，甚至完成"总产值"计划往往同完成其他计划指标发生矛盾。"总产值"对于促进企业财务管理，推动劳动生产率的增加不是一个有力的杠杆，因为它不是一个价值指标。

否定或是低估了价值规律的作用，也等于是否定了根据社会平均必要劳动量的计算，来改造落后企业的必要。我们知道，在农业中，农产品价值是以生产条件最坏的土地上的劳动消耗量（即最大的消耗量，而不是社会平均必要消耗量）决定的。这是客观自然条件（土地的有限性）所造成的。这便是级差地租的来源。现在我们为了让最落后的工厂能够活下去，工业中的产品价格也是以这些落后工厂的劳动消耗量来订定的。但是这样做，除了把落后固定起来以外，还有什么好处呢？（当然，由于这种价格所形成的"级差利润"是我们的积累的来源之一，但积累一定要通过这一形式吗？难道不能以其他形式，例如税收形式，来完成吗？）要让落后工厂能活下去，就得帮助它改造技术，改进管理制度，经常提醒这些企业的职工，尤其是领导者，它们的劳动消耗也即成本已经比社会平均必要劳动量高出了多少，而不是用一个落后定额来安他们的心。

这个社会平均必要劳动量的价值规律对资本家来说，是在睡梦中也忘不掉的：它有时变成了蚀本和破产的恶魔威胁着他；有时变

---

① 物质财富的增长是使用价值的增长而不是价值的增长。在一个较短的时期内（例如一个五年计划），整个国民经济中，劳动人数的增加是不会很大的；因此，所创造的价值不会有很大增加（价值量等于劳动时间数）。经济的发展，或劳动生产率的增长表现在同量的劳动创造了更多的物质财富，或创造同量的物质财富只需要较少的劳动量，即它的价值更少了。因此价值指标不能反映生产的发展，只有物量指标才能反映生产的发展。理论上这是很明白的，但是在使用总产值这一指标的时候，往往在认识上就模糊起来，把它当作价值指标看待了。

成了额外利润，繁荣发财，像一个迷人的妖精般引诱着他。不论是以什么面目出现，这规律总是推动了资本家不断地前进又前进。对资本家来说，生产而不计财务成本，简直是不可想象的。但是在我们，"不惜工本"似乎是社会主义建设的应有气魄。"价值、价值规律是商品经济的范畴！""资本、利润，——啊！这是资本主义的概念！""资本主义概念""资产阶级看法"等也像魔法一样迷住了我们，使我们往往不敢把问题反复想一想。

不错，价值规律在商品经济社会中，是一个盲目性的自发规律，因而它是与市场竞争、经济危机、失业，以至殖民地掠夺、侵略战争等一系列的消极破坏的因素联系着的。在社会主义制度下，我们把这个盲目自发的规律变成为我们自觉掌握的规律，因而也就排除了它的消极破坏的一面，而保留并且发扬了它的积极建设的一面。

我们应该肯定说，通过社会平均必要劳动量的认识和计算来推进社会主义社会生产力的发展，——价值规律的这个重大作用，——在我们社会主义经济中非但不应该受到排斥，而且应该受到更大重视。

发展生产的秘诀就在于如何降低社会平均必要劳动量，在于如何改进技术，改善管理的办法，使少数落后的企业劳动消耗量（包括活劳动和物化劳动）向大多数中间企业看齐，使大多数的中间企业向少数先进的看齐，而少数先进的企业又如何更进一步提高。落后的、中间的和先进的企业为了降低社会平均必要劳动量水准而不断进行的竞赛，也就是生产发展、社会繁荣的大道。

资产阶级在认识上是不承认马克思的劳动价值学说的，但是资本家在实践中能很好地运用这规律。这是因为不论你承认不承认它，价值规律在商品经济中会通过市场竞争自发地发挥作用的（促进生产，调节生产力）。我们是信奉马克思的劳动价值论的，但是想把这学说同自由市场一起从社会主义领域中除了籍。价值规律在没有自由市场或自由市场受约束的条件下，变得不灵敏了，可是它存在着。因此我们更应重视它,通过计算去寻找它、发现它、尊重它,并进一步而掌握它,使它为我们服务;要不然它将比惩治资本家更残酷地来惩罚我们。

现在我们再来看,上述价值规律的另一个内容,即是生产调节者的作用,或是分配社会生产力的作用,在社会主义经济中是否还继续存在。过去也认为在社会主义社会中,价值规律只是在一定范围内,即仅仅在商品流通的范围内,起着一定的调节者的作用;至于在生产领域内,价值规律便不再起调节作用,它并不能调节各个不同生产部门间的劳动分配的"比例"。至于到了共产主义社会的第二阶段,当商品流通完全消灭之后,价值规律便将作为一个历史范畴而消亡,在任何范围内也不将起调节者作用,劳动的分配将不依价值规律来调节,而是依靠社会对产品的需要量来调节。支持这样说法的有力的事实似乎就是:在社会主义国度中,用全力去发展的是那个赢利较少而且有时简直不能赢利的重工业,而不是赢利较多的轻工业。生产力的分配,或投资的分配,是国家计划机构根据政策来决定的。

但是我们首先要问:为什么在社会主义国度里,重工业一定要比轻工业赢利少,以至不赢利呢?企业不能赢利不外两个原因:(一)企业本身管理不善;(二)价格不合理。我们不能相信,重工业的企业一般地都比轻工业企业管理得坏。因此,使重工业企业少赢利或不赢利的唯一理由便是上述第二个原因了——重工业产品价格不合理,即比之轻工业产品一般是偏低了。因此,这不是使我们否定价值规律的调节者作用的理由,反倒而证明了这是价格政策违反了价值规律的不良后果。

其次,认为在全民所有制经济中或在共产主义社会的第二阶段,各个生产部门间的劳动分配将不依价值规律来调节,而是只依靠社会对产品的需要量来调节。这理由也是片面的。因为对产品的需要量还只是事物的一方面,而不可分割的另一方面是:如果生产某一种产品的劳动生产率增加了,那么这一生产部门所需要的劳动量，也即是投资额，也会相对地甚至绝对地减少的。

因此从上面所说的价值规律的基本内容来看，不论在共产主义社会的最高阶段还是初级阶段，这规律将始终存在着而且作用着，所不同的只是作用的方式而已，只是这规律体现自己的方式而已。在商品经济中，它是通过商品流通，通过市场竞争来起作用，来体现自己的，因而它是带着破坏性的；而在计划经济中，是应该由我们通过计算来主动地去捉摸它的。

其实这些意见并不是当代什么人的独创之见。马克思《资本论》中的一段话就是说的上面的意思：

在资本主义生产方式废止以后，但社会化的生产维持下去，价值决定就仍然在这个意义上有支配作用：劳动时间的调节和社会劳动在不同各类生产间的分配，最后，和这各种事项有关的簿记，会比以前任何时候变得更为重要。[①]

对马克思这段话所需要加以补充说明的是：这里所说簿记应是包括：统计、会计和业务技术计算三种计算在内的广义的计算工作。

过去，理论界为什么会忽视马克思的以上这一重要原则性的启示呢？到底是因为忘记了马克思的这一段重要启示，在理论上否定或低估了价值规律在社会主义经济中的作用，才造成了现在普遍遭受批评的那些计划统计方法和无视价值的价格政策的呢，抑或是正因为有了这样的实践才无视马克思的上述重要启示并制造出了社会主义社会中价值规律逐渐消亡的说法的呢？这的确很难说了。理论与实践是互相影响的。对我们来说，重要的是为了我们的实践，应广泛地批评那种认为价值规律在社会主义经济中不起作用的说法。否定或低估价值规律在社会主义经济中的作用只有害处没有好处；

[①] 马克思：《资本论》第3卷，人民出版社1953年版，第1116页。

反之承认并强调这一规律的作用,并在实践中尊重它,这对我们的社会主义建设事业,却是只有好处没有坏处。

当然,在马克思和恩格斯的著作中,还能够找出更多的,似乎是可以用来证明相反论点的引语。例如马克思在《哥达纲领批判》中说过:"在基于生产手段公有之上的合作的社会里,生产者并不交换他们的生产物;在这里,在生产品生产中所消耗的劳动也同样不大表现为这些生产物的价值,不大表现为这些生产物所具有的物的特性;因为现在,和资本主义相反,个人劳动已不是在一个间接方式上,而是直接当作总劳动的一个构成部分存在着。"① 恩格斯在《反杜林论》一书中也说:"直接的社会生产以及直接的分配,……不须生产品之转为价值。"②

马克思在《哥达纲领批判》中说,到了全民所有制社会中,"劳动不大表现(或不表现)为价值了"。恩格斯在《反杜林论》中也说,到那时候,"不须生产品之转为价值"了。这同前面引证的,马克思在《资本论》中所说的"价值决定就仍然在这个意义上起支配作用"这句话如何协调呢?这两个论点之间有无矛盾呢?

我想,如果说这里有什么矛盾的话,那只是表面上的矛盾而已。

应该指出,马克思在《哥达纲领批判》和恩格斯在《反杜林论》中讲到不表现的价值,或不需转为价值的时候,他们是联系着商品交换,联系着社会劳动与私人劳动之间的矛盾,来谈到价值问题的。他们的目的是在于证明,到了公有制社会,每一个社会成员的劳动直接成为社会劳动的一部分,而不必再等到他的产品在市

---

① 马克思:《哥达纲领批判》,人民出版社1955年版,第19页。这一段引证中"在这里……"以下半句是本文作者根据俄文本改译的;人民出版社版原译文为:"在这里,变成生产物的劳动也同样不表现为这些生产物底价值,不表现为……"来不及同德文原文校对。但是根据意思猜测,"变成生产物的劳动"不如"在生产品生产中所消耗的劳动"近乎情理。"不大表现"和"不表现"在语气上是有差别的,俄文是用"мало"一词,而不是用"не"词,姑且改译如上,以后请懂得原文的人订正。

② 恩格斯:《反杜林论》,人民出版社1956年版,第326页。

场上卖掉之后才算得到证实。因此,马克思在这里用了"不大表现"这种语气而恩格斯则用了"不须……转为"这样的说法。在这里希望读者注意的倒还不是"不大"和"不"这几个字的语气上的轻重之分,而在于"表现"和"转为"这种说法。这就是说,马克思和恩格斯在这里讲到价值的时候,与其说指的是作为实体的价值,倒不如说,是指的那个交换关系,或交换价值。而马克思在说到"价值决定就仍然在这个意义上有支配作用"和"决定价值的本质要素"的时候,他所说的"价值"或"价值决定"是指的作为实体的价值。

当然,我不敢说自己对于马克思和恩格斯的这些话,已经有了正确的体会。希望研究理论的同志对有关这问题的马克思著作作深入的本质上的研究。然而,我想有一点大概是可以肯定的,这就是:马克思和恩格斯关于政治经济学的著作,主要是研究资本主义商品经济的。他们往往是为了阐明资本主义商品经济规律,才提到前资本主义社会的经济规律;对于未来的共产主义社会的经济规律,他们讲得更少。这是科学的社会主义学说不同于乌托邦社会主义的主要特点。我们不能要求马克思和恩格斯在当时就对未来的共产主义社会经济规律作过多的预言。在他们的有关未来社会的经济规律的分析中有一个意见是完全明确肯定的,这就是:凡是与私有制与商品交换和自由竞争相联系的东西,即价值规律在商品经济中体现自己的特殊方式,它的作用方式将随商品交换的消失而不再存在。然而,在他们的著作中,从未说过,作为价值实体的那个社会必要劳动量的计算,以及它的调节作用和支配作用,在共产主义社会中将失去意义。

反之,马克思在《资本论》第三卷的上述一段引证中恰恰非常肯定地指出,价值决定在劳动时间的调节和社会劳动在不同各类生产之间的分配这个意义上仍然"有支配作用",而且"会比以前任何时候变得重要"。马克思没有说"价值规律"而只说"价值决定";但是难道这个用字上的区别有什么决定意义吗?马克思着重注明是"这个意义上"的"价值决定"。这就是说,这已经不是商品经济意义上的那个"价值决定"了,但是"价值决定"终究还是"价值决定"呀!

很多人大概还记得三十年前后,马克思主义经济学者中间关于政治经济学对象问题的论争。那时也有一些人以为马克思的政治经济学著作的内容基本上是论述商品经济,特别是资本主义商品经济,是分析那个隐藏在物(商品)的背后的人与人之间的生产关系;因此,就认为一旦私有制废止,商品经济取消,人与人的生产关系可以不必通过商品与商品的关系,而直接体现出来的时候,政治经济学这门科学也就因为没有研究对象而消失了。大家知道,这种见解后来受到了批判。正确的见解是:政治经济学不仅研究商品经济的生产关系及经济规律,而且研究一切社会的生产关系和经济规律。起先,很多人还把政治经济学分成了狭义的和广义的两种。现在则干脆不这样分了。因为这样的划分法,到底不大妥当。

现在对于"价值规律"的看法也同多少年前对政治经济学本身的看法有些相仿。先是企图使价值规律同资本主义经济,至多是同商品经济共存亡。现在看来,价值规律远比我们过去所设想的要长久。然而是不是也要给它加上一个"广义的"和"狭义的"区别呢,或者就借用马克思的说法,分为"这个意义上的"价值规律和"那个意义上的"价值规律呢?看来也没有必要了。价值规律就是价值规律,至于这规律在不同的社会形态中如何体现自己如何起作用,都正是政治经济学这门科学应该加以研究和阐明的。

我们既然承认价值规律在社会主义社会中甚至共产主义社会中将仍然起着作用,那么我们又要进一步问:价值规律同有名的斯大林的社会主义经济的基本规律(或法则),即是同斯大林的"用在高度技术基础上使社会主义生产不断增长和不断完善的办法,来保证最大限度地满足整个社会经常增长的物质和文化的需要"[①] 这一

[①] 斯大林:《苏联社会主义经济问题》,人民出版社 1953 年版,第 35—36 页。

规律如何联系的呢？同社会主义国民经济有计划按比例发展的规律又如何联系的呢？

首先来谈第一个问题。把斯大林的这条规律换一个说法便是：高度发展劳动生产率以保证最大限度地满足社会主义需要。最高限度满足社会需要是社会主义国民经济发展的任务和目的；高度发展劳动生产率就是完成这任务或达到这目的的方法。但是要高度发展劳动生产率就得掌握价值规律。

在过去，由于在理论上否定或低估了价值规律在社会主义经济中的意义，认为社会主义社会发展国民经济的直接目的是在于最高限度满足社会需要，是在于物质财富而不在乎价值；因此，在计划和统计都着重于抓物量指标而不大注意价值指标。显然，这种看法是片面的。

使用价值和价值，用同量的劳动创造更多物质财富和创造同量的物质财富耗费更少的社会平均必要劳动量是一件事或一个过程的两个方面，是不能分裂开来看的，不可偏废的。在计划和统计方法上多抓价值的一面，多注意劳动量消耗的计算，为的是促进生产率的发展。这与生产以增加物质财富为目的是完全不矛盾的。

其次我们再来说，价值规律同国民经济有计划按比例发展的规律是如何联系的。我们可以肯定说，价值规律同国民经济的计划管理不是互相排斥的，同时也不是两个各行其是的并行的规律。国民经济的有计划按比例发展必须是建立在价值规律的基础上才能实现。那些无视价值规律，光凭主观意图行事的经济政策（包括价格政策）和经济计划，到头来就是打乱了一切比例关系，妨碍了国民经济的迅速发展；主观主义的强调计划，它的结果只是使计划脱离了实际。

只有把计划放在价值规律的基础上，才能使计划成为现实的计划，才能充分发挥计划的效能。因而统计工作者也不应该把自己的任务仅仅限于国民经济计划执行情况的检查，而是应该以更多的力量来掌握价值规律，来挖掘发展国民经济的潜力。具体地说就是：

统计工作应该不仅注意生产水平的统计，即物质财富的统计，而更应该注意物质生产的价值方面的计算，即是应该比现在更多地注意成本和劳动生产率的计算和分析研究，更多地注意国民经济平衡的编制和国民收入的计算和分析研究，更多地注意国民收入同财政收入的比例关系，生产和积累、消费的比例关系的分析研究。只有这样才能使统计更充分地为计划工作和企业管理工作服务，才能更充分地发挥计划和统计的作用。

结　语

这篇东西是根据作者在国家统计局为研究计划统计指标而召开的讨论会上的几次发言，整理起来的一篇稿子中的一段。因为原来的目的不是想全面说明价值规律在社会主义经济中的整个作用问题，而只是为要说明计划统计中的若干指标和方法，而牵涉到了这样一个基本理论问题，再加上作者对政治经济学的学习荒疏已久，因此全文逻辑不严密，论点错误更是难免。根据《经济研究》编者的建议把这篇东西发表在这里，其目的无非是抛砖引玉，希望能在较广泛的范围内展开对这个问题的讨论。

还是在1956年初夏，吴绛枫同志就提出价值规律在社会主义经济中的作用问题，来同我研究，并且就把马克思在《资本论》第三卷的那一段关于价值决定的引证指给我看。我在那时虽然感觉到这是一个很重要的理论问题，可是因为即要出国去苏联考察统计工作，而未能对这一问题作深入学习。此外，那时在自己认识中，也没有意识到这一个理论性的问题对统计工作有如此直接的联系。

但是到了苏联之后，当我们向苏联中央统计局的同志们请教关于不变价格、总产值、国民经济平衡表和国民收入等问题的时候，苏联同志又屡次提到了价值规律在社会主义经济中的作用问题，而且给了我们许多精湛的说明（在这里，我特别要感谢苏联中央统计局国民经济平衡司司长索包里同志，他给了我们最大的启示）。

到这时，我方才意识到，价值规律问题并不是什么抽象的"纯"理论性的问题，也不仅是牵涉到了社会主义国家的财政经济政策和计划工作，而且是直接与自己的统计业务工作有密切联系的。到这时，我才意识到了自己这几年来钻在狭窄的业务圈子里，不注意学习的结果，理论水平和政治水平是太落后了。

这篇东西也算是我的学习笔记，这里面所讲到的有关价值规律和计划统计工作的一些基本见解都是在考察时拾自苏联同志的牙慧。当然，这里如果有体会或解释错了的地方应是学生的过错，而不是老师的责任。

（写于1956年11月28日恩格斯诞辰，

原载《经济研究》1956年第6期）

价值规律和改进计划统计方法问题(节选)

现在环绕着改进计划和统计的方法制度等问题，展开了热烈的讨论。这问题有两个方面。一个方面是有关体制的问题。现在大家对于问题的这一方面，谈得比较多，大多数人的几乎一致的意见，是要改变过去的、过分集中的计划制度。大计划小自由的方针不仅适用于数以万计的公私合营的小型企业，而且也适用于中央国营的小型企业。但体制问题只是改进计划和统计方法的一个方面的问题。问题的另一方面，至少是同样重要的一面，是计划统计的指标和方法的问题，即抓什么指标，以及如何计算这些指标的问题。这两个方面是密切相关，不可分离的。一定的计划、统计体制需要采用一定的指标和方法；而改变指标和方法，如同我们在后面将讲到的一样，也要求体制作适当的改变。在这里所谈的主要的是指标和方法方面的问题。

一　不变价格和总产值

我们现在所抓的主要的计划指标，也即是主要的统计指标是以不变价格计算的总产值。大家对于这个指标的最普遍的非难是说总产值中有不少重复计算，一只马达因加工或安装了多少遍，便重复计算了多少遍。其实，这还不是这指标的主要弱点，而且就每个企业而论，一个产品（例如马达），一般地只计算一次。因而这总产值也与实际相符，并不重复。在整个国民经济范围内，产值的重复计算正是反映着各生产部门的联系（特别是生产资料部门和消费资料部门的联系），反映着全社会的周转；国民经济平衡表正是通过这种重复计算来反映这联系和周转的。至于计算国民经济各部门之间的比重，本来就是指的各经济部门在创造国民收入中的比重，当然应该以净产值计算，而不应该以总产值来计算。因为这本来就不属于总产值这个指标的任务范围之内的。

总产值这个指标的最大缺点，也可以说它的致命伤在于这指标不能反映企业实际情况，不能反映生产的规模，因而不能根据它来评定企业工作的好坏。

原来总产值包括新创造价值和转移价值（原材料和固定资产折旧）两部分，而且这两部分的比重对于各个生产部门，甚至每一生产部门或每一企业中的不同产品是各不相同的。但是对于社会繁荣来说，重要的不是转移价值部分，而是新创造价值，即纯产值部分；只有后者的增长才能表明物质财富的增长，才能表明生产的成绩。所谓发展生产，指的不是转移价值的增加，而是新创造价值的增加。

举例说，农民在第一年以 1 斗种子收了 10 斗粮食；第二年耕地面积扩大了，他下了 2 斗种子，但是只收了 11 斗粮食。如果用总产值这个指标来表现，那就是第二年比第一年增产 10%，虽则农民的纯收入，他的财富并没有比第一年有所增加；而且如果扣去肥料、人工等成本，那么他的纯收入或纯产值一定比第一年减少了。不仅如此，如果用总产值这个指标来观察，那么第二年即使收了 10.5 斗粮食，还是表示为增产 5%，虽则以扣除种子计，第二年的收成已比第一年减少了 5.5%（如扣除其他成本，则减产更多）。

又如，有一个农具制造厂，上半年制造的是双轮双铧犁，因这是料多工少的产品，所以比较轻易地完成了全年任务的 2/3。下半年改造摇臂收割机，比较起来，这是工多料少的产品。因此，下半年职工虽然在生产上、在改进技术上做了不少努力，但只勉强完成全年 1/3 的任务。根据总产值这个指标，上半年应该对该厂奖励，下半年应该给予严厉指责。但是从领导那里了解到，该厂上半年的工作并不算怎样好，下半年倒很不坏。

又如在量具刃具工厂，经常根据订户需要，生产几千种规格的产品。一般说来量具是料少工多，而刃具是工少料多。即使以刃具而论，有直径好几吋的大钻头，也有像缝衣针那样的细钻头。最精密的量具其准确度不能超过一根头发丝的几分之一的误差。这种量具的料是不值多少钱的，产值主要就是人工，而且需要非常熟练的劳动。然而有些粗重的刃具的产值主要就是料价构成的。因此，如果工厂接的订货主要是精密的量具，那它就很难完成总产值计划。因此，不管有没有订户，不得不做一些较粗的刃具以作平衡。这样便形成了仓库中的经常的积压。

总产值这个指标往往不是推动生产者节约原材料，用廉价的原材料代替贵重品；而是相反地推动他们去多生产贵重材料的产品，把很贵重的材料极不相称地用在普通的产品上。因此总产值这个指标就不会推动企业去制造轻巧、灵便、价廉、物美的产品，而只会推动企业去制造笨重而又价钱贵的产品。

在苏联，有一个时期，拿了布料找不到缝衣铺缝制，但是拿了贵重的毛料绸料去，便很顺当地被接下了。原来也是这"总产值"指标在作怪，做布料活很难完成总产值计划。因此，现在苏联缝衣工业的生产计划已经改为按加工价值计算，而不按总产值计算了。①

总产值这个指标的另一个缺点就在于它是按不变价格计算的，而企业中一切财务会计账目都是按现价计算的。在会计账上某一个产品的单价是4元，在不变价格的价目单上可能是5元；另一个产品在会计账上的单价可能是10元，但是在不变价格价目单上可能

---

① 在最近一期苏联出版的《鳄鱼》杂志上，刊登了一张漫画，讽刺缝衣工业中争取完成计划的锦标主义现象：衣架上挂着一件时装大衣，从领子到衣袖、衣襟已经缝满了15只狐皮和貂皮。可是裁缝手里还拿着好几只狐貂皮，他还在研究如何把这些贵重的皮料统统缝上去，以完成计划。这对"总产值"这个指标真是莫大的讽刺。

只有 9 元。不变价格的总产值和现价的总产值往往相差很大。依靠这种与实际情况不相符的账来管理企业的财务当然是不行的。那么，为什么要编这么一本可以说是虚假的账呢？原来用不变价格计算产值是为编制整个国民经济的计划用的，是为了观察各部门生产增长的速度而设的。发展国民经济的目的是要增加社会的物质财富。然而物质财富是使用价值。使用价值不好相比，也不能加总。因此，仍旧不能不借用货币这个共同的尺度来计算。不过必须把价格固定在一个水准上，即是去掉价格涨落的因素，来观察物质财富的增长速度，即物量的增长速度。①

因此，我们有两本账，一本是大账。这是为了决定政策，为了编制国民经济计划，观察各部门之间的比例关系，研究动态数列用的。这本账着重于研究物质生产的使用价值的一面，着重于物量的变化。这便是以不变价格计算的总产值的计划统计数字。

另一本是细账。这就是以现价计算的，有关资金、成本、利润、工资等企业财务管理（也即经济核算）所绝不可少的财务会计账。

这两本账，我们都有的。领导也经常号召企业管理人员，要全面完成计划，就是不仅完成总产值计划指标，而且要完成财务、产量、质量等所有指标。这样才算完成计划。但实际上，企业管理人员并不很关心企业财务会计账而只关心总产值计划。因为上缴的利润定额是固定的，叫作计划利润，不论企业财务情况如何，到期银行就自动扣去了。工资标准也是不能侵犯的。减低成本不是很容易的事。因而解决企业财务困难的关键在于流动资金定额和银行信

---

① 物质财富的增长是使用价值的增长而不是价值的增长，在一个较短的时期内（例如一个五年计划），整个国民经济中，劳动人数的增加是不会很大的；因此，所创造的价值不会有很大增加（价值量等于劳动时间数）。经济的发展，或劳动生产率的增长，表现在同量的劳动创造了更多的物质财富，或创造同量的物质财富只需要较少的劳动量，即它的价值更少了。因此价值指标不能反映生产的发展，只有物量指标才能反映生产的发展。理论上这是很明白的，但是在使用总产值这一指标的时候，往往在认识上就模糊起来，把它当作价值指标看待了。

贷，而这都是照总产值指标计算的。劳动生产率也是根据总产值计算的，因此只要完成了总产值计划便是名利双收。如果总产值计划完不成，那么即使新创造的净产值是增加了，即使成本、利润计划也完成了；但仍旧不算完成国家计划，而且流动资金、银行信贷都会发生问题，企业财务发生大困难。这样就促成大家偏重于完成总产值计划，而且造成了许多虚假现象或假报告。例如在机器制造业中，只要已经开始"放样"，就可以把运入车间的材料以"在制品"名目算入总产值中去（"行话"叫象征性开工）。有的企业自己完不成生产计划，就可以把工作包出一部分给别的厂做，然后拿回来做完最后一道工序。于是这全部产品便可以算入自己的总产值中去了。

这一切告诉我们，以不变价格计算的总产值这个指标，是整个国民经济中算大账的指标，用来观察企业的经营管理的好坏，尤其是代替或钳制了企业财务管理的会计账，是多么不合理。

但是如何来使这两本账（计划统计指标和财务会计账）不脱节而且做到相辅相成呢？也可以提议把产品产量指标和质量指标定得更详细具体些，以防止钻总产值指标的空子。这条路是一个死胡同，越走越窄。因为现在这些指标已经太集中，太烦琐，太死板，妨害了业务部门，尤其是企业的积极性，妨碍了生产。这类指标在国家和部局计划中只能更粗更少些。这不能作为国家计划的综合指标。

为了寻找解决这个矛盾的出路，为了改变现在的这套计划统计方法，先暂时离开一下计划统计方法这一现实问题，来谈一谈从表面看来似乎是政治经济学中一个纯理论性的问题：价值规律在社会主义社会中是否起着作用和如何起作用的问题。因为现在的这套计划统计指标和方法，就是建立在这个问题的错误的解释之上的。因此不弄清这个理论问题是没法解决现在计划统计方法中的许多实践问题的。

二 全民所有制和价值规律

很久以来，在理论界存在一种说法，认为价值规律属于商品经济的范畴，它是与社会主义的计划经济互相排斥的，计划管理范围越广泛，越深入，那么价值规律的作用范围便越受约束。如果说，在社会主义社会内，价值规律还起着一定作用，那只是因为：在社会主义社会中，除了全民所有制的国营经济外，还存在着集体所有制和个体所有制；因而在这些所有制之间还存在着商品交换，职工工资也仍以货币形式支付的。也就是说，在将来的单一全民所有制的共产主义社会中，价值规律将完全消失而不起作用，而在社会主义社会中，价值规律也不是这个社会中的最基本的所有制（即全民所有制或国营经济）的生产过程本身所客观存在的规律，而是由于它与其他种所有制发生交换关系才产生的，是流通过程的范畴。因此，至少在国营企业的生产领域中是可以不考虑价值规律的作用的。

从以上这一前提出发，就得出了这样的结论：社会主义生产的目的是物质财富，即是使用价值而不是价值。因此，一切计算工作应该是着重于计算使用价值而不是价值。如我们在上面所说的一样，以不变价格计算的总产值所表现的便是这个使用价值而不是价值。

为了说明我们的问题，我们先要说一下：到底什么是马克思的劳动价值规律，以及这规律在商品经济中是如何起作用的。在马克思的关于价值规律的学说中，至少包括以下三个基本内容。

第一，任何商品的价值都是劳动创造的，因而商品的价值量是由生产这种商品所耗费的劳动量决定的，即由劳动时间决定的。这可以说是劳动价值规律的基础。

第二，这并不是说工作条件越差，技术越落后，工作者越不熟练越懒惰，价值便越高。因为商品价值不是由生产者的个别劳动时间决定的，而是由社会平均必要劳动时间决定的。因此，条件差，技术落后，不熟练而又懒惰的生产者所耗费的劳动量便高于社会平均必要劳动量。他赚钱便少，甚至要蚀本，如果长期不改变便会被淘汰。反之如果生产者的个别劳动消耗低于社会必要劳动量，他便能赚到额外利润，他的事业便日益发达。商品生产者为了赚大钱，为了自己的事业的发达，至少是为了不蚀本，避免被淘汰，便日夜钻研，改进技术，改善自己的经营管理。这样，价值规律便通过同一行业之内的生产者之间的互相竞争，像一条无情的鞭子一样，不断督促着生产的进步。马克思在《共产党宣言》中曾说，资本主义社会像用魔术一样唤醒了沉眠在社会劳动里的巨大生产力，使得不到一百年间创造了比先前一切世代总共造成的生产力还要大，还要多。这魔术不是别的，便是在这个竞争中自发地作用着的价值规律。也就是说，价值规律在商品经济中起着促进技术进步和生产力发展的作用。

第三，竞争不仅存在于同一生产部门之内的各个生产者之间，而且存在于各生产部门之间。由于商品生产是盲目自发性的，因此供求永不能平衡，市场价格就环绕着价值（社会平均必要劳动时间）不断涨落。在这价格的涨落中某一生产部门中若有多少商品生产者发了财，而另一生产部门中便有多少生产者破了产。他们为了逃避破产争取发财也要不断改进技术，改善经营。但是在各个不同的生产部门之间的竞争不仅也像同一部门内的竞争一样促进了技术的改进和生产力的发展，而且使社会资本和劳动力从一个生产部门流入了另一个生产部门。价值规律便这样自发地起着生产调节者的作用，就是执行了分配社会生产力的任务。

现在我们再来看一看，包含上述三点基本内容的价值规律，在社会主义社会，特别是在全民所有制的经济中，是否还继续起着作用。

首先，商品是历史范畴，在共产主义社会中将不再有商品交换，因而生产品也不再是商品，社会生产的直接目的是使用价值而不是价值——这些都是可以肯定的原则。然而叫作生产品也好，或直接叫使用价值也好，它总是劳动所创造的或者说是花了一定量的劳动消耗的代价换来的。这代价当然不是目的而是手段，然而不能改变事情的本质。花了代价就不能不计算一下代价的大小。至于你把这代价叫作"价值"呢，还是直接叫作"社会平均必要劳动量"，那倒是无关紧要的。马克思就用过"使用价值的价值量"的说法，似乎没有必要使"价值"这概念一定要与商品这概念共存亡。

其次，在商品经济中，价值规律自身变成了一个自发的，然而是极灵敏的计算产品的社会平均必要劳动量的自动计算机，它随时提醒落后的生产者要他努力改进工作，否则便要受到严酷的惩罚；也随时鼓励先进的生产者并给他丰厚的奖赏，要他继续前进。它是赏罚分明，毫不留情，不断督促着落后者向先进者看齐。

在社会主义社会或共产主义社会里，我们限制或消除了市场竞争所带来的消极的破坏性的一面。这是好的。但是我们不能不计算产品的社会平均必要劳动量。否定了或者是低估了价值规律在社会主义经济中的作用，事实上也便是否定了计算社会平均必要劳动量的重要性。因而现在我们的计划统计指标着重于表现物量，而忽视了价值；着重于表现生产的成果（所谓"总产值"，即毛产量），而不着重于分析这成果的内容如何（即新增产值和转移产值各占多少，也即是纯产值和物质消耗各占多少）；更不着重于分析如何以社会平均必要劳动量的计算来推进劳动生产率，以达到增加物质财富的最后目的。因为如前面所说的一样，成本、利润等指标只是总产值这个指标的陪衬；事实上，在企业管理中起作用的是总产值这个指标，而不是对企业管理最需要的企业财务指标。

否定或是低估了价值规律的作用，也等于是否定了根据社会平均必要劳动量的计算来改造落后企业的必要。我们知道，在农业中，农产品价值是由生产条件最坏的土地上的劳动消耗量（即最大的消耗量，而不是社会平均必要消耗量）决定的。这是客观自然条件（土地的有限性）所造成的。这便是级差地租的来源。现在我们为了让最落后的工厂能够活下去，工业中的产品价格也是以这些落后工厂的劳动消耗量来制定的。但是这样做，除了把落后固定起来以外，还有什么好处呢？（当然，由于这种价格所形成的"级差利润"是我们的积累来源之一，但积累一定要通过这一形式吗？难道不能以其他形式，例如税收形式来完成吗？）要让落后工厂能活下去，就得帮助它改造技术，改进管理制度，经常提醒这些企业的职工，尤其是领导者，他们的劳动消耗也即成本已比社会平均必要劳动量高出了多少，而不是用一个落后定额来安他们的心。

这个社会平均必要劳动量的价值规律对资本家来说，是在睡梦中也忘不掉的；它有时变成了蚀本和破产的恶魔，威胁着他；有时变成了额外利润，繁荣发财，像一个迷人的妖精般引诱着他。不论是以什么面目出现，这规律总是推动了资本家不断地前进又前进。对资本家来说，生产而不计财务成本，简直是不可想象的。但是在我们，"不惜工本"似乎是社会主义建设的应有气魄。"价值，价值规律是商品经济的范畴！""资本、利润，——啊！这是资本主义的概念！""资本主义概念""资产阶级看法"等也像魔法一样迷住了我们，使我们往往不敢把问题反复想一想。

我们应该肯定说，通过社会平均必要劳动量的认识和计算来推进社会主义社会生产力的发展——价值规律的这个重大作用在我们社会主义经济中非但不应该受到排斥，而且应该受到更多重视。

发展生产的秘诀就在于如何降低社会平均必要劳动量，在于如何用改进技术，改善管理的办法，使少数落后的企业向大多数中间企业看齐，使大多数的中间企业向少数先进的看齐，而少数先进的企业又如何更进一步提高。落后的、中间的和先进的企业为了降低社会平均必要劳动量水准而不断进行的竞赛，也就是生产发展、社会繁荣的大道。

资产阶级在认识上是不承认马克思的劳动价值学说的，但是资本家在实践中很好地运用了这规律。这是因为，不论你承认不承认它，价值规律在商品经济中会通过市场竞争自发地发挥作用的（促进生产，调节生产力）。我们是信奉马克思的劳动价值论的，但是却想把这一学说同自由市场一起从社会主义领域中除了籍。价值规律在没有自由市场或自由市场受约束的条件下，变得不灵敏了，可是它存在着，因此我们更应重视它，通过计算去寻找它、发现它、尊重它，并进一步掌握它，使它为我们服务；要不然，它将比惩治资本家更残酷地来惩罚我们。

现在我们再来看，上述价值规律的第三点内容，即是生产调节者的作用，或是分配社会生产力的作用，在社会主义经济中是否还继续存在。过去也有人认为，在社会主义社会中，价值规律只是在一定范围内，即仅仅在商品流通的范围内，起着一定的调节作用，至于在生产领域内，价值规律便不再起调节作用，它并不能调节各个不同生产部门间的劳动分配的"比例"。至于到了共产主义社会的第二阶段，当商品流通完全消灭之后，价值规律便将作为一个历史范畴而消亡，在任何范围内也将不起调节者的作用，劳动的分配将不依价值规律来调节，而是依靠社会对产品的需要量来调节。支持这样说法的有力的事实似乎就是：在社会主义国家中，用全力去发展的是那个赢利较少而且有时简直不能赢利的重工业，而不是赢利较多的轻工业。生产力的分配，或投资的分配，是国家计划机构根据政策来决定的。

但是我们首先要问：为什么在社会主义国家里，重工业一定要比轻工业赢利少，以至不赢利呢？企业不能赢利不外两个原因：（1）企业本身管理不善；（2）价格不合理。我们不能相信，重工业的企业一般地都比轻工业企业管理得坏，因此，使重工业企业少赢利或不赢利的唯一理由便是上述第二个原因了——重工业产品价格不合理，即比之轻工业产品一般是偏低了。因此，这不是使我们否定价值规律的调节者作用的理由，倒是证明了这是价格政策违反了价值规律的不良后果。

其次，认为在全民所有制经济中或在共产主义社会的第二阶段，各个生产部门间的劳动分配将不依价值规律来调节，而是只依靠社会对产品的需要量来调节。这理由也是片面的。因为对产品的需要量还只是事物的一方面，而不可分割的另一方面是：如果生产某一种产品的劳动生产率增加了，那么这一生产部门所需要的劳动量，也即是投资额，也会相对地甚至绝对地减少的。

因此，从上面所说的价值规律的三个基本内容来看，不论在共产主义社会的最高阶段还是初级阶段，这规律将始终存在着而且作用着，所不同的只是作用的方式而已，只是这规律体现自己的方式而已。在商品经济中，它是通过商品流通，通过市场竞争来起作用，来体现自己的，因而它是带着破坏性的，而在计划经济中，它是应该由我们通过计算来主动地去捉摸的。

其实这些意见并不是当代什么人的独创之见。马克思《资本论》中的下面一段话就是说的上面的意思：在资本主义生产方式废止以后，但社会化的生产维持下去，价值决定就仍然在这个意义上有支配作用；劳动时间的调节和社会劳动在不同各类生产间的分配，最后，和这各种事项有关的簿记，会比以前任何时候变得更为重要。

对马克思以上这段话需要加以补充说明的是：这里所说的簿记，应是包括统计、会计和业务技术计算三种计算在内的广义的计算工作。

过去，大家为什么会忽视马克思的以上这一重要原则性的启示呢？到底是因为忘记了马克思的这一段重要启示，在理论上否定或低估了价值规律在社会主义经济中的作用，才造成了现在普遍遭受批评的那些计划统计方法和无视价值的价格政策的呢，抑或是正因为有了这样的实践才忽视了马克思的上述重要启示并制造出了社会主义社会中价值规律逐渐消亡的说法的呢？这的确很难说了。理论与实践是互相影响的。对我们现在来说，重要的是为了我们的实践，应广泛地批评那种价值规律在社会主义经济中不起作用的学说。否定或低估价值规律在社会主义经济中的作用只有害处没有好处；反之，承认并强调这一规律的作用，并在实践中尊重它，对我们的社会主义建设事业，却是只有好处没有坏处。

由于社会主义社会中，生产的目的是使用价值，是物质财富的增长而不是价值和利润，因此就认为计划统计的指标应该偏重计算物量的说法也是不对的。使用价值和价值，用同量的劳动创造更多物质财富和创造同量的物质财富耗费更少的社会平均必要劳动量是一件事或一个过程的两个方面，是不能分裂开来看的，不可偏废的。在计划和统计方法上多抓价值的一面，多注意劳动量消耗的计算，为的是促进生产率的发展，这与生产以增加物质财富为目的是完全不矛盾的。

三　从何处着手来改进计划统计方法

在这里并不想涉及所有的指标和方法，而是试图研究一下：（1）计划和统计应该抓什么基本指标以及如何计算这个指标；（2）为了改进计划统计方法不得不牵涉到有关计划体制和财政政策上的个别问题。

改进现有计划统计方法应该根据以下四个基本原则：（1）计划和统计的基本指标应该是能够反映生产增长的真实情况；（2）计划统计指标和企业管理所依靠的财务会计这两本账应该统一起来，绝对不允许让两本账互相牵制妨碍；（3）计划和统计指标不能偏重于反映物量即使用价值，而应兼顾劳动消耗量即价值的计算，在基层企业中，更应着重反映后者；（4）所谓基本指标应该是企业管理的一个中心环节，抓住了它便能带动其他的指标。

如同在前面第一节所说过的一样，我们现在所抓的"总产值"这个指标是不符合上述原则的。"总产值"的增长往往不是新增产值的增长，而是转移价值的增长。因此，在苏联，早有人提出过用"纯产值"来代替"总产值"，或是用前者来补充后者的不足。苏联缝衣工业所采用的"加工价值"这个指标，也就是放弃"总产值"而企图向"纯产值"接近。("加工价值"不扣除固定资产折旧，因此不完全"纯"，但计算较方便。)

但是过去为什么不采用"纯产值"这个指标呢？为什么在苏联，也仅仅缝衣工业采用"加工价值"这个指标呢？这是由于计算不变价格的"纯产值"在技术上有困难。因为"纯产值"是由"总产值"中扣除物质消耗来求得的；在会计账上，有每一个产品的物质消耗的数量和现价价格。但是要基层企业计算每一产品所用的成百成千种的原材料、零件和部件的不变价格几乎是不可能的。

然而，我们知道，使用不变价格是为了编制和检查长期计划，是为了历年数字可以对比，是为了计算国民经济各部门的大账。因此我们要问：为什么编制和检查年度计划、编制和检查企业计划也要用不变价格呢？如果企业的年度计划就按现价编制和检查，五年计划用的不变价格数字照样可以根据企业年度计划的现价数字，按系数折算。这样，企业的财务会计资料就可以直接提供纯产值和利润的数字，计划和统计就可以把这作为基本指标。于是，计划和统计所抓的指标也就是企业管理所需要抓的指标。这不仅可以真正促进企业的经济核算，而且可以因为两本账合成一本账而节省了不少人力。

有的人听到用纯产值做计划，就觉得不发生原则上的问题，只是计算技术上有困难而已。但是提到用利润做计划的基本指标，似乎就发生了原则性的问题。

其实，为了我们的目的（编制和检查企业生产计划），纯产值和利润没有原则上的差别，后者比前者多扣除工资，只是更"纯"了些（纯产值是马克思公式中的"$v+m$"；利润只是一个"m"）。[①] 因此，利润是企业经营好坏的最集中的表现。我们不要因为社会主义社会的生产是为了物质财富，资本家的生产才为了追

[①] m 里面还包括税，但税不一定全是本部门生产的，可能有一部分，甚至大部分是在别的经济部门生产，而在这里实现的，因此不应计算在内。至于利润，则在合理价格的条件下，基本上应是本部门创造的。关于价格的问题，下面还要讲到。

逐利润，于是便不敢使用"利润"这个指标。尽管社会主义生产的目的是与资本主义根本不同的，但有利于我们的企业经济核算的方法，却不要因为资本家曾经使用过就不敢问津。

那么会不会因为用利润作为计划基本指标而造成企业管理人员唯利是图、不顾国家利益的资本主义经营思想造成市场混乱呢？

基本上不会的。因为第一，除了把利润作为计划和统计的基本指标外，并不取消其他指标，如产品、产量等（但产品产量指标，应分级管理）；第二，唯利是图的资本主义经营思想，只有在价格不合理、没有市场管理的条件下才有可能，如果确立了合理的价格，并且能够定期调整，如果市场管理得好，那么就无空子可钻。我们在大量私营工商业企业存在的时期，还能做到稳定市场，取缔了投机倒把，难道我们面对着数量较少的有组织有领导的国营企业，干部反而无法控制了吗？

把利润作为基本指标的主要缺点，是怕企业管理人员因为追逐利润计划的完成而影响了工人的工资。工资标准虽然是由工资条例规定的，但是工人升级由企业管理人员掌握。为防止这一点，可以考虑把"利润"和"纯产值"并列作为基本指标。

"纯产值"和"利润"这两个指标的最大好处，就在于它反映了生产的实际情况，完成这两个指标非但不妨碍其他指标的完成，而且必然会带动其他指标的完成。要完成纯产值计划或利润计划便必然要抓成本，必然要注意劳动生产率的提高。因此按现价计算的纯产值和利润本身虽然是一个价值指标；但是随着纯产值和利润的增长必然会带来物质财富的增加。

如果我们在理论上承认了价值规律对社会主义经济的意义，如果计划和统计上要采用"纯产值"和"利润"作为基本指标；那么为了正确计算这些指标，更重要的是为了在企业和整个国民经济中推行真正的经济核算制，加强财务管理，在经济政策和财政制度方面，必须提出以下几个问题，请研究理论的同志和做实际工作的同志加以研究和考虑。

第一，价格政策问题。过去由于在理论上否定或是低估了价值规律对社会主义经济的作用，因此决定价格的时候，主要考虑的是政策而不是价值，说得准确些只是在考虑政策，至多是在考虑成本的范围内照顾到了价值。例如说，消费资料的价格不能高到扩大了剪刀差，影响工农联盟，影响职工大众的生活水平，而生产资料的价格尤其是调拨价格则不妨低一些，因为反正是卖给公营企业的，只要照顾成本而已。[①] 一句话，主要是从流通领域，从国民收入的分配和再分配的观点来考虑价格问题，很少考虑生产过程本身的经济核算的需要。由于从这一见解出发，所以认为轻工业负有积累的任务，而重工业是不负积累任务的。在中国，因为直到最近还存在着大量的私营工商企业，所以限制了我们过分地向这种片面的、主观的价格政策发展。但是，现在如果再不从理论上、原则上提出这个问题来，请大家注意，是会继续朝这方面发展下去的。例如，在事实上，现在的重工业产品的价格比之轻工业产品的价格并不能算高，因为如以资金利润率来说，还是比轻工业低了许多。但是很久以来便喧嚷着重工业品降价的呼声。重工业产品的价格如果低于价值就会妨碍经济核算，就会把贵重的生产资料当作便宜货使用，造成生产中的浪费，对国民经济是没有好处的。事实上，价格的偏高偏低就是打乱了国民经济的比例关系，破坏了整个国民经济中的经济核算。因此，正确的价格政策应该是以价值为基础的。轻、重工业的利润（资金利润，而不是成本利润）大体应该相近。国家的积累可以考虑多用税的形式取得，而税也不一定仅仅限于轻工业品范围。税同利润更严格地区别开来是有利于经济核算的。

第二，应该多注意对固定资产的核算。这不仅仅是统计工作者要注意的问题，也更是计划工作者、财政工作者和企业领导者应该注意的问题。现在我们企业中的固定资产的估价是很混乱的。在这

[①] 在苏联，根据这个原则，在很长一个时期中，由于价格定得低，几乎所有重工业都是叫作计划亏本企业，靠国家补贴维持，到现在还有木材工业整个部门靠补贴维持。

种基础上当然无法进行正确的成本核算。固定资产的盘存和重估价是一件非常复杂而费力费钱的工作。过去大家主要是从财政观点来赞成或反对进行这一工作。其实更重要的是应该从企业经济核算的观点来看问题。

轻视固定资产核算的另一表现便是不主张计算资金利润，而只主张计算成本利润。说计算资金利润是资本主义观念的说法是不对的。这不仅是资金问题，也是劳动问题。因为那些全部参加了物质财富生产过程的固定资产本身就是物化劳动。在重工业部门中，人们在开始消耗自己的活劳动以前，必须比轻工业部门积累更多的物化劳动（固定资产），不是无缘无故的。他们的目的是使自己的活劳动能有更大的生产率，即为了能够创造更多的物质财富。反过来说，如果资金有机构成高的重工业工人的劳动生产率不比轻工业工人高，那么对社会来说就犯不上先物化了一部分劳动，再来消耗活劳动，就犯不上投那么些资本了。如果对于原有的固定资产的价值不会很好计算，就是说，打错了算盘，那么必然就会在逻辑上忽视新增固定资产，对于基建投资也会打错算盘的。例如，大家知道，水力发电厂的电力成本低于火力发电厂，而且往往低很多；仅仅从这一角度出发，往往就会偏向于水力发电厂的建设，而忽视火力发电厂的建设。大家也知道任何大型厂的生产成本一定比小型厂低。这就使很多人常常会偏向于大型企业的建设而反对建设小型厂。但这是由于只算成本利润，不算资金利润而得出的结论；如果除了算成本以外，再算一下投资效果，算一下我们的资金能力，那么结论就一定两样了。

第三，要真正精确地计算商品价值，做好经济核算工作，最后必须有正确的折旧政策。现在我们的固定资产折旧率约4%，即是说，折旧年限在25年左右。也就是说，我们的折旧只考虑了物质的磨损，而不曾考虑无形磨损，就是说，几乎是按照每个机器在物质磨损上能存在多少年，便把它的价值按多少年平均分摊到每年所生产的产品价值中去。但是第一，每一种机器在开始制造的时候一定是价格比较高。后来随着生产技术的提高，随着这种机器的大量出产，价格必然会逐渐降低，而在二三十年之间，价格一定跌得很厉害。第二，由于同一用途的新型机器的发明和制造，原有的旧型机器也会大大跌价，甚至因为太旧式（生产率低、费用大）而完全废弃不用。因此，当机器的物质形状尚未陈旧，尚未完全磨损之前，就会因为上述两种原因而贬值。这种贬值称为无形磨损。越是技术进步得快，这种无形磨损过程也越快。

资本家很怕自己的技术落后，固定资产会因为无形磨损而遭受损失，所以把折旧率提得很高。在第二次世界大战期间，美国的重工业的折旧年限规定为 5 年。到 1954 年又颁布了"残值递减法"的折旧办法，规定在固定资产动用初期采用较高的折旧率，以后逐年递减折旧率。① 例如头一年为 40%，第二年为 24%，这即是说在最初 2 年间就收回了资产的 64% 的价值，以后 3 年的折旧率又分别为 14%、8% 和 5%。当然，垄断资本家把折旧率提得这么高，还有一个原因，那就是隐瞒利润，逃避所得税。然而不能说这是主要原因。主要原因，还是估计到现代技术进步的迅速，怕自己的技术落后和固定资产遭受贬值的损失。

过去，在社会主义阵营中是不计算无形磨损的，而且从理论上是否认这概念的，认为这也是资本主义的概念。但是自从 1955 年 7 月苏共中央全会后，这种看法已受到批判，认为不考虑无形磨损在理论上是不能成立的，在实践上是有害的——主要是妨碍了设备的更新和技术的进步。

在否定无形磨损的同一个思想的指导下，还有一个极端有害的实践便是对于大修理的定义。根据现在的定义，大修理是不能改变设备的原来的形状和基本性能的。如果越出了这个范围，那么就不叫大修理而叫"改建"或"基建"，就得按另一套手续审批。大家知道，为了保证重点建设，我们现在的基建投资是抓得很紧的，这

---

① 安东诺夫：《第二次大战后美国固定资本的折旧》，《经济译丛》1956 年第 8 期。

一类零星的"改建"或"基建"(事实上是带有技术更新性质的大修理),一般是很难得到批准的。(但是,由于上述限制,现在的大修理基金一般是用不了。)

由此就产生了以下两个很不合理的,然而是相当普遍的(从现存制度来看是很必然的)事例。

第一个例子。某石油公司的一个炼油设备在进行大修理,工程师证明如果把一个×吋大的管子改为×吋的管子就可以增加×%的效力。但是财政制度通不过,管财务的人起来反对,双方争执不下。要不是企业负责人甘愿承担破坏制度的罪名,这次大修理就眼看着这×%的生产效力白白被窒死了。

第二个例子。某修船厂在中华人民共和国后几年来承修同一主顾的8条大海船。这些船都是年久失修的,其中有一艘就是这船厂制造,但是连最老的工人也已经忘记了这船是什么年代出厂的了。这8条船,在修理中一般地都是换掉了绝大部分的钢板和很大部分的龙骨。其中有一艘400多块旧钢板换到只剩8块,龙骨换去30%左右。因为修旧船换钢板只好一块一块来,只能用铆钉铆而不能用电焊办法做,这比造一个新船壳还费劲。因此承修的船厂就建议给主顾重造新船壳,而不要换钢板,但是主顾不同意。不仅如此,主顾还要求船内一切基本设备,尤其是机器只能照原来的形状和性能修理。因此机器的一切活动部件都换了,不活动的部件(壳子)仍是老样子。结果船的性能很低。据说这船修好后(其实等于是新造的),时速是8海里,而现在日本商船队中最慢的时速是16海里。这种效率低的船在日本早拆作废钢铁卖掉了。船厂的工程师和工人们都因为这主顾每次都坚持要花这么多钱买一个崭新的老古董船而感到惊奇,但是对那主顾来说却也另有他的苦处,原来制度只允许他大修理而不准他进行基建。

这种不考虑无形磨损和大修理不准进行技术更新的经济学理论和财政制度,可以使得很多工业部门中,几十年前的破老设备的工厂与新建的世界第一流技术的工厂永远并进。因而整个部门的平均劳动生产率往往只有那些第一流工厂的先进劳动生产率的 1/2 到 1/3 了。

这种古怪而有害的理论和制度是有它们的根据和历史根源的。在认识上，否认无形磨损是与否认价值规律（只承认物质财富和使用价值而不承认价值）的理论一脉相传的。在实践中，则由于在社会主义建设初期，尤其在恢复阶段，技术落后，财力困难，因此要动员一切人力物力来为建设社会主义服务。落后的老式的设备总比没有设备好。我们不仅要使用这种落后的老设备，而且要爱护它，保养它，因此还给它拨出一定的大修理费。于是经过若干年后，历次所耗费的大修理费已超过了买一个新式机器的钱，而且这老机器本身也确实已经完全换过了它的全部零件，但是它的性能（生产率）却仍旧是很落后的。人们使用这"新的老机器"要浪费更多的燃料、原材料和劳动，一句话说，以爱惜人力物力为出发点，却走到了浪费人力物力的终点。我们要避免这样的悲剧的下场，就应该时时打算盘，提倡计算无形磨损。提高折旧率并不是主张把任何设备在很快把它的价值折回以后便不分青红皂白丢掉完事；而是说要算一算账：到底是照原样继续使用合算，还是加以技术更新后使用合算，还是当废金属回炉合算，不仅要算一算活劳动的节约与否，还要算一算物化劳动的节约与否。在旧设备的技术革新方面多花了钱是会影响到重点建设项目的。但这里也要算一算账：是不是新建一定比改建合算。相反地，一般说来还是改建省力，花钱少且见效快，如果这样，我们就应该多注意改建。困难的是，像鞍钢这样的大的改建项目有利无利可以由中央由国家计委来研究、决定，但是像那炼油厂中要换一根管子之类的零星的技术更新是不能都集中到中央、到上级来解决的，是应当授权企业，甚至发动群众来解决的。因此，财政制度的规定应给企业多留些钱，对大修理的定义不应规定得那么死板。

总而言之，这在基本上还是要通过社会必要劳动量的计算来推动社会劳动生产率的增长的问题。这是一个理论问题，是一个政策问题，是一个制度问题，也是每一个统计工作者在自己的本位工作中应该关心研究的一个重要问题。

[原载《社会主义经济的若干理论问题》（续集）（增订本），人民出版社 1956 年版]

从"总产值"谈起

现在环绕着改进计划和统计的方法制度问题，展开了热烈的讨论。这问题有两方面：一方面是有关计划体制的问题；另一方面，至少是同样重要的一面，是计划统计的指标和方法的问题，这两个方面是密切相关，不可分离的。

譬如说，在计划体制上。我们主张大计划小自由，反对过分集中的计划制度。这是什么意思呢？简单些说，这就是抓什么指标和放什么指标的问题。中央一级，尤其是国家计委和国家经委抓的指标应该是整个指标体系中，最中心的一环；抓紧了这一环就能带动一切环节。下放的指标，即是由主管部、局和企业，由各级地方党政领导机关分头、分级管理的指标，这并不意味着都是些不重要的指标。相反，在分头分级管理的，下放的指标中间，有的可能是非常重要的指标，然而不是综合性的指标，不能成为带动一切的中心环节。或者也可以说，正因为有的指标太重要了，所以必须分级管理，必须大家来管；光由中央一级来管，由计划机关来管就会发生管得太死的问题。

因此，大计划小自由的问题就不仅是一个计划体制的问题，而且也是计划指标和计划方法问题。体制问题的方针原则早确定了（就是反对过分集中，提倡适当分权）；但是具体问题仍旧没有解决；原因就在于没有解决抓什么指标和放什么指标的问题。指标问题不解决，那就老觉得抓怕抓死了，放怕放走了，也就是说，计划什么，自由什么，在大家心中总还没有一个明确的数。

在这里，主要就试图谈一谈这个指标和方法问题。

"总产值"能不能成为指标体系中的"中心环节"

我们现在所抓的主要计划指标，也即是主要的统计指标是"总产值"。大家对于这个指标最普遍的非难是就"总产值"中有不少重复计算，一件产品因加工多少遍，便重复计算多少遍。其实，这还不是这个指标的主要弱点。而且就每个企业而论，一个产品一般地只计算一次；因而"总产值"也与实际相符，并不重复。至于在整个国民经济范围内，"总产值"的重复计算正是反映着各生产部门的联系（特别是生产资料部门和消费资料部门的联系），反映着全社会的周转，国民经济平衡表正是通过了这重复计算来反映这联系和周转。至于计算国民经济各部门之间的比重，本来就是指的各经济部门在创造国民收入中的比重，当然应该以"净产值"计算，而不应该以"总产值"来计算。因为这原来就是不属于"总产值"这个指标的任务范围之内的。

"总产值"这个指标的最大缺点，是在于它不能适应企业管理，即生产的需要。因为"总产值"包括新增价值和转移价值两部分，所谓新增价值就是每个企业的职工在生产过程中消耗了一定的劳动量而新创造的价值；所谓转移价值便是原材料的价值和固定资产的折旧，是别的企业的职工所创造的价值。[①] 这两部分的比

[①] 总产值在俄文叫 Bаповая пропукция，在英文叫 Cross Poduce 或 Gress ontput。直译应为"毛"产量或"毛"产额，是对得产量或净产额而说的。"总产值"这一译名不能反映与"净"相对的"毛"的意思。除此以外它还有一个缺点，就是造成了一种错觉，似乎"总产值"是表现在产品的价值的。其实相反，以不变价格表现的"总产值"不是表现生产品的价值而是通过货币形式来表现的物量，即使用价值，这是本质上完全不同的两个概念。我们的计划和统计方法上很多缺点的根源还就在于偏重了使用价值的计算，而忽视了价值的计算。关于这一点，下面要专门谈一谈，在俄、英文中"产量""产值"都是一个词。为表明我们在中文用"量""值"两个不同的汉字来表明那个差别，就分别称为"以实物表现的毛产额"和"以货币表现的毛产额"。这当然没有"总产量""总量值"那么顺口，可是却不会把本质上两个完全不同的概念混淆起来（这混淆在今天已给实践带来很大害处）。但本文为避免混乱，仍沿用现在通用的译名。

重，主要是原材料和人工的比重，对于各个生产部门，甚至每一生产部门或每一企业中的不同产品是很不相同的。但是对于评估企业的生产成绩来说，重要的不是转移价值部分，不是用了多少原材料，而是新创造了多少价值，即做了多少人工。所谓发展生产，指的不是转移价值部分，而是新创造价值部分；虽则二者在实物形态上是不好分开的。我们可以举几个例子来说明这道理。

例一：一个农民在第一年以1斗种子收了10斗粮食。第二年耕地面积扩大了，他下了2斗种，但是只收了11斗粮食。如果用"总产值"这个指标来表现，那就是第二年比第一年增产10%，虽则以扣除种子计，第一年和第二年都是净收9斗，即是说这农民的财富在第二年并没有比第一年有所增加，而且如果估计到肥料、人工等其他成本在第二年是增加了，因此，他的净收入或净产值一定比第一年反而减少了。不仅如此，如果用"总产值"这个指标来观察，那么第二年即使收了10.5斗粮食还是表示为增产5%，虽则以扣除种子计，第二年的收成只有8.5斗，已经比第一年减少了5.5%（如扣除其他成本，则减产更多）。

例二：在某一农具制造厂，上半年制造的是双轮双犁铧，因这是料多工少的产品，所以比较轻易地完成了全年任务的三分之二。下半年改造摇臂收割机，比较起来，这是工多料少的产品。因此，下半年职工虽然在生产上、在改进技术上做了不少努力，但只勉强完成了全年三分之一的任务。根据"总产值"这个指标，上半年应该对该厂奖励，下半年应该给予严厉指责。但是据领导了解，该厂上半年的工作并不算怎样好，下半年倒很不坏。

例三：在某一个量具刃具工厂，经常根据订户需要，生产几千种规格的产品。一般说来，量具是料少工多，而刃具是工少料多。譬如量具中有一种规，它的成本64.3%是人工，只有35.7%是料；另一种千分表的成本中，有69.3%是人工，只有30.7%是料；而且这些精密的量具，正确度不能超过一根头发丝的几分之一，必须由很熟练的劳动来生产。但是在刃具中，有一种三面刃的铣刀的成本中只有5.9%是人工，其余94.1%是料，有一种直柄钻头的成本只有5.3%是人工，有94.7%是料。因此，如果工厂接的订货主要是精密的量具，那它就很难完成总产值计划。因此，不管有没有订户，不能不带做一些较粗的刃具以作平衡。这样便形成了仓库中的经常的积压。在1956年上半年第一机械工业部的884万元量刃具的总库存中，有761万元是刃具。然而许多精密的量具，却正是脱销的产品。

从上面这些例子中可以看到，"总产值"这个指标，由于混淆了新创造价值和转移价值，即是混淆了工和料这两个不同的部分，所以就不能正确反映企业生产的实际情况，因而也不能根据它来评定企业工作的好坏。

"总产值"这个指标也不能正确反映企业的规模，亦即是生产的规模。例如有两个纺纱厂，锭子数相等，职工人数也相差不多，因此企业和生产的规模应是相等的。但是一个是纺的80支纱，一个是纺的16支纱。因此后面一个厂所用的原料约为前面一个厂的七倍，"总产值"为2.5倍以上。

"总产值"这个指标往往不是推动生产者节约原材料，用廉价的原材料代替贵重品，而是相反地推动他们去多生产贵重材料的产品，把很贵重的材料极不相称地用在普通的产品上。机械制造厂都愿意揽铜活，而不愿意揽铁活。但是大家知道，现代工业技术的任务却正在于如何用代用品来代替铜这个宝贵的材料而不是用铜来代替铁。因此，"总产值"这个指标也就不会推动企业制造轻巧、灵便、价廉、物美的产品，而只会推动企业制造笨重而又价贵的产品。

在苏联曾经有一个时期，拿了布料找不到缝衣铺缝制，但拿了毛料绸料去（特别是贵重的）便很顺当地被接下了。原来也是这"总产值"指标在作怪：做布料活很难完成"总产值"计划。因此，现在苏联缝衣工业的生产计划已经改为按加工价值计算，而不按"总产值"计算了。①

不变价格

我们现在的"总产值"这个指标是按不变价格计算的,而企业中一切财务会计账目都是按现价计算的。这就更使"总产值"脱离了实际。在会计账上某一个产品的单价是 4 元,在不变价格的价目单上可能是 5 元;另一个产品在会计账上的单价可能是 10 元,但是在不变价格价目单上可能只有 9 元。不变价格的"总产值"和现价的"总产值"往往相差很大,以个别厂局为例,相差达 1—2 倍,甚至更多。依靠这种与实际情况不相符的账来管理企业的财务当然是不行的。那么,为什么要编这么一本可以说是虚假的账呢?原来用不变价格计算"总产值"是为编制整个国民经济的计划用的,是为了观察各部门生产上涨的速度而设的。发展国民经济的目的是要增加社会的物质财富。然而物质财富是使用价值。使用价值不好相比,也不能加总。因此仍旧不能不借用货币这个共同的尺度来计算。不过必须把价格固定在一个水准上,即是去掉价格涨落的因素,来观察物质财富的增长速度,即物量的增长速度。②

因此,我们有两本账,一本是大账。这是为了决定政策,为了编制国民经济计划,观察各部门之间的比例关系,研究动态数列之

---

① 在不久前苏联出版的一期《鳄鱼》杂志上,刊登了一张漫画,讽刺缝衣工业中争取完成计划的锦标主义现象:衣架上挂着一件时装大衣,从领子到衣袖、衣襟已经缝满了十五只狐皮和貂皮,可是裁缝手里还拿着好几只狐貂皮。他还在研究如何把这些贵重的皮料统统缝上去,以完成计划,这对"总产值"这个指标真是莫大的讽刺。

② 物质财富的增长是使用价值的增长而不是价值的增长。在一个较短的时期内(例如一个五年计划),整个国民经济中,劳动人数的增加是不会很大的;因此,所创造的价值不会有很大增加(价值量等于劳动时间数)。经济的发展或劳动生产率的增长表现在同量的劳动创造了更多的物质财富,或创造同量的物质财富只需要较少的劳动量,即它的价值更少了。因此价值指标不能直接反映生产的发展,只有物量指标才能反映生产的发展。理论上这是很明白的,但是在使用"总产值"这一指标的时候,往往在认识上就模糊起来,把它当作价值指标看待了。

用的。这本账着重于研究物质生产的使用价值的一面，着重于物量的变化。这便是以不变价格计算的"总产值"的计划统计数字。

另一本是细账。这就是以现价计算的，有关资金、成本、利润、工资等企业财务管理（也即经济核算）所绝不可少的财务会计账。

这两本账，我们都有的。领导上也经常号召企业管理人员：要全面完成计划，就是不仅完成总产值计划指标，而且要完成财务、产量、质量等所有指标才算完成计划。但是实际上，企业管理人员并不很关心企业财务会计账而总是更多地关心"总产值"计划。因为上缴的利润定额是固定的，叫作计划利润，不论企业财务情况如何，到期银行就自动扣去了。工资标准也是不能侵犯的。减低成本不是很容易的事。因此解决企业财务困难的关键在于流动资金定额和银行信贷。然而这都是照"总产值"指标计划的。劳动生产率也是根据"总产值"计算的。因此只要完成了"总产值"计划便是名利双收。如果"总产值"计划完不成，那么即使新创造的净产值是增加了，即使成本、利润计划也完成了，但是仍旧不算完成国家计划；而且流通资金、银行信贷都会发生问题，企业财务发生大困难。这样就促成大家偏重于完成"总产值"计划，而且造成了许多虚假现象或假报告。例如在机器制造业中只要已经开始"放样"就可以把运入车间的材料以"在制品"名目算入"总产值"去（"行话"叫象征性开工）。在私营工厂未改造之前，有的企业自己完不成生产计划就把工作出包一部分给私营厂做，然后拿回来做完最后一道工序，于是这全部产品便可以算入自己的"总产值"中去了。

这一切告诉我们。以不变价格计算"总产值"这个指标，是整个国民经济中算大账的指标；用来观察企业的经营管理的好坏，尤其是代替或钳制了企业财务管理的会计账是不合理的。

但是如何来使这两本账（计划统计指标和财务会计账）不脱节而且做到相辅相成呢？也可以提议把产品产量指标和质量指标定

得更详细具体些,以防止钻"总产值"指标的空子。然而这条路是一个死胡同,越走越窄。

不错,产品产量是一个很重要的计划指标。没有这个指标便不能编制国民经济的物资平衡,没有物资平衡就无所谓国民经济计划。因此不论在国家计划中,或是在企业计划中都不能去掉这个指标。资本家是为了利润而生产,可是每一个厂主或托拉斯经理都不会忘记考虑他的企业应该生产多少和什么样规格的产品。我们发展国民经济的目的直接就为了增加物质财产的生产,更不能对产品的品种和物量漠不关心。

显然,问题不在于哪一级的计划中要不要放弃产品产值的指标,而是在于如何规定这些指标。譬如说,第二个五年计划中规定,到1962年我们应生产1200万吨钢。能说这指标不重要吗?当然不能。反之,这是我国工业化过程中最主要的指标之一。

因此,不论在国家计委和国家经委,在冶金部,在各个钢铁公司,都应该有产量指标的规定。但是铜和钢材有各种不同的品种和花色,这些品种和花色能够都由中央计划机关和部的计划中来事先规定吗?显然是不可能的。过去批评计划指标规定得太多太死正是这些产品指标。这些指标正是应该提倡下放和按级管理的指标。因此,在中央计划机关中,这种产品产量指标只能是一个大的框框,主要是一个物量数字,具体品种,主要的应该由企业年度计划中去规定。而且就是企业年度计划中规定的产品指标也应该随时适应消费者需要和各种具体条件灵活调整。曾经有一位计划工作者问过一位企业领导人,应该如何改善现在的计划工作。后者回答说,现在就是临时任务太多(指客户订货),破坏了计划的执行。我想,这位企业领导人的话如果是真心诚意说的,那将是反映着他的主观主义官僚主义的经营思想,因为他的意思是说,为了忠实于主观规定的计划宁可无视客观提出的要求。否则,他的话就是对于计划的委婉的讽刺。

既然产品产量的指标是应该按级管理的指标;既然它的规定不

应太死而应该按照客观需要随时调整,既然同样数量但不同品种的产品,所费工料往往大不相同,价值也有很大差别;那么不论这指标对发展国民经济来说具有何等重大意义(这是我们奋斗的目标),但它却不是一个推动企业管理的很好的综合指标,不能成为一个带动其他一切指标的中心指标。

从何处着手来改进计划统计方法

那么,怎样来改进我们的计划统计方法呢?在这里并不想涉及所有的指标和方法,而只是试着研究一下:(一)计划和统计应该抓什么中心指标以及如何计算这指标;(二)为了改进计划统计方法不得不牵涉到的有关计划体制和财政政策上的个别问题。

改进现有计划统计方法应该根据以下四个基本原则:(一)计划和统计的基本指标应该是能够推进企业管理,而不是牵制它;(二)计划统计指标和企业管理所依靠的财务会计这两本账应该统一起来,绝对不允许让两本账互相牵制妨碍;(三)计划和统计指标不能偏重于反映物量即使用价值,而应兼顾劳动消耗量即价值的计算,在基层企业中,更应着重反映后者;(四)所谓中心指标应该是企业管理的一个中心环节,抓住了它便能带动其他的指标。

如同前面第一节所说过的一样,我们现在所抓的"总产值"这个指标是不符合上述原则的。产品产量的指标虽然很重要,但是它也不能成为自上至下一直抓到底,能够带动一切其他指标的综合性指标。在苏联,早有人提出过用"净产值"来代替"总产值",或是用前者来补充后者的不足。苏联缝衣工业所采用的"加工价值"这个指标,也就是放弃"总产值"而向"净产值"接近的企图("加工价值"不扣除固定资产折旧,因此不完全"净",但计算较方便)。

但是过去为什么不采用"净产值"这个指标呢?为什么在苏联也仅仅缝衣工业采用"加工价值"这个指标呢?这是由于计算

不变价格的"净产值"在技术上有困难。因为"净产值"是由"总产值"中扣除物质消耗来求得的。通过会计资料的整理可以求得每一种产品的物质消耗量和其现行价格。但是要基层企业计算每一产品所用的成百上千种的原材料、零件和部件的不变价格几乎是不可能的。

然而，上面已经说过，使用不变价格原来是为了编制和检查长期计划，是为了历年数字可以对比，是为了计算国民经济各部门的大账，它对企业管理原来用处不大。因此我们要问：为什么编制和检查年度计划，编制和检查企业计划也要用不变价格呢？如果企业的年度计划就按现价编制和检查；五年计划用的不变价格数字照样可以通过企业年度计划的现价数字，用折算办法取得。这样，企业的财务会计资料就可以直接提供净产值和利润的数字，计划和统计就可以把这作为基本指标。于是，计划、统计所抓的指标也就是企业管理所需要抓的指标。这不仅可以真正促进企业的经济核算，而且可以因为两本账合成一本账而节省了不少人力。

有的人听到净产值做计划，就觉得不发生原则上的问题；只是计算技术上有困难而已。但是提到用利润做计划的基本指标，似乎就发生了原则性的问题。

其实，为了我们的目的（编制和检查企业生产计划），净产值和利润没有原则上的差别，后者比前者多扣除一个工资只有更"净"了些（净产值是马克思公式中的"$V+m$"，利润只是"m"中的一部分）。① 因此，利润是企业经营好坏的最集中的表现。因此在这意义上说，"利润"这个指标比"净产值"指标更好。我们不要因为社会主义社会的生产是为了物质财富，资本家的生产才为了追逐利润；于是便不敢使用"利润"这个指标。尽管社会主义生产的目的是与资本主义根本不同的，但有利于我们的企业经济核

---

① m 里面还包括税。但税不一定全是本部门生产的，可能有一部分，甚至大部分是在别的经济部门生产，而在这里实现的，因此不应计算在内。至于利润则在合理价格的条件下，基本上应是本部门创造的。关于价格的问题，下面还要讲到。

算的方法，却不要因为资本家曾经使用过就不敢问津。

那么会不会因为用利润作为计划中心指标而造成企业管理人员唯利是图，不顾国家利益的资本主义经营思想，造成市场混乱呢？

基本上不会的。因为第一除了把利润作为计划和统计的中心指标外，并不取消其他指标，如产品产量和质量等（但产品产量指标，应分级管理）。第二，唯利是图的资本主义经营思想只有在价格不合理，没有市场管理条件下才有可能。如果确立了合理的价格，并且能够定期调整，如果市场管理得好，那么就无空子可钻。我们在大量私营工商业企业存在的时期，还能做到稳定市场，取缔了投机倒把，难道我们面对着数量较少的有组织有领导的国营企业干部反而无法控制了吗？

"利润"这个指标的最大好处，就在于它反映了生产的实际情况，能推动企业管理。完成这个指标非但不妨碍其他指标的完成，而且必然会带动其他指标的完成。要完成净产值计划或利润计划便必然要完成产量计划，必然要抓成本，必然要注意劳动生产率的提高。因此"利润"本身虽然是一个价值指标；但是随着利润和纯产值的增长必然会带来物质财富的增加。

如果计划和统计上要采用"利润"作为中心指标；那么为了正确计算这些指标，更重要的是为了在企业和整个国民经济中推行真正的经济核算制，加强财务管理，在经济政策和财政制度方面，必须提出以下几个问题，请研究理论的同志和做实际工作的同志加以考虑。

第一是价格政策问题。过去由于在理论上否定或是低估了价值规律对社会主义经济的作用，因此，在决定价格的时候，主要考虑的是政策而不是价值，说得正确些只是在考虑政策的范围内，至多是在考虑成本的范围内，照顾到了价值。例如说，消费资料的价格不能高到扩大了"剪刀差"，以致影响工农联盟，影响职工大众的生活水平，而生产资料的价格尤其是调拨价格则不妨低一些，因为反正是卖给公营企业的，只要照顾成本即可。① 一句话说，主要是从流通领域，从国民收入的分配和再分配的观点来考虑价格和价值问题，很少考虑生产过程本身的经济核算的需要。由于从这一见解出发，所以认为轻工业负有积累的任务，而重工业是不负积累任务的。在中国，因为直到最近还存在着大量的私营工商企业，所以限制了我们过分地向这种片面的、主观的价格政策发展。但是，现在如果再不从理论上、原则上提出这个问题来，请大家注意，是会继续朝这方面发展下去的。例如，在事实上，现在的重工业产品的价格比之轻工业产品的价格并不算高，因为加以资本利润率来说，还是比轻工业低了许多。但是很久以来便喧嚷着重工业品降价的呼声。重工业产品的价格如果低于价值就会妨碍了经济核算；就会把贵重的生产资料当作便宜货使用，促成了生产中的浪费，对国民经济是没有好处的。事实上，价格的偏高偏低就是打乱了国民经济的比例关系，破坏了整个国民经济中的经济核算。因此，正确的价格政策应该是以价值为基础的。轻重工业的利润（按资本利润率计，而不是按成本利润）大体应该相近。国家的积累可以考虑多用税的形式取得，而税也不一定仅仅限于轻工业品范围。税同利润更严格地区别开来是有利于经济核算的。

第二个问题是应该多注意对固定资产的核算。这不仅仅是统计工作者要注意的问题，也更是计划工作者、财政工作者和企业领导者应该注意的问题。现在我们企业中的固定资产的估价是很混乱的。在这种基础上当然无法进行正确的成本核算。固定资产的整存和重估价是一件非常复杂而费力费钱的工作。过去大家主要是从财政观点来赞成或反对进行这一工作。其实更重要的是应该从企业经济核算的观点来看问题。

轻视固定资产核算的另一表现便是不主张计算资本利润，而只

---

① 在苏联，则根据这原则，在很长一个时期中，由于价格定得低，几乎所有重工业都是叫作计划亏本企业，靠国家补贴维持；到现在还有木材工业整个部门靠补贴维持。

主张计算成本利润。说计算资本利润是资本主义观念的说法是不对的。这不仅是资本问题，也是劳动问题。因为那些全部参加了物质财富生产过程的固定资产本身就是物化劳动。在重工业部门中，人们开始消耗自己的活劳动以前，必须比轻工业部门积累更多的物化劳动（固定资产），不是无缘无故的。他们的目的是使自己的活劳动能有更大的生产率，即为了能够创造更多的物质财富。反过来说，如果资本有机构成高的重工业工人的劳动生产率不比轻工业工人高，那么对社会来说就犯不上先物化了一部分劳动，再来消耗活劳动，就犯不上投那些资本了。如果对于原有的固定资产的价值不会很好计算，那么必然就会在逻辑上忽视对于新增固定资产，对于投资效果的计算和分析。例如，大家知道，水力发电厂的电力成本低于火力发电厂，而且往往低很多。仅仅从这一角度出发，往往就会偏向于水力发电厂的建设，而忽视火力发电厂的建设。大家也知道任何大型厂的生产成本一定比小型厂低。这就是很多人常常会偏向于大型厂的建设而反对建设小型厂。但是这是由于只算成本利润，不算资本利润而得出的结论。如果除了算成本以外，再算一下投资效果，算一下我们的资金能力，计算一下建设期间的长短，那么结论一定就两样了。

第三要真正精确地计算商品价值，做好经济核算工作，最后必须有正确的折旧政策。现在我们的国民经济各部门固定资产平均折旧率在 1952 年为 1.4%，1953 年为 2.4%，在 1954 年为 2.4%，1955 年为 2.8%，即是说，折旧年限在 35 年到 71 年以上。工业方面的固定资产平均折旧率在 1955 年为 3.4%；折旧年限在 30 年左右。在运输业方面，1955 年的折旧率为 1.6%，折旧年限为 60 年左右。这就是说，我们的折旧只考虑了物质的磨损，而不曾考虑无形磨损。这就是说，几乎是按照每个机器在物质磨损上能存在多少年，便把它的价值按多少平均分摊到每年所生产的产品价值中去。但是第一，每一种机器在开始制造的时候一定是价格比较高。后来随着生产技术的提高，随着这种机器的大量出产，价格必然会逐渐降低，而在 30 年到 60 年之间，价格一定跌得很厉害。第二，由于同一用途的新型机器的发明和制造，原有的旧型机器也会大大跌价甚至因为太旧式（生产率低，费用大）而完全放弃不用。因此，当机器的物质形状尚未陈旧，尚未完全磨损坏之前，就会因为上述两种原因而贬值。这种贬值称为无形磨损。越是技术进步得快，这种无形磨损过程也越快。

资本家很怕自己的技术落后，固定资产会因为无形贬值而遭受损失，所以把折旧率提得很高。在第二次世界大战期间美国的重工业的折旧年限规定为五年。到 1954 年又颁布了《残值递减法》的折旧办法，在规定固定资产动用初期采用较高的折旧率，以后逐年递减折旧率。例如头一年为 40%，第二年为 24%，这即是说在最初二年间就收回了资产的 64% 的价值，以后三年的折旧率又分为 14%、8% 和 5%。[①] 当然，垄断资本家把折旧率提得这么高，还有一个原因，那就是隐瞒利润，逃避所得税。然而很难说这是主要原因。主要原因，恐怕还是估计到现代技术进步的迅速，怕自己的技术落后和固定资产遭受贬值的损失。

过去，在社会主义阵营中是不计算无形磨损的，而且从理论上否认这概念，认为这是资本主义的概念。但是自 1955 年苏共中央七月全会后，这种看法已经遭受到批判，认为不考虑无形磨损在理论上是不成立的，在实践上是有害的，——主要是妨碍了设备的更新和技术的进步。

在否定无形磨损的同一个思想的指导下，还有一个极端有害的实践，便是对于大修理的定义。根据现行制度的规定，大修理是不能改变设备的原来的形状和基本性能的。如果越出了这个范围，那么就不叫大修理而叫"改建"或"基建"，就得按另一套手续审批。大家知道，为了保证重点建设，我们现在的基建投资是抓得很紧的，零星的"改建"或"基建"一般是很难得到批准的。

---

① 参见安东诺夫《第二次大战后美国固定资本的折旧》，《经济译丛》1956 年第 8 期。

由此就产生了以下很不合理的，然而是相当普遍的（从现存制度来看是很必然的）事例。

例如船舶工业局的船厂在中华人民共和国成立后几年来承修同一主顾的好几条大海船。这些船都是年久失修的，其中有两艘在修理中换掉了80%—90%的钢板和50%的角铁。因此，这些船只的修理费用约占新造费用的30%—50%，最多的占80%以上，修理所需工时一般占新造所需工时的50%—60%，最多的超过了新造所需工时。一般说来，这种修理往往不如新造合算。因为根据"大修理"的定义，船内一切基本设备，尤其是机器只能照原来形状、原来性能修理。因此机器的一切活动部件都换了，不活动的部件（壳子）仍是老样子。船的性能很低，时速有10海里左右，而现在日本商船舰队中最慢的时速是16海里。这种效率低的船在日本早拆作废钢铁卖掉了。船厂的工程师和工人们都因为这主顾每次都坚持要花这么多钱买一个崭新的老古董船而感到惊奇。但是在那主顾来说却也另有他的苦处，原来他受到了财政制度的限制。

在这种不考虑无形磨损和大修理不准进行技术更新的经济学理论和财政制度下，可以使得很多工业部门中，几十年前的破老设备的工厂与新建的世界第一流技术的工厂永远齐头并进。因而整个部门的平均劳动生产率往往也只有那些第一流工厂的先进劳动生产率的二分之一到三分之一。（例如按照我们在上面所引的材料来说，1955年工业固定资产的折旧年限为30年左右，运输部门为60年左右。这就是说，根据这种制度，北洋军阀时代的工业设备和大清帝国时代，19世纪宋朝的机车和轮船，应该不加技术革新，沿用到今天。这难道是可以想象的吗？）

这种古怪而有害的理论和制度是有它们的根据和历史根源的。在认识上，不考虑或少考虑投资效果和否认无形磨损是与否认价值规律（只承认物质财富和使用价值而不承认价值）的理论一脉相传的。在实践中，则由于在社会主义国家建设初期，尤其在恢复阶段，技术落后，财力困难，因此必须强调对一切设备的爱护和保养。落后的老式的设备总比没有设备好。我们不仅要使用这种落后的老设备，而且要爱护它，保养它，因此还给它发出一定的大修理费。于是经过若干年后，历次所耗费的大修理费已超过了买一个新式机器的钱，而且这老机器本身也确实已经完全换过了它的全部零件，但是它的性能（生产率）却是仍旧很落后的。人们使用这"新的老机器"不能不浪费更多的燃料、原材料和劳动力。一句话说，从爱惜人力物力的出发点开始，却走到了浪费人力物力的终点。我们要避免这样的结局，就应该时时打算盘，随时算一算投资的效果（包括基建和大修理）。

我们提倡无形磨损，提高折旧率并不是主张把任何设备在很快把它的价值收回以后，便不分青红皂白丢掉完结；而是说要算一算账：到底是照原样继续使用合算，还是加以技术更新后使用合算，还是当废金属回炉合算；不仅要算一算活劳动的节约与否，还要算一算物化劳动的节约与否。有旧设备的技术革新方面多花了钱是会影响到重点建设项目的。但这里也要算一算账：是不是新建一定比改建合算。相反地，一般说来，还是改建省力，花钱少而见效快。如果这样，我们就应该多注意改建。困难的是在于像鞍钢这样的大的改建项目，有利无利是可以由中央、由国家计委来研究决定，但是像某一个炉子上要换一根粗一些的管子，某一个机床上要添装另一只马达之类的零星的技术更新是不能都集中到中央、到上级来解决的，是应当授权企业，甚至发动群众来解决的。因此，财政制度的规定应给企业多留些钱，对大修理的定义不应规定得那么死板。

总而言之，这在基本上还是通过社会必需劳动量的计算来推动社会劳动生产率的增长的问题。这是一个理论问题，是一个政策问题，是一个制度问题，也是每一个统计工作者在自己的本位工作中应该关心研究的一个重要问题。

（原载《统计工作》1957年第13期）

要用历史观点来认识社会主义社会的商品生产

不是名词之争

经济学界对于商品生产和价值规律的认识很不一致,争论很多,有时连用语也统一不起来。往往两个人使用同一概念,却讲的是完全不同的东西,有时讲的是同一意见,但是用着不同的概念。表面上这些争论仅是概念的争论,甚至只是名词的争论;然而事实上是反映着对于事物本质的不同认识。

为什么我们马克思主义者队伍里对于资本主义社会的商品生产和价值规律等概念的认识,从来不曾发生过这么大的分歧,但是一谈到社会主义的商品生产和价值规律的时候,连用语都统一不起来了呢?我觉得原因正在于我们是处在社会主义时代,即是处在从资本主义过渡到共产主义这两个社会经济形态之间的过渡社会。在这个社会里,一方面保留有母胎中带来的斑痣,即资本主义社会经济范畴的特点。这些特点将随着社会主义建设的前进,而日渐衰退;但是在一定的阶段上,还有非常重要的意义。另一方面在这个社会里,包含有未来共产主义社会的萌芽。这些萌芽将随着社会主义建设的胜利而日益壮大。整个过渡时代,就是旧的因素日渐衰亡,新的因素日渐壮大的过程,是一个复杂的消长过程。古希腊的辩证哲学家说,一只脚不能两次伸入同一流水。这句话应用到我们对于社会主义社会的各个经济范畴的研究时,就意味着,我们要充分掌握历史的方法,或者说要有历史的观点。这就是说,我们对于社会主义社会的经济现象，既不能用资本主义社会的经济学概念来硬套，也不能用共产主义社会的标准来衡量。在社会主义社会中，既有商品经济的因素，也有非商品经济的共产主义因素，但是二者都不是"纯粹的"。既然不是"纯粹的"，那么我们对于社会主义社会的商品也只能说它们基本上是商品经济性质的，亦是非商品经济性质的，而且指出二者的消长趋势。

正因为过渡时期的社会主义社会是一个变化多端和错综复杂的社会，我们在研究它的时候，一方面固然要从实际出发，另一方面又必须运用抽象法。也就是说，在分析某一现象时，必须先抓着它的主要的方面，而把其他次要的方面给弃掉。在观察全民所有制内部关系的时候，这种抽象法特别重要。这是因为，第一，我们都是在商品经济中长大的，对商品经济中一切事物是比较熟悉的，对共产主义的生产关系还缺乏直接的、完整的体验。不加抽象，我们更看不清共产主义萌芽的全部特点。第二，正因为它是萌芽，它在社会主义社会中将日渐壮大，而我们的任务，也在于促成它的壮大。因此我们就应该在这种关系的萌芽状态中，用"显微镜"来把它放大观察。抽象法就是研究社会现象的"显微镜"。马克思在研究资本主义社会的时候，就是用的这种抽象法。没有这种抽象法，而只有就事论事的方法，是不能作深入的科学研究的。

不同所有制之间的商品交换

上面说过，社会主义社会的商品交换的特点，首先就在于它已经不是我们在政治经济学教科书中所读到的那种纯粹的商品经济了。事实上，纯粹的商品经济在历史上从来也不会存在过。纯粹的商品经济只是马克思的一种抽象，其目的是把商品经济的某些特点加以突出观察。在历史上存在过的只有原始公社时代的商品经济（先发生在公社和公社之间，然后深入到了公社内部），奴隶社会的商品经济，封建社会的商品经济和资本主义社会的商品经济。而且在前三种社会中占统治地位的是自然经济而不是商品经济。人类社会自从产生最早的商品交换到现在至少已经有五六千年的历史。在这五六千年的过程中,商品经济之所以为商品经济,我们只是就它的本质而论。若是就它的具体形态来说,也是千变万化的,而且在许多场合下,往往也是很不符合教科书上写的商品的定义或商品交换的公式的。因此,要根据严格的商品定义或商品交换公式的规格来寻找社会主义社会的商品,那就很难找到"理想的"或"典型的"商品生产,甚至在形式上比较近似于商品的,可能在本质上反而最不像商品。

譬如说,所有的经济学者都不怀疑社会主义社会中全民所有制和集体所有制之间,或者公社相互间的交换,是商品交换。因为,这里有所有权的转让,也符合"商品—货币—商品"这个商品交换的典型公式。但是如果我们进一步推敲,就可以发现两种所有制之间或是人民公社相互间的交换,也很难说是什么"典型的"商品交换。因为马克思曾经说过,商品之所以成为商品,"只因为它是互相独立经营的私人劳动的生产物。……生产者由他们的劳动生产物的交换,才发生社会的接触"[①]。恩格斯也说过:商品是多多少少互相分离的私人生产者的社会内所制造的生产品,就是说,首先是私人生产品。正因为如此,所以在一般的概念中,商品生产和商品交换总是同市场的自发势力相联系着的。

显然,在社会主义社会的两种所有制之间或是人民公社相互间所交换的商品绝对不是"互相独立经营的私人劳动的生产物"。我们的国营企业和人民公社也并不要通过双方的"劳动生产物的交换,才发生社会的接触"。反之,双方都是在国家计划统一领导之下进行生产,在国家计划统一领导之下进行交换,而且双方都是通过一定的组织密切结合在一起的。因此,这种交换同市场自发势力是无关的,而且这种交换的合理发展只能有助于根绝市场自发势力

---

① 马克思:《资本论》第1卷,人民出版社1953年版,第54页。

的抬头。如果违反了等价交换的原则，反而会促成自发势力的抬头。

那么这种交换同所谓"典型的"商品交换（即"互相独立经营的私人劳动的生产物"的交换）有什么共同之处呢？这种交换所以被称作商品交换，它的基本特点是什么呢？

如果我们抛开各个历史时代的各种交换形式的特点，而去找寻它们的共同点，那么我们就发现，在这一切交换中，有一条最必须遵守的原则，这就是等价交换的原则。而所谓遵守等价交换原则，也就是交换双方要互相承认对方是自己的产品的所有者，没有等价物作为交换条件就不能占有对方的产品。否则，就成为无偿占有而不是等价交换了。因此，在等价交换的基础上的所有权的转移，应该是商品交换的本质。著名的商品交换的方式："商品—货币—商品"，或"商品—商品"，无非是形象化地表明了等价交换的原则，表明公式的两端是属于不同所有者的两个价值相等的商品，不经过等价交换就不能互换位置，就不能使二者的价值和使用价值得以实现。是所有权使得商品的价值和使用价值在这个交换方式的两端互相对立起来，而不是由于产品自身的分裂为价值和使用价值之后才产生了商品；换言之，是生产关系决定了产品变为商品，而不是产品自身分裂为价值和使用价值的变化决定了生产关系的变化——这才是辩证唯物论的说法；相反的说法，将使我们陷入客观唯心论或商品拜物主义。

以上是从抽象的理喻来看商品生产问题。现在再从我国当前的实际生活来看。试问我们今天为什么要提出商品生产和商品交换的问题呢？这不是与人民公社的性质问题，即是跟肯定人民公社的集体所有制问题同时提出的吗？肯定国家和人民公社之间以及各个人民公社之间的交换是商品交换，或等价交换，也就是肯定或尊重人民公社的集体所有制性质，二者是一回事。这是当前我国头等重要的政治问题。因为这是城乡关系问题，这也是工农联盟问题。问题的关键就在于尊重人民公社的集体所有制，办法是强调商品交换，强调等价交换，即是强调所有制问题。因此，离开所有制问题来谈商品交换，也是脱离了我国当前的实际的看法；也就是忘记了我们党今天为什么要提出商品交换或等价交换的现实意义，从而就会把我们的讨论变得没有意思了。

消费品是不是商品

如果我们肯定，在等价交换基础上的所有权的转移是商品交换的本质；那么我们就应该承认，在社会主义社会中，职工向国营商店购买消费品以及国营商店把消费品卖给职工，都是商品买卖关系。因为这里存在着所有权的转移。所以社会主义社会的消费品应该是商品。

但是有些同志反对这种看法。他们说：先要卖出才能买进，"商品—货币—商品"的公式是不能截成两段的。[1] 他们说：如果社会主义社会的劳动力不是商品，工资不是劳动力的价格而是劳动证券性质的东西，是向国营商店领取消费品的凭证，那么在国营企业发凭证的时候，一定份额的消费品已经确定分发给一定的职工，即是说所有权已转移；而这份所有权的转让带有直接分配性质；因此，在这里消费品就不是商品。反之，如果肯定消费品是商品，工资起着等价物的作用，职工用工资去购买消费品，是商品和作为等价物的货币的所有权的互相转让，那么必须承认职工在取得这份工资的时候一定也转让出了别的商品，就是说必须承认劳动力也是商品。总之，这些同志认为，如果我们以所有权（权利）的转让作为一切商品交换中最本质的东西，那就必须承认"商品—货币—商品"这个公式，那就必须承认劳动力和消费品或者都是商品，或者都不是商品。二者必居其一。

---

[1] 自从"商品—商品"的交换公式改为"商品—货币—商品"的公式之后，即是自从货币出现之后就已经存在了只卖而不买的可能性，在危机时期，这种可能性就成了现实性。然而那是暂时的。

根据形式逻辑的排中律来说，以上推论是完全对的；然而这里也正是形式逻辑无能为力而需要求助于辩证逻辑的地方了。从辩证逻辑出发，也就是从社会主义社会的实际情况出发，我们应该承认社会主义社会的劳动力不是商品。因为我们不能假定在工人阶级当家做主的社会里，职工会把自己的劳动力当作商品去卖给自己的企业。因为我们不能假定国营企业同职工的关系是雇佣关系。因而我们就应该承认国营企业发给职工的工资不是劳动力的价格，而是已经具备劳动证券的性质了；虽然招聘工人和发放工资的形式在许多方面都还沿用着旧的形式。但是在这里有决定意义的是社会本质，而不是所采取的形式。

那么劳动证券是什么东西呢？劳动证券是社会发给每一个职工的一份证明书，证明他替社会做了多少工，因此根据按劳分配的原则，他有"权"从社会总仓库中取得一定份额的消费品。这里所说的"权"就是最一般意义的"权"，就是所有权，就是权利，也就是法权。因为一切权利都是同法律的限制分不开的，没有了任何限制也就无所谓权利（法权和权利只是从两个角度来表达了"权"的意义）。按劳分配还保留有资产阶级法权残余的说法就是由此而来。按劳分配的限制是由生产力水平决定的。由于生产力水平还不是很高，物质财富还不是很充裕，因而对于每一个职工从社会总仓库中领取的消费品的份额不能不根据他对社会贡献的大小，在价值量上加以大小不同的限制。但是既然在价值量上给予限制了，那么在使用价值方面，即是说在花色品种方面，就不能再加以具体规定。怎样解决这个矛盾呢？出路是现成的，用不着去找寻，因为这是资本主义社会遗留下来的现成办法。这就是通过买卖的形式。因此，职工从国营企业取得的。已经带有劳动证券性质的工资，当同一个职工去国营商店购买消费品的时候，它（工资）又以表面是等价物、实际是流通手段的姿态出现，而与消费品相对立，组成了商品交换的后半节公式："货币—商品。"这半节公式反映出消费品在按劳分配的社会里，在本质上仍是商品。

当然，不是"货币—商品"这半节公式决定了社会主义社会的消费品是商品。决定社会主义社会的消费品为商品的是这半节公式所体现的上述社会内容。同样，我们也不能因为商品交换的公式在这里只有半节，便据以否定社会主义社会的消费品是商品。

有的同志认为在职工购买消费品的行为中，没有所有权的转移，只有所有权的实现。因为如同前面已经说过的一样，他们认为所有权在发放工资的时候就已经转移给职工了，而这种转移是通过直接分配的方式实现的。因此，这种转移同赠送一样不能称为交换。这种说法首先是有语病的。因为没有实现的所有权的转移，就应该理解为不现实的转移，也就是所有权还没有转移。其次，这个文字表达上的毛病还反映出对于工资以及对于纸币发行的认识不是完全明确的。

消费品的所有权的转移到底是发生在国营企业给职工发放工资的时候呢，还是在职工到国营商店去购买消费品的时候呢？本来，当我们说，国营企业发放给职工的工资是带有劳动证券性质的时候，而我们又能正确地了解劳动证券这个概念的全部意义的话，我们就应当承认在发放工资的时候，只是发了一个证件，但是并没有发生消费品的所有权的转移。现在我们再从另一个角度，从货币发行角度观察。当职工在国营企业做了一定时期工作以后，他们领到了一定数量的纸币。什么叫纸币呢？纸币是没有价值的，它是由国家银行发行，用以代替贵金属作为流通手段的。国家银行在发行纸币的时候，在簿记上是记在债务项下的。银行簿记上记的这笔账只是表明职工为国营企业做了一定时间的工作以后，国家还没有发给他生活消费资料，而只是给了一定量信用券。一直到职工到国营商店去购买货物的时候为止，国家是处于债务人的地位，而职工是处于债权人的地位。因此，很明白，当职工领取工资的时候，并不会发生消费品——物质财富的所有权的转移，而只是移交了一张债权证明书，或称作劳动证券。消费品所有权的转移是发生在职工向国营商店购买消费品的时候。

在社会主义社会的几种交换关系中，国营企业同职工之间的交换关系可能是最复杂的一种。"商品—货币—商品"这个公式中所包含的形式逻辑往往困惑住了我们的认识，使我们不易理解社会主义过渡时期的事物的辩证的发展：劳动力已经不再是商品；但是消费品却仍然保有着商品的基本特性。原来是不可截断的商品流通的典型公式，现在只留下了半截。表面上这有些奇突，但从实际出发来作分析是太自然了。从历史上说，劳动力是在一般商品出现以后很久才变为一种特殊商品的，那么为什么它就不能先于一般的商品而结束自己的商品史呢！劳动力之成为商品是与资本主义社会的产生不可分的。当工人阶级消灭了资本主义生产关系之后，劳动力当然就不再成为商品了，而一般的商品，特别是消费资料的商品当然不可能马上随着资本主义一同被消灭的。事物的发展有量变到质变的过程。

我们必须反复证明：在社会主义社会里，劳动力不再是商品，而消费品必须有相当长的时间保持商品的本质和形式这一真理。这不是一个单纯的概念之争。坚持这真理不仅有一般的理喻意义，而且具有重大的实际意义。

从理论上论证社会主义社会的劳动力不再是商品，对于培养工人阶级的主人翁思想，对于提高工人群众的共产主义觉悟有很重要的意义。但是论证社会主义社会的消费品是商品，对我们有什么实际意义呢？当然，首先，这是一个客观真理，而且这个事实是同劳动力不再是商品这个事实尖锐地对照着的，因此，我们必须在理论上加以阐明。其次，如同我在前面所努力想加以证明的那样，消费品在社会主义社会仍旧保留着商品的实质和形式这一事实，不是人们的主观上的好恶所决定的，而是由按劳分配这个客观条件所决定的。商品的形式可以帮助我们很好地解决职工工资在价值量上的限制和使用价值（即花色品种）的选择自由这两方面的矛盾。

如果我们搞清楚了这些道理，我们就应该在整个社会主义时期（即是按需分配未实现之前），很好地来发展消费品的零售贸易。

我们就应该把这贸易看作帮助我们解决上述矛盾，并为社会主义建设服务的一种很好的利器，而不要仅仅把它看作资本主义的残余。因而就要遵守零售贸易中的许多重要原则，如等价交换，增添花色品种，以及其他。

我们搞清楚了以上道理，就可以懂得，在按劳分配的条件下，废除或削弱消费品贸易，而过早过多地代以实物供应制是没有好处的。我们应该懂得带有共产主义分配形式（按需分配）的萌芽的供给制，同实物供应制是截然两回事。

有同志说，如果是所有权决定了社会主义社会的消费品是商品，那么商品在共产主义社会中也将存在；因为马克思主义者承认消费品在共产主义社会中也将归私人所有的。这是一种误会。因为在按劳分配制度下的消费品的所有权，同未来共产主义社会中消费品仍归私人所有这两种"所有"是完全不同性质的。在按劳分配制度下的所有权，如上面所说过的一样，是权利也是法权，实际是对"所有"的限制，是一种产权。在共产主义社会中消费品的供应已经有充分保证，因而今天这种产权性质的限制不存在了。事物的充分发展就走到了它的反面，"所有权"有了充分的保障也就无所谓"所有权"了。因此，马克思和恩格斯在许多场合下说到的，消费资料在共产主义社会中仍归私人所有，绝不是我们现在所用的"所有制"意义上的所有。那时，也绝不会有什么人会把大家都充分所有的东西拿去同别人作等价交换。

国营企业之间的经济往来是不是商品交换

如果我们同意了所有权的转移是商品交换的基础，那么我们就应该承认国营企业之间的经济往来在本质上已经不是商品交换的性质了，虽则这种往来在形式上还很像"商品—货币—商品"的公式。因为国营企业都属于一个所有者，属于全体人民，属于全社会，它们之间的交换并不引起所有权的转移问题，而只有核算的问题，因而它们之间的往来并不根据等价交换的原则，而是根据直接分配和调拨的原则，根据记账核算的原则。但是，在社会主义社会里，这种往来还要采取商品交换的形式或外壳。这种形式或外壳是同这种往来还带有一定程度的商品性有关的（但不是基本的一面）。因此，这种形式或外壳不是与内容完全无关的。

这种往来的商品性何在呢？首先，在于社会主义社会的生产关系是一个整体，很难把一种生产关系同另一种完全割裂开来看。每一个国营企业不仅同其他国营企业发生往来，而且同时也同集体所有制的人民公社往来。同一个国营企业的产品，一部分调拨给其他国营企业，另一部分出卖给人民公社，或供个人消费。在整批产品中哪一部分是作为商品出卖的或作为产品调拨的，往往决定于仓库的调拨员以至搬运工人。此外，国营企业销货所得的利润的一部分还是作为奖金而归该企业的职工个人所得或做好集体福利而为该企业的职工的集体享受。因此，在社会主义社会中，国营企业之间的往来难免带有一定程度的商品性质，它们之间的交换仍旧需要采取商品交换的方式。

结　语

理论要为实践服务，要为政治服务。前面已经说过尊重商品交换和等价交换的原则是我国当前的一个重大政治问题。这是我们能否处理好城乡关系和工农关系的关键所在。强调商品交换和等价交换的原则是肯定人民公社为集体所有制的必然结果。因此，不以所有权的转移作为商品交换的基本特征，那就会使我们忘记为什么今天我们要强调商品生产和商品交换的原因。

但是理论为政治服务、为实践服务是同理论的科学性、逻辑性不相违背的。因此，我觉得因为强调商品生产和商品交换在社会主义社会的重要性而把商品的定义扩大到凡是投入交换的都是商品，那就是抹杀了商品之所以为商品的主要原因，也等于是贬低了商品的重要性。特别在今天在全民所有制和集体所有制的相互关系上，在集体所有制内部关系上，商品交换之所以重要恰恰不在交换这一点上，而在等价这一点上。而强调等价却是因为我们在今天必须尊重生产资料和产品的集体所有制的存在，必须尊重按劳分配的原则和消费资料的个人所有制。

因此，我觉得，在今天有些同志根据商品经济中价格和价值经常背离的事实，以及资本主义社会中商品不按价值出卖而按生产价格出卖的事实，来宣布马克思的等价交换原则从未实现过，这不仅在科学上是毫无根据，而且在政治上是很不合时机的。

列宁在《再论实现论问题》一文中驳斥资产阶级经济学者对马克思政治经济学的歪曲时说过，在资本主义社会中一切经济规律都是通过不实现来取得实现的。他讲到这里就是引证价值规律作例子的。因为大家知道价格的上下摆动是以价值为引力中心的。①

资产阶级经济学者，在《资本论》三卷出版以后，曾叫嚣说马克思已放弃了他的价值学说，说马克思是自相矛盾，等等。但是大家也知道，后来恩格斯在《资本论》补编中是如何答复这些资产阶级学者的。因为平均利润与生产价格的形成非但不否定价值规律，而且正是价值规律起作用的结果。由于这个问题在我们的同志中间一般都是了解的，我就不再详加分析和说明了。

（写于 1959 年 4 月 16 日，原载《经济研究》1959 年第 5 期）

---

① 列宁的这一段话是这样的："价值论假设而且应当假设供求是均衡的，但是，价值论决没有断言在资本主义社会中经常可以看到或者有可能看到这种均衡。和其他一切资本主义规律一样，实现规律'只能通过不起作用而起作用。'"（《列宁全集》第 4 卷，人民出版社 1958 年版，第 61 页。）我觉得"起作用"和"不起作用"，不如直译为"实现"和"不实现"较妥。

论 价 值

——并试论"价值"在社会主义以至于共产主义政治经济学体系中的地位

什么是价值？什么是价值规律？仅仅中华人民共和国成立以后十年间，我们经济学者就这两个题目所写的论文和专著，就何止数百万言。其中固然有不少精辟的见解；但是的确也有不少文章"仅仅是概念的争论，而没有触及问题的实质"。对于这样的争论，不仅不搞经济学的人不感兴趣，就是经济学界人士也感觉到有些腻烦。薛暮桥同志的"避免卷入概念的争论"① 的建议也就是对此而发的。

然而，这里也是有矛盾的：讨论"价值"和"价值规律"的文章固然已经不少，但是经济学者们对于这两个概念的认识仍旧很不一致，而且我们在下面可以看到，往往是同一个经济学者写的同一篇文章，对于"价值"和"价值规律"这两个概念的解释也未必前后一贯。显然，很有必要澄清一下经济学界对于政治经济学的这些基本概念的认识上的混乱状态。更重要的是这种概念上的混乱会给实践带来很大害处。例如，我们从过去一年间人民公社化和大跃进过程中的许多事例中可以看到，由于一些人对于商品和价值这两个重要概念有错误认识（把它们看作纯粹的资本主义的概念），以致在实践中曾经在一个短时期中产生了一些压缩商品生产和忽视

---

① 以上均见薛暮桥《社会主义制度下的商品生产和价值规律》，《红旗》1959年第10期。

公社的集体所有制性质的不恰当做法。

一方面讨论概念的文章已经嫌多；可是另一方面概念还没有被说清楚。没有被说清就得再讨论，就是说还不能笼统地说"避免卷入概念的争论"。更何况现在经济学者对于许多问题的见解很不一致，有时，在甲认为是毫无内容的空论，在乙却认为是具有重大的理论原则意义的；或者相反。然而，真理总只有一个，到底哪种见解是真理就只有通过讨论或争论才弄得清楚。

二者必居其一：或者是因为害怕陷入概念中兜圈子，不能触及问题的实质而"避免卷入概念的争论"，如果是这样，那么混乱的概念恐怕就难以澄清，或者是鼓励学术讨论（包括概念的争论在内），如果这样，就有可能出现一些不能触及问题实质的空洞议论。这也只有通过讨论来加以克服。

马克思在《政治经济学批判》序言中说：在科学的入口处，好比地狱的入口处一样，必须提出这样的要求：

> 在这里意志必须坚定，
> 在这里不能让恐惧来做顾问。①

马克思把理论研究工作比之于入地狱，是表示其艰苦，但是我觉得在这里也可以从另一个意义上来引证这句诗，那就是：理论研究工作是带有一定危险性的工作，如果方法不对头，是会陷入脱离实际、为理论而理论、为概念而概念、为科学而科学的地狱中去。然而正如马克思所说，我们在这科学的大门口不能畏缩不前，让恐惧来做顾问。我们应该经常警惕自己，不使理论研究脱离实际，不作空洞的、不触及问题实质的争论；但是我们不能因噎废食避开概念的争论，因为这将意味着让概念的混乱永远延续下去。

因此，我的文章，首先想从什么是价值和什么是价值规律说

---

① 但丁这两句诗，是本文作者根据俄文本转译的。

起，而且不免要同从事经济学研究的若干同志进行一些讨论。

先从什么是价值规律谈起

什么是价值？大家都会说价值是由社会必要劳动量决定的，劳动是"形成价值的实体"。对于这一点，大家似乎是认识一致，没有什么争论的。但是一提到什么是价值规律，这规律如何起作用，大家的解释就很不一致了。从大家对价值规律的解释不一致中，我们可以看到，在骨子里，大家对于什么是价值，认识并不是一致的。搞理论、搞学术研究不能采用求同存异的办法，而要采用求异存同的办法。在理论研究工作上如果采取求同存异的办法，那么永远是天下太平，没有问题，用不着研究和讨论，而科学也永远不会进步了（当然，也不是为了争论而争论）。因此，既然对于什么是价值的问题，似乎没有什么不同认识，那么我们就把这个问题暂时存而不论，先从意见分歧较明显的问题，从什么是价值规律说起。把这个问题弄清楚了，然后再回过头来分析一下，我们对价值的认识是不是真正取得一致了。

1953年斯大林的《苏联社会主义经济问题》的出版，曾经引起了我国经济学者对价值规律问题的一次研究和讨论的热潮。

当时，中国刚刚结束了经济恢复时期，第一个五年计划刚刚开始。当时，资本主义经济和农民、手工业者的个体经济还普遍存在而没有得到改造。因此，当时经济学者研究价值规律的时候，自然而然是同资本主义经济和个体经济的自发势力联系起来研究的。因此，当时经济学者在报刊上发表的有关价值规律的文章，也总是从资本主义经济和个体经济占国民经济总产值中的比重多少等谈起，把这作为研究价值和价值规律的背景。当时有些经济学者几乎是把价值规律同自由市场，同市场规律，同市场竞争，同资本主义自发势力等作为同一意义的范畴提的，是把价值规律作为计划工作的对立物提的。许多经济学者认为，在国营经济的范围内归计划支配，在资本主义经济和个体经济范围内归价值规律支配。价值规律和计划规律被看作两种互为消长的势力。前者至多被看作后者的一种补充（自己力所不及的地方的一种补充）。在计划工作所及的地方，价值规律就不起作用；在计划工作达不到的地方，就让价值规律去活动。

总之，价值规律是被当作资本主义社会的经济规律看待的。价值规律之所以仍然被允许存在于社会主义社会，那是由于仍然存在着资本主义经济或商品经济的缘故。因此，价值规律在社会主义社会中就不能不受到限制，也同资本主义经济和商品经济之不能不受到限制和改造一样。因此，在我国经济学界开始研究价值规律的时候就很强调对价值规律的限制，而且认为价值规律的受限制和国营经济的加强，同样是当时经济工作的一种胜利。[①]

在1956年，当我国对农业、手工业和资本主义工商业的社会主义改造已经取得了决定性胜利之后，经济学界曾联系到计划体制和计划方法问题重新又掀起了一次讨论价值和价值规律问题的热潮。最后，在去年（1958年，下同）的工农业生产大跃进和全国农村公社化以后，经济学界在研究公社体制和公社化以后商品生产的前途问题的时候，又第三次讨论了价值和价值规律问题。在党的八届六中全会的《关于人民公社若干问题的决议》公布之后，党又屡次强调发展商品生产和等价交换，要大家尊重价值规律。从此，大家对价值规律的认识比以前全面多了。

但是多数经济学者仍然把价值规律仅仅看作商品经济的规律，而且主要是资本主义的经济规律。杨英杰同志在1957年第6期《计划经济》上发表的《对于计划经济和价值规律的研究》一文中说：价值规律是商品生产和商品交换的经济规律。价值规律通过盲目的市场供求关系和资本主义的"危机—萧条—复苏—高涨"这

[①] "国营经济领导地位的逐渐加强，和价值法则的逐渐受到限制，是我们三四年来经济工作中的一个重要胜利"（见薛暮桥《价值法则在中国经济中的作用》，《学习》1953年第9期）。

种"罪恶循环"在起生产、交换和各方面调节者的作用。如果价值规律在本质上是这样一种罪恶的规律,那么社会主义社会在不得已而要利用它的时候,当然就得对它保持充分警惕,并且必须加以限制加以控制。关梦觉同志在《关于当前的商品生产和价值规律的若干问题》那篇文章中,就抱着这种高度的警惕性提醒我们说:"……不应忘记,在过去的漫长历史中,价值规律是同私有制相联系的,特别是在资本主义制度下,它自发地对于生产和流通起调节作用,成为生产无政府状态的杠杆。现在,在社会主义制度下,它虽然'改土归流',和商品生产一道,被置于生产资料公有制的基础之上,但毕竟是'野性'难除,如果不注意加以控制,它就会产生消极的作用,乃至泛滥成灾。"[1]

关梦觉同志把价值规律人格化的生动描绘,也是生动地反映出了经济学界对价值规律的一种相当普遍的看法。这种看法的特点是混淆了离开我们的主观意志而独立存在的客观经济规律和由我们主观决定的政策,混淆了客观经济规律本身和这规律在不同的社会历史条件下所起的不同作用。

作为一种离开我们主观意志而独立存在着的客观经济规律,不管人们限制它也好,尊重它也好,价值规律总是按照自己的道路行动着的。至于价值规律在不同的历史条件下所起的不同作用以及作用的不同方式,也只有跟着社会历史条件的改变才能改变。如果社会历史条件不改变,那么人们就是要改变它的作用和作用的方式也是枉然的。这也就是价值规律的客观性和独立性之所在。至于我们主观决定的政策如何:是为资本主义自发势力创造条件的修正主义政策,抑或是违背客观经济规律,只凭愿望出发的主观主义政策,抑或是尊重客观经济规律,依据客观规律来改变历史条件,推动历史前进的马列主义政策呢,——这又是另外的事情了。这些都可以影响事物的发展趋势;但是都不能否定经济规律的客观性和独立

---

[1] 见《经济研究》1959年第2期。

性。我们的政策只有通过改变社会历史条件（例如对资本主义经济和个体经济的社会主义改造），才能影响经济规律所起的作用。

由于混淆了以上所说的不同的事物，所以在讨论当中，大家对于价值规律这个概念，发生了不同的理解，用的是同一个术语，指的却是不同的内容。在许多经济学者口中所说的价值规律，实际上仅仅是指通过市场价格的涨落，或者更准确一些说，仅仅是指通过价格和价值的背离，对某一产品的生产和消费所发生的刺激或抑止作用；而且往往只是指资本主义市场的自发势力控制下的价格涨落所发生的作用，即它的自发性的调节者作用。杨英杰同志所说的"罪恶循环"以及关梦觉同志所说的"野性"或"泛滥成灾"就是指的这种作用。

每当讨论价值和价值规律的时候，特别是每当提到要重视价值规律的时候，有些经济学者大声疾呼，要大家提高警惕，当心犯修正主义错误，等等，他们心目中的价值规律也是杨英杰同志所说的这个"罪恶的循环"和关梦觉同志所说的"野性"或"泛滥成灾"，也是指的价值规律在资本主义经济或者至少是个体经济的自发势力统治下所起的作用，以及它起作用的方式。当有些经济学者谈到价值规律的时候，把价值规律当作国家计划的对立物，把价值规律和国家计划当作两种互为消长的势力看的时候，当他们说要控制或限制价值规律的作用的时候，他们心目中的价值规律也是指这个规律在自发势力统治下所引起的作用。要不然，怎么会发生限制或者控制的问题呢？

然而，只要资本主义或个体经济的自发势力存在着，价值规律必然就会按照杨英杰同志和关梦觉同志所描绘的那种途径行动，就会发生不利于社会主义经济的作用。因为这就是客观规律。在这种场合下，就不是去否定、去限制或咒骂价值规律的问题（否定规律也即是斯大林所说的消灭规律），而是如何对资本主义经济进行社会主义改造的问题。在社会主义改造问题上，在对待资本主义经济和个体经济的政策问题上，是会有发生修正主义错误的可能的，但也有发生主观主义"左"倾错误的可能。然而这一切都是如何采取正确政策问题，而不是否定或限制价值规律的问题。

当经济学者说要控制或限制价值规律的作用的时候，他们最后所希望达到的是什么呢？实际上，他们所希望的是由国家主动通过价格政策，即是通过调整物价的方法来刺激或是抑止某种产品的生产数量或销售数量，以代替市场价格的自发性的涨落对于生产数量和销售数量所发生的影响。

怎样才能达到这样的目的呢？这除了必须要对资本主义经济实行社会主义改造以外，还必须有正确的价格政策，而所谓正确的价格政策，就是价格的确定要遵守价值规律的要求。价值规律要求什么呢？它要求价格向价值靠拢而不是同它背离。但是在许多经济学者的心目中，似乎只有在价格同价值背离的情况下，价值规律才能发生作用，才能对生产和销售起刺激和抑止的作用。他们心目中的价值规律的作用，就是这种刺激和抑止作用，有些经济学者以为强调价值规律的作用，就意味着物价的急剧涨落，就意味着价格应该急剧地背离价值。正因如此，所以许多经济学者在宣传了一阵尊重价值规律的道理之后，往往就急着补充说，也不要太强调，或过高地估计了价值规律的作用。他们这句话的意思就是不要物价波动太大了。然而这是双重的误解。首先这是概念上的混乱：他们又是把政策即价格政策（这是主观的东西）同价值规律（这是客观的东西）混为一谈了。其次，价格政策应该以客观规律为依据，即应该依据价值规律，而价值规律是要求价格向价值靠拢，而不是要求同它背离的。价值规律要求价格同价值靠拢的趋势，不论是资本主义经济和社会主义经济中，都同样存在的。在资本主义无政府状态的生产中，价值规律就是通过这一趋势起了自发性的生产调节者作用；在我们社会主义社会中，我们就应该通过计算，通过计划，主动地使价格和价值靠拢。

因此，薛暮桥同志在《红旗》1959 年第 10 期发表的《社会主义制度下的商品生产和价值规律》这篇文章中对价值规律所作的解说，比他自己以前的文章所作的解说以及其他许多经济学者所用的价值规律的概念是要完全多了。但是我个人觉得他对价值规律的概念也还不是十分明确的，他的解释也不是前后一贯的。薛暮桥同志认为，通过产品的价格涨落（即高于或低于价值），来影响产品的生产数量和销售数量，固然是价值规律的一种作用；但是另一方面，产品价格同价值相符，即"各种产品的价格，都必须以它的价值，即所消耗的社会必要劳动量为基础"，也是价值规律的作用。他认为价值规律的这两种作用实际只是一种作用的两个方面。这是他的价值规律的概念比较全面的地方。

薛暮桥同志在这篇文章里，着重指出价值规律"不能由人们的意志来改变"。他并且把价值规律比之于自然规律，比之于电。他说："天空中的闪电是自发地起作用的，电灯里的电就是听从人的指挥发生作用的。但如果你违反了电的自然规律，就是已被掌握的电，仍然会违反人的意志，烧死人，烧掉房子。价值规律也是如此。现在我们已经基本上能够自觉地运用价值规律，使价值规律听从我们的指挥，这是我们主动地遵守了价值规律的结果；而不是说我们可以任意违反价值规律，也不是说价值规律已经不再发生作用。"

这的确说得很好。但是，在说了以上一段之后，他又紧接着补上了一句："当然，我们也不赞成对价值规律的作用作过高的估计。"接着，他在分析了三种不同性质的交换之后，又警惕大家说："在价值规律的作用问题上，如果无限制地利用价值规律来调节生产，调节消费品的销售，而否认国家计划的作用，象现代修正主义者所主张的那样，这显然是十分错误的。""国家既不应当不考虑价值规律的作用，任意违反等价交换的原则（顺便说一下，这里的'任意'两字，也是很含糊的。难道非任意的违反就可以了吗？——孙注）；也不应当滥用价值规律来调节各种产品的生产和流通，更不应该抛弃了国家计划而依靠价值规律来进行调节。"①

既然对于价值规律，同对于电、对于一切自然规律一样，应该主动地去遵守它才能自觉地运用它，使它听从我们的指挥；那么照斯大林的说法，对它有"任何的违反，即使是极小的违反，都只会引起事情的混乱，引起程序的破坏"。因此，在这里就无所谓"滥用"或"无限制地利用"。暮桥同志所说的"滥用""无限制地利用"以及"过高的估计"显然不是指的价值规律的作用，也不是指价值规律本身。他所说的"无限制地利用价值规律……，而否认国家计划的作用，象现代修正主义者所主张的那样……"，等等，显然是指放纵了资本主义自发势力，放弃了对资本主义经济和个体经济的社会主义改造，是政策问题，是政治路线问题，这与价值规律是两回事情。他所说的"对价值规律的作用作过高的估计"，"滥用价值规律来调节各种产品的生产和流通，……抛弃了国家计划而依靠价值规律来进行调节"，等等，大概就是指利用物价涨落来刺激或抑止生产和销售的政策。这里除了放弃国家计划这一点也属于前面所说的对资本主义自发势力的修正主义政策问题以外，其余都是价格政策的错误问题。而这种价格政策之所以错误，恰恰不在于对价值规律的作用估计过高，而在于违背了这规律的要求。

同样我也不赞成薛暮桥同志年初在《经济研究》第 1 期《对商品生产和价值规律问题的一些意见》中对这一问题的提法。他说：

> 关于今后一个时期价值规律是否还起重要作用问题。我认为，价值规律所起的作用同前一个时期比较是进一步受到限制了；但它仍然还起相当大的作用。只要商品生产还在扩大，而不是缩小，价值规律所起的作用就不会一下子缩小到无足轻重

---

① 以上均见《红旗》1959 年第 10 期。

的地步。

　　从农业生产合作社发展成为人民公社以后，国家计划对人民公社生产所起的作用是显著地增强了，许多公社不再斤斤计较自己的利益，勇敢地来接受国家所分配的任务。从这方面来说，价值规律所起的作用是显著地缩小了。但是，能否因此就认为人民公社可以无条件地接受国家的任务，而不考虑自己的利益呢？不行！不仅不可能，而且不应该。……因此国家同公社之间的工业品和农业品的交换，一般还要遵守等价交换的原则。这就是说，价值规律还起重要作用。①

薛暮桥同志在这里还是把价值规律作为国家计划的对立物提的，"国家计划对人民公社生产所起的作用是显著地增强了，……价值规律所起的作用是显著地缩小了"。一个增强，另一个便要缩小。

但是紧接着上面一段之后，暮桥同志又说了以下一段话。

　　那末，人民公社的生产究竟是由谁来调节呢？毫无疑问，基本上是由国家来调节的。对重要的农产品，国家一方面通过计划来调节，如分配粮食、棉花的种植面积和生产任务等；另一方面又通过供销关系来调节，如预购合同和价格政策等。在通过供销关系来调节的时候，还要利用价值规律。对不纳入国家计划的次要的农产品和副产品，国家主要通过供销关系来调节，价值规律所起的作用就更大。就是在后一种场合，仍然应该说调节生产的主体是国家，或者说起决定作用的是国家，价值规律仅仅是被国家所运用的一个工具。在这里既不应当贬低国家所起的作用，也不应该忽视价值规律所起的作用。认为承认了国家起决定作用，价值规律就不起作用；或者承认了价值

---

① 见《经济研究》1959 年第 1 期。着重点都是本文作者加的。

规律还起作用，就必须贬低国家所起的作用，这样的认识都是不完全的。①

在这一段里，暮桥同志把价值规律同国家的作用（也即国家计划的作用）统一起来看，而不再把它们当作互为消长的两个对立因素看了。然则，为什么在前一段中，暮桥同志把国家计划的作用和价值规律的作用说成是一个"显著地增强了"，另一个便要"显著地缩小了"呢？

暮桥同志在一方面承认商品生产还在扩大，"国家同公社之间的工业品和农业品的交换，一般还要遵守等价交换的原则。这就是说，价值规律还起重要作用"。另一方面，又认为"价值规律所起的作用同前一个时期比较是进一步受到限制了"。那么试问进一步受限制的作用是什么作用呢？还在起重要作用的那个作用又是什么作用呢？这里不是也有些交代不清吗？而这个交代不清是根源于"价值规律"这个概念在暮桥同志的文章中也如在其他许多经济学者的观念中一样，到底指的什么是不大清楚的，是含糊的。暮桥同志也是把客观的经济规律以及这规律在不同的社会历史条件下所起的不同作用，以及作用的不同方式，同我们主观的经济政策混为一谈了。因此，我们读了暮桥同志的文章（以及同暮桥同志的说法相类似的其他经济学者的文章），很难得出一个结论，这个价值规律到底是个什么规律，到底像对于一切客观规律一样尊重它好呢，还是对它抱着敬而远之的态度好？

在这里，我又要提到本文开头时所说的概念争论的问题了。在原则上，我很同意暮桥同志的意见，要"避免不必要的争论"②，避免卷入"没有触及问题的实质"的，"仅仅是概念的争论"③，即是说，要尽可能不作言之无物，玩弄名词的空洞争论。但是我总不

---

① 《经济研究》1959 年第 1 期。
② 《经济研究》1959 年第 1 期。
③ 《红旗》1959 年第 10 期。

大赞同一般地提"避免卷入概念的争论"。我国经济学界讨论社会主义社会的价值和价值规律已经六年于兹了。许多经济学者头脑中的价值和价值规律的概念仍然是很混乱的。因此，当现在广大的群众都在学习政治经济学的时候，经济学者首先有责任要帮助大家把资本主义同"价值"和"价值规律"这两个概念分家；因为即使像现在大多数经济学者所主张的一样，"价值"和"价值规律"是商品经济的两个概念；那么也应该肯定：如果在资产阶级专政的社会里，商品生产及其一切范畴是为资本主义服务的；那么在无产阶级专政的社会主义社会中，商品经济及其一切范畴是为社会主义服务的。

什么是价值规律呢？顾名思义应该是价值这个客观范畴的存在和运动的规律。而价值，照现在大家似乎一致同意的定义，是"形成价值实体"的社会必要劳动决定的，那么价值规律应该就是"形成价值实体"的社会必要劳动的存在和运动的规律。但是现在大多数经济学者是反对这样解释的。经济学者们承认社会必要劳动形成价值的实体，是决定价值的，但是不承认价值的规律就是它的实体的规律，因为，"社会必要劳动和价值究竟不是一回事"[①]。价值规律不是形成价值的那个实体的规律，那么从逻辑上推论，价值规律只是属于价值形式的规律了！这岂不有些奇怪吗？因此，为了进一步说清什么是价值规律，现在有必要回过头来弄清一下：什么是"价值"。

什么是价值

什么是价值？到共产主义社会，还有没有"价值"这个概念存在？这两个问题必须联在一起研究。可能有些同志会认为，这又

[①] 于思华：《我对社会主义制度下商品生产和价值法则的几个问题的一些看法》，《经济研究》1959年第1期。

是舍近求远,脱离实际的做法。放在面前的社会主义社会的价值和价值规律还没有说清楚,如何能说得清未来的,我们还不知道的,共产主义社会的价值和价值规律呢?实则相反,只有说清了共产主义社会中有没有价值范畴,才能说清价值和它的规律在社会主义社会中的地位。这可以从两方面来讲明这个道理。

首先,社会主义社会在人类社会发展史上不是一个独立的社会形态。它是资本主义社会和共产主义社会之间的一个过渡时期,在社会主义社会中,一方面存在着旧社会母胎中遗留下来的斑痣——属于这一类母胎斑痣性质的东西很多,然而它们是会逐渐褪色以至于消失的;另一方面,在社会主义社会里已经出现了不少新的共产主义社会的萌芽——这些萌芽可能很小;然而它们是在成长中的,它们将日益壮大。就事论事,仅仅从当前过渡时代的现状来认识这些东西,往往会分不清旧与新,认不透事物的本质:"不识庐山真面目,只缘身在此山中。"

马克思告诉我们,研究自然现象要用实验室,把研究的对象从它原来的环境中隔离开来;而研究社会现象必须用抽象法,把一切与本质无关的表面现象暂时舍弃不管。在研究当前社会主义社会这个过渡时代的价值和价值规律的时候,我们也应当采用这办法。因此,我们必须从纯粹的资本主义经济的角度,又从纯粹的共产主义经济的角度来观察社会主义社会的价值和价值规律,只有这样才能认识清楚这个范畴在社会主义社会中的真实内容。但是把价值和价值规律当作资本主义经济范畴看待,如像现在大多数经济学者所认识的那样,是比较容易的。这不仅因为马克思主义的经典作家对于资本主义经济的价值规律已经分析得很多,很透彻;而且我们这一代人,对此都有生活的体验。但是如何从共产主义社会的角度来观察这个问题,就比较困难了,因为马克思主义的经典作家对此只作了极少的预言,而我们对此毫无生活的体验。然而,从这个角度来观察是非常重要的,因为我们的社会正在朝着这个社会走去。

其次,我们必须从共产主义社会的角度来认识价值规律问题,还有一个更带有现实意义的理由：就是为了说明全民所有制经济的内部规律。谁也不能否认全民所有制经济（即我们的国营企业）在社会主义经济中是处于领导地位的，它代表着我们的共产主义经济的未来。因此，我们要问，在这里，在全民所有制经济内部，是什么经济规律来代替过去在这里作用着的价值规律呢。

对这个问题，我们老是只听到一个干脆，然而相当笼统的回答：这里是不可分割地统治着国民经济有计划按比例发展的规律，这还用问吗！然而这样回答我们的同志，往往还没有体会到，他所说的计划和比例，如果离开了价值，实际上只是一个实物量的计划和比例（包括不变价格的总产值计划在内）①。而一个实物量的比例关系，例如多少吨标准煤和多少瓦小时电的比例关系，多少吨钢和多少公里铁路钢轨的比例关系等，与其说是经济科学的研究范围，毋宁说是技术科学的研究范围了。因为这些都是物理学的和化学的比例。我们的经济学者和经济工作者由于被不变价格表现的总产值指标所迷惑，往往在这里忘记了，必须实物量的比例同价值的比例（即社会必要劳动量）结合起来才能称作"经济"（关于这问题以后再详细说明）。在去年的"大跃进"中，很多经济工作者已经从实践中体会到，一切比例关系归根结底还是劳动力或劳动的比例关系。但是我们经济学理论工作者还很少注意到价值这个范畴如何在计划工作中，主要是在全民所有制经济的内部关系中发挥它的作用。

相反，经济学者至今还在想尽办法找理由把"价值"，当作资本主义和商品经济遗留下来的范畴，从全民所有制的内部关系这个神圣园地中驱除出去。

近两三年来，这个神圣园地的门似乎逐渐开放得宽一些了。许多经济学者们说：一则社会主义社会里还存在着不同的所有制，而不同的所有制之间还需要商品交换，二则国营企业职工的共产主义

---

① 对于这问题的详细说明见孙冶方《从"总产值"谈起》，《统计工作》1957 年第 13 期。

觉悟程度在社会主义阶段还不是那么高，还需要采用物质鼓励的手段，因此价值规律还不能不在全民所有制内部起一定作用。

我们可以看到，实际上价值规律不是从全民所有制这个神圣园地的大门进来的，而是开后门把它放进来的。因为要同别的所有制交换，因为职工的共产主义觉悟不高，所以还需要价值规律来帮助对付。价值规律被看作不是全民所有制生产过程本身需要的东西：价值不是生产过程的范畴，而是流通过程的范畴了（为了交换）。我们从以后的分析中可以看出，在很多经济学者的理解中，价值这个范畴的确是被当作流通领域的概念用的。现在我们在这里想附带说几句的是有关共产主义觉悟的问题。近年来，每当现实经济生活中发现了新的矛盾，经济学者还未能从客观经济规律中找到解释，或者是不愿从客观经济规律中去寻找解释的时候，就可以听到最简单的一个解答：这是思想意识问题！这是共产主义觉悟不高的缘故！似乎人们的思想意识和共产主义觉悟不是越来越高，而是在倒退了。这不仅是对于包括我们自己在内的干部和群众的觉悟估计不足，而且完全是一种唯心论的分析方法。

现在很流行的一种看法是：在我们的全民所有制经济中所以还需要"利用"价值规律，在对外关系来说是因为它还要同别的所有制进行交换，在对内关系来说是为了进行经济核算，而经济核算之所以必要，仅仅是因为职工的共产主义的觉悟程度还不很高，还需要物质鼓励。照此推论，好像觉悟高了就不需要经济核算似的。因此，为了把全民所有制经济内部关系中最本质的东西说清楚，我们有必要把一切非本质的东西抽象掉，即是把它同其他所有制的交换关系，把物质鼓励和属于意识形态的觉悟程度等抽象掉，即是把它当作一个完整的共产主义社会来观察。我们只有这样，才可以明白，从全民所有制经济本身的需要来说，是不是可以完全不要"价值"这个经济范畴了。

在这里，我想再提醒大家注意一件事，就是价值规律在资本主义经济中，也不像有些同志现在所常说的一样，只起消极破坏作用，只有"罪恶循环"的作用。相反，它在资本主义社会中的历史作用却是推动了这个社会的技术进步和生产力的发展。至于在社会主义社会，那么就连肯定价值规律是资本主义经济规律的经济学者也不否认目前还要"利用"这个规律来起"积极作用"。那么我们应该问，随着过渡性的社会主义社会的前进，这些所谓"积极作用"应该逐渐交给什么规律来担负呢？

事实上，如果我们肯定价值和价值规律是资本主义范畴，那么无异于就是承认这个规律不论在当前怎么重要，随着社会主义社会的不断前进，它的作用是递减性的。但是我们可以看到，许多经济学者一方面不断在限制甚至抹杀价值规律，诅咒它的灭亡；另一方面却又在被迫着不断把新的任务"交给"价值规律。

在起先，只允许价值规律以资本主义经济和个体经济的市场自发势力的代言人身份参加社会主义各种经济规律的大家庭。随后，认为在资本主义经济和个体经济被社会主义改造之后，这个规律还可在被控制之下，由国家通过主动的提价和降价的办法来起调节作用，而且给它调节的范围也在逐渐扩大：起先只承认在流通范围中价值有调节作用，后来承认在生产领域内也有调节作用了。再进一步，就承认价值规律不仅通过提价和降价，即通过价格和价值的背离在起作用，就是在价格和价值相符的情况下也在起作用。近两三年来，经济学者逐渐更多地强调起价值规律的核算作用来了。例如薛暮桥同志在《红旗》第 10 期上发表的那篇文章中有一段的小题目就是《根据价值（社会必要劳动量）来进行经济核算》。

然而只要经济学者还是把"价值"仅仅当作商品经济的范畴的时候，那么他越把价值规律的作用扩大，就越显得他们的观点很难首尾相接。最明显的例子是王亚南同志今年（1959 年，下同）在《人民日报》发表的关于价值规律问题的两篇文章。[①] 两篇文章

[①] 王亚南：《价值规律在我国社会主义经济中的作用》，《人民日报》1959 年 1 月 17 日。王亚南：《充分发挥价值规律在我国社会主义经济中的作用》，《人民日报》1959 年 5 月 15 日。两篇文章中的着重点都是本文作者加的。

内容基本相同。我们不能发现他在"关于价值规律及其作用的再认识"（他的第二篇文章的第二节的标题）之后，有什么新的论点提出。他的第二篇文章，把他的论点发挥得更详细，更有力，但是亦同他这篇文章中关于价值的前途所下的定义更矛盾了。因为王亚南同志的这篇文章代表着很多经济学者的共同看法，但是表达得更明确，所以我想较详细地把它介绍一下。

他在文章的第一段中指出，某些经济学者"把价值规律看成资本主义的特产物"，"一味从消极方面去考虑它的作用，于是，人们一谈到社会主义的计划经济，就很自然地把它和价值规律对立起来"。因而"在整个国民经济中，价值规律被允许发生作用的……只限于没有纳入国家计划中的那百分之二十到二十几的商品生产和流通活动的范围"，等等。王亚南同志在批评了别的经济学者的这些观点之后，得出了这样的结论：价值规律和计划经济并不是势不两立的。它是社会主义基本经济规律和国民经济有计划按比例发展规律的一个好助手；它是从属于前者来发生作用的。定计划，执行计划，都不能不认真考虑到价值规律的作用。

他在文章的第二段（"关于价值规律及其作用的再认识"）中说："马克思提出的价值规律的基本形式是：社会必要劳动量决定商品价值。事实上，价值规律的基本作用，也表现在这里。"他在描述了价值规律如何通过社会必要劳动量的确定而发挥作用的过程之后，总结说："所以，价值规律的这个形式，就意味着先进、落后的分野；用我们现在的语言来说，就是争先进赶先进的社会客观强制力，所谓先进定额，先进平均定额，都是通过这个形式（？）体现出来的。"

接着，他引了马克思的一句很重要的话来证明他的论点："商品的价值量，与实现在其内的劳动的量成正比例，与实现在其内的劳动的生产力成反比例。"[①]

[①] 马克思：《资本论》第1卷，人民出版社1953年版，第13页。

他还说：价值规律为一切社会形态的商品生产所共有的特性，并不是表现为消极的，而是表现为积极的，它的基本作用是促进生产，只有在资本主义商品生产的特殊条件下，才在促进生产的同时，发生了严重的消极破坏作用。

接着王亚南同志在文章的第三段中，用生动事实描述了"价值规律在我国社会主义经济生活和经济政策活动中在怎样发生作用"；在第四段中号召大家如何"结合商品生产与价值规律的讨论，正确认识党的方针政策，探究有助于发挥价值规律的积极作用来迅速提高社会生产力的一切有效措施"。

王亚南同志的这些话，我基本上都赞同，特别是其中由我加重点的地方是我在近两年多前在一篇文章中讲过的，王亚南同志对这问题的提法同我的提法几乎完全相同。① 但是王亚南同志在讲了这一切之后，怎么会在第四段的最末，也是全文的最后，提出这样的结论来呢："至于在共产主义高级阶段是否还要商品生产，是否还要运用价值规律来提高生产力，那不是我在本文里面所要回答的问题。如因论坛上对这个问题的意见很多，有必要在这里附带指明一下，那末我认为，商品生产是一个历史形态。我们当前的任务，就是要促进商品生产，利用价值规律，来加速我们社会劳动生产率的发展，更快地来完成两种过渡，因而辩证地达到消灭商品生产、终结价值规律作用的结果。"

我不反对王亚南同志去"消灭"共产主义社会的商品生产，虽则我以为如果表达得确切些，那么商品生产也不是被谁个所消灭的，而是让它也像国家一样逐渐衰亡的。但是王亚南同志在给价值规律下了如此的定义，对它的积极作用做了如此完善的描述之后，如何能硬派价值规律做商品生产的"殉葬者"呢？你给它下的这个定义和作用的内涵同商品生产完全无同生共死的必然性呀！王亚南同志的这个结论完全不像从文章的内容得出来的，而是同整篇文

---

① 孙冶方：《把计划和统计放在价值规律的基础上》，《经济研究》1956 年第 6 期。

章的内容相反对的。

　　王亚南同志如何自圆其说呢？他对此没有交代。但是别的经济学者每当陷于这样的矛盾的时候，总是找到了恩格斯的一句话作为共同的出路。凡是肯定共产主义社会中不再有"价值"概念，认为"价值"只是资本主义经济，至多是商品经济范畴的人，主要也是根据的这段话。因此，我请读者原谅，想把这一段话全部引出来，以便我们可以较全面地正确地理解它。

　　　　一旦社会占有生产资料，并以直接社会化的样式来把它们应用于生产之时，每一单独个人的劳动，无论其特殊的有用性是如何的不同，总是一开始就成为社会的劳动。在这场合上，为着决定生产品中所包含的社会劳动量，就可以不必采取间接的道路；日常的经验直接地显示出它平均需要多少数量的社会劳动。社会可以简简单单地来计算：在一台蒸汽机中，在一百公升的最近所收获的小麦中，在一百平方公尺的一定质地的棉布中，包含着几多小时劳动，因为到那时，生产品里面所包含的劳动量，社会直接地绝对地知道，所以它决不会想到还用相对的动摇的不充分的尺度（虽然以前无可奈何地采用着）来表现这些劳动量，而不用它们自然的适当的绝对的尺度——时间。这是同样的不必要，正好象化学家如果能够以适当的尺度，即以原子的实际重量，以一兆分之一，或一兆光分之一公分的重量，来绝对地表现原子量，那么他就可不必再用间接方法，以它们对于氢原子的比例来表现各种不同元素的原子量。所以，在上述前提条件之下，社会就不须使其产品带上什么价值。一百平方公尺的布，在生产上，譬如说需要一千小时劳动，社会不会把这一简单的事实，用迂回的无意义的方法来表现，说这布具有一千劳动小时的价值，自然，就在这个场合上，社会也应当知道，某种消费品的生产需要多少劳动。它应当使自己的生产计划适合于生产资料，而劳动力亦特别地包括于生产资料之中。各种消费品的有用效果（它们被相互比较并与它们的制造所必需的劳动量相比较）最后决定着这一计划。那时人可以非常简单地处置一切，而再不必求助于有名的"价值"。①

从表面上看，恩格斯这段话好像完全不利于共产主义社会和全民所有制经济内部再保持"价值"概念的。于思华同志说"社会必要劳动和价值究竟不是一回事"，他的根据大概也就是恩格斯的这句话。许多经济学者为了证明将来的共产主义社会没有"价值"概念，也为了证明在今天社会主义社会还需要"价值"概念，而且还要重视"价值规律"，便不断在恩格斯的这段话上做文章。为了证明将来共产主义社会不再有"价值"范畴似乎很容易；因为恩格斯似乎就是这样说的（实际上他是说的"交换价值"，这一点留待下面再说）。但是根据恩格斯这段话来证明现在暂时还需要求助于有名的"价值"，就有些不妙了。

一般经济学者总是从两方面来论证今天还有必要求助于有名的价值。

第一，因为现在社会还没有直接占有全部生产资料，现在还存在两种所有制，它们中间还需要商品交换。因此，还需要强调"价值规律"。但是如同我们在前面已经指出的一样，这种解说等于承认"价值规律"只是存在两个所有制的边沿上，至于两个所有制的内部关系的本身，尤其对于全民所有制内部来说，"价值规律"原来是可以不要的。

第二，因为现在社会还不能直接计算劳动，所以不得不迂回地求助于有名的"价值"。有的经济学者从技术上的困难来说明目前不能直接计算劳动的原因，从直接计算的复杂性来做文章。有的经济学者从社会的原因来说明当前我们还不能直接计算劳动量，例如

---

① 恩格斯：《反杜林论》，人民出版社1956年版，第326—327页。

说现在还存在复杂劳动和简单劳动的差别,熟练劳动和非熟练劳动的差别,等等。实际上这些都不成其为理由。因为现在国家可以向国营企业和公社颁发报表,直接向它们取得统计资料,只要大家重视这工作,资料的质和量是可以保证的,至于计算技术的困难,在发明了电子计算机的今天,正确计算产品的全部劳动消耗(包括直接的和间接的消耗)是完全可以办到的,问题也在于大家先要有重视计算社会必要劳动的认识。而且据专家意见,如果不按每一产品来计算,而以每一行业(产业部门)来计算,就是不求助于电子计算机,就用数学中的近似法也可以计算得出全部劳动消耗。至于各种复杂程度和熟练程度的劳动的折算,我们可以按照工资收入标准折算,因为我们应该承认我们的工资制度基本上是合乎按劳分配的原则的。因此。以计算上的困难作为理由(不论这困难是技术的原因或是社会的原因造成的)是不成立的。这是事情的一方面。

然而更重要的是:如果认为现在还不能直接计算劳动,而要按照恩格斯的说法,采取迂回的办法来表现,用价值来表现,那么提出这样主张的经济学者可曾考虑到恩格斯所说的用迂回办法,用价值来表现,指的是什么意思。有些经济学者以为这仅仅是一个称呼问题,就是说,在将来我们解决了计算劳动的技术困难以后,我们就可以直接说某一产品值多少小时社会必要劳动;而现在,只好绕一个弯说某一产品值多少元人民币。如果这样理解恩格斯的话,那么迂回地用价值来表现和直接计算劳动小时,在解决计算技术问题之后,其差别仅如我们的作家换一个笔名那样,这未免太简单了。

那么恩格斯所说的迂回地用价值来表现是什么意思呢?恩格斯在这一段话里面,讲得已经很清楚,这意思是说每一个商品要用另一个商品来表现,就是说要通过交换关系来表现。如何确定这个交换的比例关系呢?难道说是每一个商品的价值用任何数额的另一个商品来表现吗?那是不可想象的。大家知道,在典型的商品经济中,这是通过无数次的交换,才形成了每一个商品同另一个商品,或同货币交换的一个公认的比例。这就是说，恩格斯所说迂回地表现为价值，或者说用别的商品（恩格斯说的是第三个商品，因为他在这里讲的是货币问题）来表现的时候，他是以自由市场，以竞争为前提的，他讲的实际上是商品的交换价值。

因此，那些根据恩格斯以上这段话作为我们今天还需要保留"价值"范畴的理由的经济学者，没有想到，他们这么说，实际上就意味着主张通过自由市场，通过竞争来决定价格。当然大家知道，我们的物价不是这样制定的。

因此很多经济学者所说的价值实际上是交换价值，就是经过无数次交换关系（同样也无数次地发生过交换的一方吃亏，另一方占便宜）才形成的市场价值（平均价格）。这样的"价值"不仅在将来共产主义社会不会有，就是今天在我们社会主义社会中，也已经不存在。我们今天就应该提倡通过劳动成本的计算，通过社会必要劳动量的计算来确定我们的物价。要否以社会必要劳动量的计算作为我们的价格政策的客观依据（即价格形成问题）也正就是今天我们研究社会主义制度下的"价值"问题的时候，应该讨论的题目之一。

自从两年多以前，我在《把计划和统计放在价值规律的基础上》那篇文章中，提出了"价值"这个范畴在共产主义社会里仍将会存在的意见之后[①]曾经引起不少同志对我的文章的批评，他们说我不懂得"价值"这个概念是代表一定的生产关系的，即是代表商品生产关系和资本主义生产关系的，说我是错用了这个概念，

[①] 我在那篇文章中提出了这个意见，然而并不是我创造了这个意见。我只是转述了苏联经济学者，国民经济平衡专家索包里同志的见解。关于这点我在那篇文章的后记中是做了声明的。我在这个声明中借用了"拾人牙慧"这句普通的成语，杂志印出来时却改成了"拾人牙秽"，变成笑话了。我认为在这里有再作声明之必要。索包里同志的这种见解是一种极有价值的见解，因此我不能掠人之美。转述别人的有价值的见解（至少是自己认为有价值的），而不说明来源，这是违背了学术工作中的起码的道德，这并不表示我想减少我对于自己所介绍的这些见解的责任，更何况对于这见解的某些进一步的解释，是属于我自己的。

是概念的混乱，甚至说我是想要把社会主义的计划工作和统计工作放到资本主义的经济规律基础上去了，等等。其实，我在那篇文章中是交代得很明白的，我说应该把计划和统计放到价值规律的基础上去，不是指那个狭义的价值规律（即市场价值规律）的基础上去，而是指广义的价值规律，即社会必要劳动的基础上去。可是我的批评者以恩格斯所说的"不再迂回地表现为价值"这句话为根据，来反对我的意思，而同时主张在今天的社会主义社会中还保留"价值"，因为还不能直接计算劳动，还只好迂回地表现为价值，等等，当他们这样说的时候，实际上自己倒真的是混淆了两个不同的概念，即混淆了"价值"和"交换价值"，是把通过自由竞争，通过无数次偶然的交换（其中往往是交换的一方吃了亏，另一方占了便宜）才迂回地表现出来的交换价值同我们社会主义的计划价值相混淆了。实际上他们才是把资本主义和个体经济的生产关系同我们社会主义的全民所有制和集体所有制的生产关系混淆起来了。

分清"价值"和"交换价值"这两个不同的概念是一件非常重要的事情。交换价值反映着资本主义和个体经济的商品生产关系的特性，而价值则是物化在产品中的社会必要劳动本身，并非商品经济所特有的。在马克思以前的政治经济学分不清这两个概念，因而当时经济学界习惯以"价值"这个概念来代表"交换价值"。马克思和恩格斯顺从着当时经济学界的习惯用法，为简便起见也常常把"价值"当作"交换价值"使用（尤其在同资产阶级经济学者论争的时候，因为他们是不分这两个概念的），但是马克思在《资本论》第一章（商品）专门论述"价值形态或交换价值"的这一节中，详细分析了"价值"和"交换价值"这两个不同的概念。如果我们仔细体会马克思给予这两个不同概念的内容，我们就可以看出在许多场合下，马克思和恩格斯在使用"价值"这个名词的时候，是应该当作"交换价值"了解的。例如，对前面我们引过的恩格斯那段话的最后一句"再不必求助于有名的'价值'"，许多经济学家只从字句的表面来读，而不想一想为什么恩格斯在这里要给"价值"加上引号,而且还在前面加上"有名的"这个形容词。显然,这里是按照当时资产阶级政治经济学界的习惯用法使用的,即是说当作"交换价值"用的。

很多经济学者把马克思和恩格斯在许多场合下说的生产资料归社会公有之后,劳动不再表现为价值,理解为共产主义社会中,不再有"价值"这个概念。我在《把计划和统计放在价值规律的基础上》那篇文章中,就指出,凡是讲到"表现为"或"不表现为"价值的时候,"价值"二字应当作"交换价值"理解。因为既然说是表现,当然是指的价值的形态,即是"交换价值"。有些经济学者认为这也是我根据自己的一套看法,对马克思和恩格斯的话作了牵强附会。因此,我希望我的批评者和读者把《资本论》第一章第三节("价值形态或交换价值")的第二段再仔细翻阅一下。马克思在这一段中告诉我们:

  商品的价值不同于瞿克莱寡妇之处,就在于不知道从哪个方面来对付它才好。跟商品体的感性的、粗糙的可感触性不同,在商品体的价值中没有放进自然物的一个原子。不输你如何去捉摸和观察每一个商品,不论你如何去对付它,作为价值,它仍然是不可捉摸的。然而,如果我们记住了,商品只有在它们是同一个社会单位的,即人类劳动的体现时,才具有价值,所以它们的价值是带有纯粹的社会的性质的;只要我们记住了这些,那么我们自然就会明白,价值也只有在一个商品同另一个商品的社会关系中才能表现出来。事实上,我们要探索隐藏在商品中的价值的踪迹,我们就得从交换价值或交换关系出发。现在我们必须回到价值的这个表现形态。①

---

① 《资本论》这一段话我是从1952年俄文本转译的。着重点也是我加的。在俄文本里,中译本中译成"价值对象性"和"价值物"的两个德文词,一律译为价值,而把德文原文附在后面。我这里仍照俄文直译。请参阅马克思《资本论》第1卷,人民出版社1953年版,第22页。

马克思在这里讲得很明白,在讲到价值的表现的时候,指的总是"交换价值",即"交换关系"。因为在这里马克思是讲的资本主义的商品价值。

因为,事情本来就很明白,既然价值自己尚且还要在商品的交换关系中,在交换价值中去表现自己,那么它自己怎么能去表现社会必要劳动呢。可见,凡是马克思和恩格斯说到"表现为价值"是应该作"表现为交换价值"理解的。

马克思在另一节("商品拜物教和它的秘密")中又曾回到这个问题上来:

> 不错,政治经济学(指的是资产阶级政治经济学——本文作者)曾经分析过(虽然并不充分)价值和价值量,并且曾经发现过隐藏在这些形态中的内容。然而它从来也不曾问过:为什么这个内容要采取那种形态,换言之,为什么劳动表现为价值,而作为劳动的计量单位的劳动时间要表现为劳动生产物的价值量。①

在这里,我们可以看到,马克思又是把"表现为价值"作为"价值的形态",即作为"交换价值"提的,更重要的是马克思对于上面这一段的最后一句,加上了一个具有十分重要意义的脚注(原注号码32)。现在我一并摘录如下。

> 古典政治经济学的基本特点之一,是它从来不曾能够由商品的分析,尤其是商品价值的分析,引申出价值的形态来,然而正是这个价值的形态使价值成了交换价值。正是亚当·斯密和李嘉图,古典派政治经济学的最好的代表,也把价值形态看

---

① 《资本论》的这一段和下面引的一个脚注都是根据俄译本转译的。着重点也是本文作者加的。请参照马克思《资本论》第 1 卷,人民出版社 1953 年版,第 63—65 页。

作是完全无关紧要的事,甚至于把它看作为对商品本质而言是外表的事。他们所以会如此,不仅因为他们的注意完全被吸引到价值量的分析上去了。还有更深刻的原因。劳动生产物的价值形态,不仅是资产阶级生产方式的最抽象的,并且是最一般的形态。资产阶级生产方式当作社会生产的一个特殊类型正是由于价值的形态才取得特征的,从而也取得了历史的特征,如果把资产阶级生产方式当作社会生产的永久的自然的形态看了;那么不免就会把价值形态的专门的特性看漏掉的,从而就会把商品形态的特性,甚至再进一步发展下去,就会把货币的形态,资本的形态等等特性都看漏掉的。

引证长了一些,然而这是十分重要的引证,希望读者,特别是我的批评者,对这些引证详细地、反复地读。马克思在这里明明告诉我们:使资产阶级的生产方式成为一种特殊的、历史的社会生产方式的,正是由于价值的形态,即由于交换价值,而不是由于价值。正因为如此,所以资产阶级政治经济学的代表可以承认价值由劳动创造,可以客观地分析价值和价值的量,但是不敢正视价值的形态,即是不会分辨"价值"和"交换价值",这两个不同的概念。我们很多同志硬要在有无"价值"这一点上同资本主义生产方式划分界限,却偏偏看中了"交换价值"的迂回地表现的方法,这不是有些奇怪吗?

正因为如此,我也不敢赞同薛暮桥同志的以下的意见。

> 价值规律这个术语通常是同商品生产相联系的。因此,为着避免不必要的争论,最好说国营企业利用价值的形式来进行经济核算,而不要用"价值规律"来代替"价值的形式"。①

---

① 薛暮桥:《对商品生产和价值规律问题的一些意见》,《经济研究》1959 年第 1 期。

我很不理解为什么暮桥同志如此怕争论。不错，暮桥同志说的是不必要的争论。对不必要的争论，我也不赞成。然而一切问题就在于什么争论是不必要的争论。暮桥同志遇到概念的争论，往往采取绕过去的办法，就是另找一个说法。然而一个新的说法往往总是一个新的概念；每个新的概念，如果也并不恰当的话，就会引起新的争论。马克思为了这个"价值形态"，不惜在这里添上很长一个脚注（我们所引的一段，还只是这个脚注的小半），同资产阶级经济学者大争了一番；而暮桥同志却想用"价值形式"来"避免不必要的争论"（暮桥同志当然知道"形态"和"形式"是同一含义的，在欧洲文字中原来是一个词，有些中文本也就译作"价值形式"的）。暮桥同志这里所说的"价值形式"并不是马克思在《资本论》中关于价值形态所讲的那个含义。当然，暮桥同志无非想以"形式"二字来表示：在全民所有制内部，以及在将来社会中进行经济核算时，不过是借用价值的"形式"而已，或者还有一种更流行的说法——不过是把它作为"核算的工具"① 而已。暮桥同志无非想以"形式"二字来冲淡"价值"的那个严峻面貌，避免同那些反对"价值"的人展开"不必要的争论"。但是"形式"即形态，它的色彩比了"价值"本身更浓烈多了。因此，暮桥同志在这里不料又碰上了争论。越是怕争论，争论越是同他纠缠不清。而且我希望有更多的经济学者来参加这个问题的讨论，因为我不认为这仅仅是一个空洞的概念争论。

---

① 见薛暮桥同志同一论文。暮桥同志一方面反对"仅仅是概念的争论"，另一方面他在价值规律的作用问题上，自己也逐渐走向于多从字面上用功夫了。经济学家们为了辨别价值规律在社会主义社会和资本主义社会中所起作用的差别，创造了不知多少"级别"的作用，如"调节者作用""调节作用""影响作用""重大作用""一定作用"以及上面所说的"工具作用"，等等，难道我们能从这些"作用"中看出什么本质上的差别吗？例如王思华同志在前面引过的那篇文章里，在表示了他对我和仲津同志的观点的不同看法之后，他说："在全民所有制的国营经济中，价值法则只起经济核算工具的作用，在集体所有制下的合作经济中，价值法则才起着一定的作用。"请问：这两种级别的作用到底如何辨别，难道"工具的作用"就不是"一定的作用"，"一定的作用"就不能包括"工具的作用"了吗？

归结前面所说一切，我的意见是：凡是马克思和恩格斯在好几处说到，在生产资料归社会公有之后，个人劳动直接成为社会劳动，不再迂回地表现为"价值"，这里的"价值"应该是当作"交换价值"理解的。马克思和恩格斯除了用过"不再表现为价值"这样的表达方式以外，并没有说过将来社会不会再有作为"实体"的"价值"这个概念。相反，他们二人都曾说过"价值"在未来社会中的作用将更大，"价值"只有到了共产主义社会才算找到了"真正的活动范围"。我在《把计划和统计放在价值规律的基础上》那篇文章中已经引证过马克思的以下一段话作为我的看法的根据。

> 在资本主义生产方式废止以后，但社会化的生产维持下去，价值决定就仍然在这个意义上有支配作用：劳动时间的调节和社会劳动在不同各类生产间的分配，最后，和这各种事项有关的簿记，会比以前任何时候变得更为重要。①

这两年多以来，许多经济学者为了反驳我在那篇文章中提出的观点，对马克思以上一段话作了各种各样不同的解说。他们的主要论点：马克思在这里只讲了"价值决定"，没有讲"价值规律"。因此，说我的意见是无根据的。胡寄窗同志还翻阅了德、中、俄、英四国文字的《资本论》版本，把马克思使用"价值决定"这个概念的章节都作了研究。然后得出结论："因此，价值决定或价值决定的规律，就不可能是价值规律。它可以是价值规律的前提，不能是价值规律自身。因为，价值决定所要回答的问题是什么事物形成商品价值以及各个价值成分的形成与分解问题。显然，在这些问题未获得解决以前，就谈不到价值规律及其作用……"②

---

① 马克思：《资本论》第 3 卷，人民出版社 1953 年版，第 1116 页。
② 胡寄窗：《"价值决定"不是价值规律》，《经济研究》1959 年第 7 期。

我对于胡寄窗同志研究学问、研究经典著作的认真态度，是敬佩的。但是他对这个问题的看法，我却不敢赞同。

我在我那篇文章中引证了马克思上面这句话之后曾经说过以下的话："马克思……非常肯定地指出，价值决定在劳动时间的调节和社会劳动在不同各类生产之间的分配这个意义上仍然'有支配作用'，而且'会比以前任何时候变得重要'。马克思没有说'价值规律'，而只说'价值决定'；但是难道这个用字上的区别有什么决定意义吗？"①

由于我在写那篇文章的时候，还没有像现在这样深刻体会到，许多经济学家对于"价值规律"这个概念已经形成了一个偏狭的固定化了的看法，所以我的话简单了一些，以致两年多来，我的批评者同我的争论，等于是不断地在打"三岔口"。例如骆耕漠同志批评我说："马克思……的'这个意义上的价值决定'，是不可能指价值规律而言的，因为那时根本不存在商品和价值规律（但是读者可以做我的证人：我也没有说过那时还存在商品以及商品价值的规律呀——冶方）；因此，他说'这个意义上的价值决定'，而不说价值规律，绝不是偶然的用语问题。"②

又如胡寄窗同志说：价值规律"反映在商品的生产运动中，价值怎样通过偏差来贯彻实现自己，怎样通过对所得形态的转化在各生产要素所有者间进行分配，从而支配生产并调节生产要素的移动"③。

总之，骆耕漠同志和胡寄窗同志都是先把价值规律的定义在一个很偏狭的范围内肯定下来，而对于在这偏狭的圈子之外是否还可以有别的定义，他们根本不加考虑，甚至没有想到还有考虑的需要；然后，他们再质问说，难道在共产主义社会里还会有这样的价值规律吗？

---

① 《经济研究》1956 年第 6 期。
② 骆耕漠：《社会主义制度下的商品和价值问题》，科学出版社 1958 年版，第 120 页。
③ 《经济研究》1959 年第 7 期。

而我则在讲上面那几句话的时候，也根本没有体会到原来只有这样一个偏狭的圈子才算是价值规律的定义。对我重要的是，马克思在上面这句话里面，第一，他肯定了到共产主义社会里还保留有"价值"这个重要范畴，以及"价值"这个概念；第二，他指出了在共产主义社会中，"价值"这个范畴，"在劳动时间的调节和社会劳动在不同各类生产间的分配这个意义上仍然有支配作用，而且会比以前任何时候变得重要"。我根本没有考虑（因为毫无必要），"决定"和"规律"是一回事，还是两回事。我认为既然马克思认为"价值"这样一个重要的范畴在共产主义社会中确实还存在着，而且马克思接着还指出，"价值"还将在社会劳动的调节和分配方面起支配作用；那么"价值"必然会有它的存在和运动的规律。至于这规律的范围、定义，等等，我的确没有作全面考虑，因为这正有待于我们去认识、去掌握的，因为这正是我们理论研究工作者的任务。我真想不出，对马克思以上的一段话，还能作任何别的解释。

除了马克思以上一段话以外，恩格斯对这一问题也有过两个非常重要的正面的指示；而过去我们对这两个指示是没有注意到的。

过去当我们在读《反杜林论》，读到上面引证过的"再不必求助于有名的'价值'"这句话的时候，总是把恩格斯这句话当作否定共产主义社会中还有"价值"范畴理解的，因为我们没有注意到在这个"有名的'价值'"之后，还有一个十分重要的脚注。

在制订生产计划时，上述有用效果和劳动花费的比较，正是应用于政治经济学中的价值概念在共产主义社会中所能余留的全部东西。这点我在1844年时已经说过了（《德法年鉴》）。可是，读者可以看到，这一见解的科学证明，只在《资本论》

出版后，方才成为可能。①

下面就是恩格斯1844年在《德法年鉴》上讲的话。

> 价值是生产费用对效用的关系。价值首先是用来解决某种物品是否应该生产的问题，即这种物品的效用是否能抵偿生产费用的问题。只有在这个问题解决之后才谈得上运用价值来进行交换的问题。如果两种物品的生产费用相等，那末效用就是确定他们的比较价值的决定因素。
> ……不消灭私有制，就不可能消灭物品本身所固有的实际效用和这种效用的决定之间的对立，以及效用的决定和交换者的自由之间的对立；而在私有制消灭之后，就无须再谈现在这样的交换了。到那个时候，价值这个概念实际上就会愈来愈只用于解决生产的问题，而这也是它真正的活动范围。

在这里，恩格斯同马克思一样认为，"价值"在共产主义社会中，它的作用更重要了，而且实际上只有在共产主义社会中，它才找到了真正的活动范围，因为到这时，它才被直接用于解决生产问题，解决生产计划问题；而以前在资本主义社会里，价值主要只被运用来解决交换问题，即当作流通过程中的范畴被运用，要通过流通过程才能去影响生产过程。然而，现在许多经济学者却是仅仅把价格和价值的背离所引起的作用看作"价值"存在的全部意义。

---

① 恩格斯：《反杜林论》，人民出版社1956年版，第327页。
　斯特鲁米林院士著的《在建设共产主义的道路上》这本书（中译本，生活·读书·新知三联书店1959年版），根据这个脚注以及恩格斯在下面所引的，他在1844年时所说的一段话，也肯定"进行计划而不求助于价值，并不是那么简单"。斯院士也认为恩格斯在《反杜林论》中所说的"不必求助于有名的'价值'"，是"指的交换价值"。他这看法是同我在1956年那篇文章中对这句话所作的解译一致的。但是我在那时却没有注意到这个注。在这里我也得到了一个很大的教训：读书，尤其是读经典作家的著作，是不能粗枝大叶的，哪怕是对于一个注释。大家在这里就可以看到，前后所引马克思和恩格斯的这两个注释是有多么大的理论价值呀！

这不是有些像我们在儿童读物中看到的，摸到了一个象鼻子当作象的全貌的盲人一个样了吗？我这话好像是挖苦人家。然而，价格和价值的背离所起的作用在价值的存在和运动的全部过程中，不也有些类似象鼻子之于整个象的比例吗！

因此，归结起来，我认为价值规律是价值的存在和运动的全部过程的规律，价值决定是这规律的基础，亦是这规律的起点。价格和价值的背离以及通过这种背离所发生的作用只是这规律在个体经济和资本主义经济时代的一种作用方式①；这种作用方式，目前在我国就算基本上是已经过去了。因为我们现在就已经不再采用迂回曲折地表现社会必要劳动的方法，即不再采用通过市场竞争来决定价格的方法，而要用直接计算劳动成本的方法来定价，并编制生产计划。我在1956年时说要"把计划和统计放在价值规律的基础上"，就是指的这个含义。

资本主义经济和个体经济（简单商品生产）同共产主义经济（和全民所有制内部关系）的区别，不在于前者有价值规律，而后者没有价值规律；区别在于资本主义和个体经济（简单商品生产）的价值规律是自发地起调节作用；在那里商品的价值要迂回地，通过同另一个商品的交换关系，即通过交换价值来表现自己；在那里，这个交换价值的公式的额角上写明，它们是属于这样的一种社会形态，在这里是生产过程统治着人们，而不是人统治着生产过程；因此，在那里价值规律不仅起调节作用，而且成了"调节者"，它统治着人们；而共产主义和全民所有制内部关系中的价值规律，已经被人们所掌握，因为在这里，"人们已经统治着生产过程"了，所以生产品的价值已经用不着迂回地去表现自己，而可以通过计算直接表现出来了。

很多同志也想在"调节作用"上做文章，以便把资本主义经

---

① 马克思从来没有把价格和价值的背离以及由此发生的作用说成是价值规律的全部。相反，我们应该承认马克思的全部经济学著作，特别是他的全部三卷《资本论》都是讲的价值的存在及其运动的规律。

济和个体经济的价值规律同我们现阶段社会主义经济的价值规律区别开来。例如说，在资本主义经济和个体经济中有调节作用，在社会主义社会中没有调节作用，等等。但是，我们从上面马克思的引证中可以看到，他认为价值在共产主义社会中，在对于"劳动时间的调节和社会劳动在不同各类生产间的分配"，等等，还起"有支配作用"哩。我们所说的生产中的调节作用，归根结底还不是马克思所说的"劳动时间的调节和社会劳动在不同各类生产间的分配"吗！前面所引的恩格斯的话也应该作如此解释："价值首先是用来解决某种产品是否应该生产的问题"，这不是在生产中起调节作用是什么呢！我希望我的批评者不要在"决定"算不算"规律"等问题上来展开争论，我只希望你们回答以下问题：马克思和恩格斯是不是曾经把"价值"这个概念应用于共产主义经济的生产关系的？马克思是不是曾经说过"价值"对于"劳动时间的调节和社会劳动在不同各类生产间的分配"起有"支配作用"？恩格斯是不是曾经说过到了共产主义社会，"价值这个概念实际上就会愈来愈只用于解决生产的问题，而这也是它真正的活动范围"，而且他所说的解决生产问题，就是"首先……解决某种物品是否应该生产的问题"？调节和分配劳动以及某种物品是否应该生产算不算对生产的调节作用？

我希望经济学者们不要被近二三十年间形成的，对于"价值"概念的错误认识所迷惑，而要细细体会前面所引的马克思和恩格斯的几段话。

好意的同志劝告过我：你强调价值规律的目的，无非是要强调社会必要劳动的计算，你何必斤斤于名词的计较，打这个不必要的概念官司，硬要争这价值规律的名称呢？你就把这称作社会必要劳动的规律不好吗？这便是暮桥同志的"避免不必要的争论"的意思。

但是我的确也不是好作无谓的争论。在这个意义上我是同意王思华同志的那句话的："社会必要劳动和价值究竟不是一回事。"

我在前面反对他的这句话是因为他认为共产主义社会计算、调节和分配社会必要劳动不属于"价值"范畴。但是我也同意不能把"社会必要劳动"这个概念和"价值"这个概念等同起来。因为，"社会必要劳动"实际就是"社会必要劳动量"的意思，基本上是一个量的概念。它不能表达出"价值"这个"概念"的质的一方面，而这个质的一方面，用恩格斯的话来说就是："价值是生产费用（即社会必要劳动——冶方）对效用的关系。"这才是我们要重视"价值"这个概念的真正意义。计算社会必要劳动并不意味着劳动越少越好，如果这样，那不劳动更好。计算社会必要劳动是意味着要把劳动耗费去同劳动成果比较。因此，重视"价值"概念，在我们社会主义社会中，就意味着重视经济效果，而不是像许多的经济学者所想象的一样，是意味着还要迂回地去表现价值（即市场竞争）。正因为如此，所以长期在理论上否定了共产主义社会的"价值"概念之后，就会引起对经济效果的轻视（否定社会主义经济有成本的概念，认为资金利润率、投资效果等都是资本主义概念等等说法即是由此而来）。

我在1956年写那篇文章的时候，对问题的认识，还没有现在这样明确。我那篇文章中说，在共产主义社会中不能只讲生产，而不计生产过程中的劳动代价。至于"把这代价叫做'价值'呢，还是直接叫做'社会必要平均劳动量'呢，那倒是无关紧要的"[①]。读者可以看出，那时，我也像暮桥同志一样，"很不想在概念上展开争论，认为叫这，叫那都是一样的。"

但是，骆耕漠同志在他的《社会主义制度下的商品和价值问题》一书中写道：

> 一个事物叫什么，确是有相对性的，我们有一定的自由，但我们后人比前人要少一些自由；因为，我们必须尊重和沿用

[①] 参见《经济研究》1956年第6期。

已成的科学术语和范畴，除非我们所讲的事物是前人没有讲过的事物，那不妨由我们自己用一个什么名称去叫唤它……①

我现在接受耕漠同志的意见，赞成"必须尊重和沿用已成的科学术语和范畴"。不过，这里有一个问题没有解决：谁是前人？是马克思和恩格斯他们，还是近来二三十年间的许多论文、讲义和教科书的作者？我们应该尊重和沿用前者的科学术语和范畴，还是沿用后者的科学术语和范畴？

还有一个问题没有解决：根据许多经济学者的规定：在未来共产主义政治经济学中，将没有"价值"这个范畴了，那么是不是在未来的人类语言中也将没有"价值"这个概念了呢？很多经济学者在不久的过去就像避讳一样回避使用"价值"一类（尤其是成本、利润、资金利润等）概念，好像应该把"价值"这个词（不论作为名词还是作为动词）从人类语言的未来的词典中完全删去似的，这简直是不可想象的。

试论"价值"在社会主义以至于共产主义政治经济学体系中的地位

根据我对"价值"这个范畴的认识，我主张要大大提高这个范畴在社会主义政治经济学体系中的地位。但是我不主张单独地把"价值"作为一个规律，作为一个公式来提；更不赞同把"价值"当作商品经济的规律来提。

今年，苏联《经济问题》杂志第三期，发表了格·科兹洛夫同志的一篇文章，题目叫《论政治经济学教程的结构》。作者在这篇文章中对修改"政治经济学教科书"，提出了以下意见。

---

① 见该书第 109 页。

……在修改时，要避免两种极端倾向：第一，不要把政治经济学变成叙述经济形势的科学，变成当前经济政策教程；第二，不要把政治经济学变成空洞的一般的公式汇编，只是把这些公式加以宣布，而不是从社会主义生产方式的实际发展过程出发加以分析。教科书中只有一般的公式，会引起死背定义，而不从经济现象的发展中深刻研究各种经济现象，并把所得到的知识运用到实践中去。

……经济规律，它的性质和作用，应当同分析具体经济现象和生产关系直接结合起来加以研究，否则它们就会变成不能说明经济生活过程的空洞的定义。

《资本论》中研究经济规律的方法，对我们说来是可资借鉴的。马克思没有特意对经济规律加以表述和下定义。但是每个用心学习这部天才著作的人，都深刻领会资本主义社会的生产关系和经济规律。而我们却在某种程度上脱离对社会主义社会的经济过程的研究来说明和表述经济规律。[①]

我认为科兹洛夫同志的以上见解是对的。如果说对于一般的经济规律不应该孤立地作为一个公式来表述，那么对于价值规律更不能孤立地作为一个公式来表述。但是根据我上面对于社会主义社会中"价值"这个范畴的认识，也不应该把它同商品和商品生产放在一章中谈。商品和商品生产可以单独立为一章。价值规律则应该贯穿在社会主义政治经济学的各章，即是通过对于社会主义经济的全面分析来表述它。

为了避免再发生误会起见，我在这里不嫌重复，要再向我的批评者申明一下：我这里所说的"价值规律"不是许多经济学者经常强调的，那个通过价格和价值的偏离而发生的调节作用，或影响作用。我这里所说的"价值"概念是广义的"价值"概念；就是

[①] 中译文见《经济译丛》1959 年第 6 期。

恩格斯所说的,"在共产主义社会中所能余留下来的全部东西"。至于通过价格偏离所起的作用,可以在有关章节中,作为从过去遗留在过渡时代的东西附带叙述一下(因为如前面所说过的一样,现在这种作用已经不大,现在我们要强调的是等价交换,是通过计划价格来直接表现的价值)。

但是,对于社会主义经济,我们应该按照怎样的一个程序来加以研究呢?我认为,基本上应该按照马克思写《资本论》的程序来研究,按照马克思分析资本主义经济的程序来分析社会主义经济,就是说,先分析生产过程,再分析流通过程,最后分析社会主义社会的整个生产过程。

《资本论》的直接的研究对象,固然是资本主义社会;但是他在分析资本主义经济的特殊规律的同时,也分析了社会生产的一般规律。这些一般规律,就是恩格斯所说,去掉了资本主义的特殊性"余留下来的全部东西",就是我们今天应该从《资本论》中去好好学习的。

我们在旧社会中,同敌人斗争的时候,我们总是强调特殊性,而不强调共同性或一般性;而统治阶级老强调共同性和一般性,为的是掩盖阶级对立。例如,他们老是一般地提国民,一般地提人。我们则说,在阶级社会中没有一般的人和一般的国民,只有工人、农民、资本家、地主、官僚等不同的国民和不同的人。对于经济规律也是如此,我们不大提一般的经济规律,因为在阶级社会中,这个一般的规律是什么也不能说明的。但是在今天,在社会主义社会中,我们在抛弃资本主义经济特殊规律的同时,连作为经济规律中的一般性、共同性的东西,也即把恩格斯所说的"在共产主义社会中所能余留下来的全部东西"都否定了,这就好比是因为我们不承认阶级社会中有一般的人,只承认有阶级的人,因而说将来共产主义社会就没有人,或者说那时还有无产阶级一样,是极可笑的。

马克思的《资本论》是从分析那个组成资本主义社会财富的

细胞——商品开始的。我认为,在社会主义政治经济学体系中,在讲完开头的过渡时代(主要是三大改造)和社会主义社会所有制问题(以上可以作为一篇)以后,紧接着的一篇应该分析社会主义的生产过程。这一篇的第一章就应该从社会主义社会的物质财富以及组成财富的细胞——生产品——分析起,从什么叫财富讲起。

恩格斯的指示:"……有用效果和劳动花费的比较,正是应用于政治经济学中的价值概念在共产主义社会中所能余留的全部东西",就应该是社会主义政治经济学的第二篇第一章的中心内容。在这一章里面,应该批判那种否定共产主义经济有"价值"概念,因而把未来共产主义社会当作自然经济看待,只看见一大堆使用价值而无"价值",只对物量感兴趣而不关心劳动花费的自然经济(实物经济)观点。在这一章里面,要说明,以社会必要劳动量为实体的,社会主义的价值规律,实际上就是不断促进生产力发展,推动社会前进的"落后赶先进,先进再先进"的规律。

因此,在这一章里,要发挥马克思的产品双重性(使用价值和价值)和劳动双重性(具体劳动和抽象劳动)的学说。在这一章里,应该证明,在脑力劳动和体力劳动的对立消灭之后,复杂劳动和简单劳动的差别也将随之消灭,但是熟练劳动和非熟练劳动的差别,也即是社会必要劳动消耗量和个别劳动消耗量的差别将永远存在,这也就是推动社会前进的,落后赶先进的运动永远存在的基础。

在接着的下一章中就应该讲经济核算问题。但是这个经济核算不是现在一般人所说的经济核算,不是指独立会计和定额管理的意思,而是指经济效果的计算,指劳动时间的节约。关于这问题,马克思讲过如下的话。

> 共同的生产既然已经作为前提,时间规定自然就成为主要的了。社会需要用于生产小麦和牲畜等等上面的时间越少,它得以从事于其他生产的——物质的和精神的——时间就越多。

和单独的个人一样，社会的全面发展，它的享受和它的活动，都视时间的节约而定。一切的经济，最后都归结为时间的经济。同样，社会必须有目的地分配它的时间，才能达到一种适合于其全部需要的生产，必须象个人那样正确地分配他的时间，才能按适当的比例获得知识，才能满足他的活动的各种要求，时间的经济和有计划地分配劳动时间于不同生产部门，于是就成为共同生产基础上的第一个经济规律。甚至可以说，这是程度很高的规律。然而这和用劳动时间去测量交换价值（劳动或劳动生产物）有本质的区别。①

马克思这段话对于我们在这里所讲的问题十分重要，而且这正是我们的实际工作者和理论工作者，大家都很忽视的一个问题，所以我不嫌其详，引证了这么长一大段。理论工作者对于这种忽视的造成，特别要负责任，因为对于未来社会和全民所有制内部关系中"价值"概念的否定，是不可能引出重视经济效果，重视劳动时间节约的结论来的。

而且就连这一段引证中的最后一句话，也被许多经济学者作为否定共产主义社会和全民所有制内部关系中存在"价值"范畴的证据的。经过我们前面关于"交换价值"的解释之后，我们现在应该明白，"交换价值"的概念和"价值"概念确有"本质的区别"。马克思这一段话只是否定了"交换价值"的存在，但是价值规律恰成了"第一个经济规律，甚至可以说这是程度很高的规律"。马克思这里所说的第一规律同前面已经引证过的马克思在《资本论》第三卷中所说的"价值决定……有支配作用"，以及恩格斯所说的"在共产主义社会中所能余留的""价值概念"只能是作为同一内容了解的。

研究经济效果（"最后归结为时间的节约"）是社会主义社会

---

① 译文是董问樵同志翻译，并由刘潇然同志校对的。着重点为本文作者所加。

的价值规律问题的核心。因此，在这一篇中，对经济效果的两个方面，即是对投资效果的计算和劳动生产率的计算，对于提高投资效果和提高劳动生产率的方法，应该作较详细的阐述。

由于过去大多数经济学者把未来社会的经济看作自然经济，所以投资效果也在很长一个时期内被看作资本主义经济范畴。在有些人心目中，投资效果至少同经济核算一样，是同物质鼓励相联系的，是群众的共产主义觉悟不高的结果，等等。这太荒谬了。资本家使用资本时，很讲究经济效果，——投资效果。我们为了同资本家的资本划清界限，把"资本"改称"资金"了，把两个不同的概念在文字上划清界限是有好处的；但是把"投资效果"也跟"资本"一道给否定掉了，这是大不应该的。资本家对于剥削来的别人的劳动生产物尚且知道爱惜使用，劳动人民对于自己的血汗创造的，自己的劳动生产物怎能反不爱惜，反不注意其投放效果呢？爱惜资金首先就是爱惜劳动，这怎能说是资本主义经济范畴呢？实际工作中对于投资效果的忽视，理论工作者是要负责的。因为这是概念混乱，也即思想混乱的结果；这是否定"价值这个概念"，否定生产物的两重性（使用价值和价值）的必然结果。所以我认为在社会主义政治经济学的这一章中，首先应该从理论上、观念上来说明注重投资效果的性质和重要。必须端正认识（我想在共产主义时代这个问题可以不要这样大讲特讲了，因为那时不会有这种概念混乱了）。

在我国经济学界研究劳动生产率问题的时候，曾经有同志对于劳动生产率问题是否属于"价值"范畴范围以内研究的题目，表示怀疑。我认为这是毋庸置疑的。马克思说过：商品的价值量，与实现在其内的劳动的量成正比例，与实现在其内的劳动的生产力成反比例。换句话说，价值和劳动生产率（力）是一件事的两个方面，看你从哪一个方面去接近它。如果用算式来表示，那么价值和劳动生产率（或劳动生产力）是互为倒数的：把产品做分母，劳动量做分子，就是价值量的公式；把产品做分子，劳动量做分母，就成为劳动生产率的公式。可见劳动生产率非但是属于"价值"范畴内研究的题目，而且二者根本是分不开的。

在讲完经济效果之后，就应该讲社会主义社会的货币、价格和价格形成问题。

到现在为止，经济学者是把社会主义社会的价值，因而也就把社会主义社会的货币同商品生产联系起来的。按照我们上面的分析，在存在计划价格的条件下，同商品交换、同市场竞争相联系的交换价值实际上已经不存在。因此，货币也已经不是原来意义的，一般等价物的货币，而是价值的直接计量单位。但是在存在商品交换的条件下，货币还要起流通手段的作用。

这样，社会主义社会的计划价格也不再是在亿万次的交换中不断上下摆动的价格，即是说在本质上已经是价值的直接表现。至于我们的价格在实际上还同价值不相符，这一事实并不能否定我们的计划价格是价值的直接表现而非迂回表现的本质。至于价格和价值为什么不相符呢，这一方面是由于历史的原因（工农产品价格的剪刀差，在中华人民共和国成立前更大；中华人民共和国成立后，由于农产品的提价和工业品的跌价，已接近很多。但是历史上遗留下的这个差别尚未完全消除）；另一方面是由于社会主义社会的价格不仅应该以价值为基础，而且应成为价值的直接表现的原则在经济实际工作者和理论工作者的思想中还没有明确起来的缘故。因此，价格和价格形成的理论阐述在目前确实是非常迫切。在合作化之后（尤其在公社化之后），自由市场和自发势力已经不存在，至少是受到极大控制；价值的迂回表现的途径（即通过竞争，通过亿万次交换来形成市场价值）已被堵塞；在原则上和在实践中，已经确立和实行了计划价格。但是，这个计划价格应该以价值（客观因素）为依据，成为价值的直接表现呢？还是可以无视价值，任意规定呢？——这个问题在原则上还没有完全明确。

这里又回到了一个老问题：价值应该通过价格对它的背离来起作用呢，还是应该使价格同它相符来起作用呢？价格应该被当作积累的工具，即国民收入再分配的工具，因而把它当作一个流通领域的范畴看呢？还是应该让价格和价值作为生产领域的范畴呢？

我们从前面引证的马克思和恩格斯的指示中可以看到，他们是把价值当作生产领域的范畴的。恩格斯认为即使在商品经济时代，"价值首先是用来解决……生产问题……只有在这个问题解决之后才谈得上运用价值来进行交换的问题"；"而在私有制消灭之后，就无须再谈这样的交换了，在那个时候，价值这个概念实际上就会愈来愈只用于解决生产的问题，而这也是它真正的活动范围"。

生产资料的私有制已经消灭了，但是我们的经济学者还不大愿意"价值这个概念"回到"它真正的活动范围"中来，而且大家还只对如何通过价格对价值的背离来起作用感觉十分兴趣，因而价格在目前是更多地被看作一个流通领域的范畴，被看作积累的工具。

如果我们要依照恩格斯的话，让"价值这个概念……愈来愈只用于解决生产的问题"，回到"它真正的活动范围"中去，要它去参加"制订生产计划"，那么用马克思的话来说，就是"在资本主义生产方式废止以后，但社会化的生产维持下去，价值决定就仍然……有支配作用……和这各种事项有关的簿记，会比以前任何时候变得重要"了。

为什么马克思会在这里提到簿记，而且认为它变得更重要了呢？很显明，为的是要准确计算劳动花费，制订生产计划。大家知道，不准确的度量衡是不好的计量工具，那么同价值经常背离的价格也不是准确计算劳动（包括物资）花费的工具，因而也不能是很好的制订生产计划的工具，不能正确解决生产问题，因而也不能使"价值这个概念"回到"它真正的活动范围"中去。

话讲到这里，往往会听到很多从实际工作的角度提出的问题，例如，产品的全部劳动消耗，即产品的价值，现在就能准确计算吗？这样全面的调整价格，会不会引起物价混乱呢？尤其是价格同价值相符之后，社会主义的积累从何而来呢？等等。

在这里应该说明，对我们最重要的首先是要在理论上、原则上弄清楚：从社会主义，甚至从共产主义的较远将来看，价格到底应该同价值相符好呢，还是相背离好呢？在原则确定之后，如何使价格接近价值那是步骤的问题，方法的问题，是可以进一步作研究的。至于计算产品的全部劳动消耗的方法，我们在前面已经说过，已经找到解决的途径。价格的调整，应该有步骤，绝对不能引起市场的混乱。积累是社会主义建设的资金来源，在价格调整的过程中，积累的来源应该逐渐从间接的方法而改为直接的方法，从集中在少数部门的方法，转为各物质生产部门平均负担的方法；因而积累就不必通过价格这个工具来形成了。这问题应当分别在利润和税收各章去研究。

价格应该同价值相符——这是目前我们应该加以肯定的一个原则；然而我们不能把这原则绝对化，不能认为社会主义的任何一个商品的价格在任何时间都应该同价值绝对相符、不能有一丝一毫的偏差。在这一点上，价格应该同价值相符的原则和国民经济平衡的原则是很类似的：平衡是原则，我们的计划工作的任务就是要争取国民经济各部门的平衡，以达到生产的高速度发展。然而尽管如此，平衡还是相对的，不平衡则是经常的。

同样，在原则上价格应该同价值相符；但是在实际上，由于，第一，社会劳动生产效率时时刻刻不断在提高，即是说产品的价值不断在下降而价格不能天天调整，因而即使是社会主义社会的计划价格，也不可能随时随地绝对地和价值相符的。第二，在社会主义时代，还只能实行按劳分配制度，生产资料的生产不是极端丰富，而且还有存在着不同的所有制，生产和需求本身也在不断变化着，再加上计划工作和管理工作的经验不够，因而供给和需求还不能经常符合。在这种情况之下，有计划地自觉地让价格同价值有一定的背离，不仅是可以允许的，而且为了抑制某些生产不足的产品的消费和鼓励某些过剩产品的使用，价格和价值的一定的背离还是必需的。

然而价格和价值的在一定限度内的这种有计划的背离，同根本不承认价值，不考虑价值量的计算，凭主观规定的价格政策是有原则不同的。

以上我们都是说的价格同价值相符的问题，就是说都是假定价格直接以价值为基础的。苏联有些经济学家（如马雷雪夫、索包里、阿脱拉斯、瓦格等）认为价格应该根据生产价格来定。社会主义社会怎能还有生产价格这个经济范畴呢？关于这问题，在苏联经济学界也有争论。其实这是资金利润问题的另一种提法。过去很多经济学家认为资金利润也是资本主义概念，认为社会主义社会的利润应该照产品成本算而不应该照资金算。但是现在承认利润应该照资金算的人多起来了。承认生产价格是承认资金利润的必然的逻辑结论；同时也只有承认了生产价格才能贯彻投资效果的计算。

马克思是在《资本论》第二卷中研究流通过程的时候提出生产价格问题来的。因为生产价格是通过市场竞争，在流通过程中形成的。我们已经排除了竞争，生产价格应该同价值一样，通过计算来确定。因此，生产价格问题应该在研究生产过程的时候，同价格问题一起研究。如资本主义的生产价格并未否定马克思的价值学说一样，社会主义的生产价格也不会否定价值是它自身的基础。

在关于生产过程的这一篇中，除了以上各问题以外，就要研究职工所创造的价值，如何分为两部分。一部分为物质生产部门的劳动者自己所得，一部分提供作为社会的公共需要和积累。应该详细阐述共产主义社会和社会主义社会的不同的分配原则：按需分配和按劳分配原则；应该详细分析社会主义社会的按劳分配的形式——工资形式。

最后，在关于生产过程的这一篇中，应该分析农业生产和农村人民公社问题。这是以上各章节在农业这个国民经济特殊部门中的具体化。这里应当对农业生产的特殊性，对人民公社的投资效果和劳动生产率问题，对人民公社内部的分配问题，对实行土地公有制以后，再对地租消亡和级差地租仍然保存的道理，对级差地租的计算和处理等问题进行详细分析。最后对人民公社的组织形式、管理制度、生产计划等问题也应该加以分析研究。

对于社会主义社会的工业、交通运输和基本建设的计划体制和管理体制的问题，也应该从如何发挥各级机构和全体人民的主观能动性，即是从充分发掘劳动资源和物质资源的潜力，以提高劳动生产率，增加物质财富生产的角度，专设一章来研究。

这样，在社会主义政治经济学关于生产过程的第一篇，并不专门提什么价值规律问题，仍是从每一章节都可以看到"价值这个概念实际上是愈来愈只用于解决生产问题"，因而找到了"它真正的活动范围"了。

在社会主义政治经济学的第二篇，就应当分析流通过程。根据不成熟的考虑，我认为社会主义的再生产问题应当放到第三篇里去分析。第二篇主要研究消费资料和生产资料的流通和储备问题。中华人民共和国成立以来十年间，以经营消费资料为主的国家商业机构已经创造了不少经验。过去经济研究工作者对社会主义商业问题研究的也比较多。但是，我感觉到社会主义社会的流通过程中最重要而最复杂的问题是生产资料的流通问题，也即是我们现在所说的物资调拨问题。可是对于这问题，除业务部门的实际工作者以外，研究理论的人还很少注意这方面的问题。

我认为生产资料的流通问题远比消费资料重要而复杂。这主要还不是从生产资料本身同消费资料的比较来说，而是从下面的观点来说的。

社会主义经济不同于资本主义经济的地方，除掉废除了私有制，没有了剥削以外，就在于以计划代替了市场，以计划分配代替了买卖。我们的消费品贸易虽然已经是社会主义计划经济的国营贸易；然而基本上它还是采用买卖的方式，还是商业，因此它仍然可以采用许多旧的商业的方式和经验。但是生产资料的调拨却已经是完全崭新的一种流通方式。从旧社会找不到任何经验，除了向别的社会主义国家学习经验以外，只能靠自己创造。

在第一个五年计划期间,我们的物资管理(主要是指生产资料)是逐渐趋向集中的;因此,后来就发生了"中央机关管得过多,管得过死"的问题。后来总结了第一个五年计划的经验,提出了体制下放的方针。但是下放仅一年多的时间,物资供应工作方面的问题还是很多;于是不得不又把调拨权集中起来了。难道体制下放的方针错了吗?我认为不是体制下放的方针错了。体制下放的方针是正确的。今后还应贯彻我们不可能想象高度发展的现代社会中,一切具体的经济管理工作,例如几万种不同种规格的物资可以从一个中心来具体分配。但是在下放的过程中,什么应该坚决下放,什么还应该集中抓紧,还要好好研究。

这里又回到我们的老问题上来了,就是社会主义的经济不是像原始社会那样的自然经济。在这里,社会的财富不只是单纯的一堆各种各样的使用价值,它且是一定量的价值。社会主义社会的计划经济必须有统一集中的领导,属于抽象劳动、属于价值范畴的指标,必须集中统一管理,必须抓紧;在保持分级管理权、保持企业简单再生产范围以内独立核算的条件下,这样的集中统一的管理绝不会引起抓死的问题。这样的指标就是劳动力(从一般抽象劳动的角度看的,不问其专业),就是资金(物化动),就是净产值和利润,就是所谓财务指标。但是属于具体劳动,属于使用价值范畴的指标,即实物指标,例如产品的花色、品种等,除极少数全国性的项目以外,应该层层下放,应该尽可能通过合同制的办法,通过地区间和企业间供需双方直接联系的办法去解决。有些同志认为物资供应体制由分权下放而回到集中管理仅仅是由于某些物资供应紧张的缘故,是暂时性的。我也肯定认为是暂时性的。但是调拨物资的紧张正是由于综合性的指标,劳动力和资金的指标或财务指标抓得不够紧的缘故。

物资供应方面的某些问题不是体制下放的必然结果,而是由于打乱了原有的企业协作关系的缘故。而打乱原有的企业协作关系是同体制下放的精神根本相反的。因为体制下放是意味着对企业的内部联系和企业之间的相互联系，尽可能减少脱离实际的违背客观经济规律的干预，而打乱企业之间的原有协作关系恰恰是意味着违背客观经济规律的干预。

当然，社会主义社会的流通问题，特别是其中生产资料的调拨问题，即是如何用有组织的计划供应来代替资本主义市场的无政府状态，原来是一件大事，而且是一件极复杂细致的事情，只是由于错误的自然经济观点才把这件事情看得简单化了。我以上所说，只是从一个方面来提问题，借以说明，没有"价值这个概念"，就连全民所有制的内部流通问题（而这也是未来共产主义经济的流通关系的缩影），也是解决不了的。当然社会主义的流通问题不只是这一个方面的问题。在我觉得，社会主义政治经济学的这一篇，现在是最不为理论工作者所注意，因而是被研究得最少的一部分。

在社会主义政治经济学的第四篇，应该研究社会主义生产过程的总体。在我看来，这一篇应该包括以马克思的再生产学说为基础的，现在称作国民经济平衡（或综合平衡）的全部内容。这里要分析全国的综合平衡，也要分析地区内部和地区间的平衡。这是对于生产、分配、再分配、流通、消费的全部过程的综合分析。这整个平衡工作，必须分实物平衡和价值平衡这两个方面来研究。如果说没有了"价值这个概念"对每一个个别产品的效用和生产费用的关系就无从观察，也即是说对于这产品的生产是否经济、是否合算，无从估计；那么在整个国民经济平衡工作中没有了"价值这个概念"，那就对整个国民经济不可能有真正的经济观点。从整个国民经济平衡的角度来看，那些否定"价值这个概念"，把它仅仅看作同物质鼓励有关，仅仅同人民的共产主义觉悟水平不高有关的观点更是何等可笑。在国民经济综合平衡中，我们更可以看到，否认社会主义以至于共产主义社会中，产品的两重性（使用价值和价值）是完全徒劳无益的。产品的两重性的存在在国民经济发展比例失调的情况下，表现得特别明显。因为什么叫计划工作中的比例失调呢？这正是表示或是生产资料和消费资料之间，或是积累和消费之间，或是各部门之间，物质财富的价值形态和实物形态的矛盾不能得到解决。举例说：计划要把增产的 100 亿财富中拿出 80% 去作扩大重工业之用，即是说需要的主要是生产资料，但是增产的物资中 80% 却是农产品和轻工业品。因此如果不能通过对外贸易或别的途径来补救，那么执行这样的计划就会引起生产资料的紧张和消费资料的积压。

在这里，我并不想建议一个社会主义政治经济学的完整体系。我在这里只是想证明"价值这个概念"不论在社会主义政治经济学甚至是共产主义政治经济学的任何一篇中也是少不了的。少了它是不成其为政治经济学，且也不成其为经济的。

我在这里没有提起有计划按比例规律，理由正同没有专设"价值规律"一章是一样的。如果社会主义政治经济学从头至尾都贯穿着"价值这个概念"，那么同样也应该从头至尾贯穿着计划和比例的问题。在社会主义政治经济学论生产过程的第一篇第一章分析价值的时候，就已经表明"所能遗留在社会主义社会"的价值概念，已经不是迂回地通过市场的无政府活动形成的那个价值，而是根据计算预先大体知道的，就是说，这已是计划价值。其余在论流通过程，尤其是最后讲国民经济平衡的时候，就完全是讲计划和比例了。

至于社会主义经济和资本主义经济的基本区别，包括有无计划这一点在内，我觉得应当在最初的导言中加以论述。

（写于 1959 年 8 月 2 日，原载《经济研究》1959 年第 9 期）

对社会主义政治经济学中若干理论问题的感想*(节选)

我讲话的题目叫作"对社会主义政治经济学中若干理论问题的感想",在讲这一题目以前,先有几句说明。一个多月以前,我在上海就这个题目讲过一遍,也是临时促成的。上海学术界很活跃,百家争鸣也贯彻得比较好。我在上海参加了他们的一些活动,在参加会议过程中引起一些感想。经济学界要我讲话,我就谈谈社会主义政治经济学若干问题的感想吧!什么叫社会主义政治经济学?我没有系统研究,只是一些感想。我讲8个题目。

一、从恩格斯的一句话谈起和现在人们对这句话的评价。

二、费用和效用能不能分开?经济核算和经济效果是两回事还是一回事?

三、社会主义产品的二重性。

四、社会主义社会的活劳动要不要比较效果?物化劳动要不要比较效果?也就是说,社会主义经济学要不要研究投资效果问题?

五、不同生产部门之间的经济效果好不好比较?或者说,社会主义社会有没有"生产价格"?

六、什么是计划经济?

七、财政经济管理体制问题在社会主义政治经济学中的地位。我们讲的财政经济管理体制,主要是计划体制、物资管理体制、物资供应体制这三大管理体制。

---

* 本文是1961年10月21—22日在南京经济学会议上的讲话记录稿。

八、社会主义政治经济学如何研究社会主义生产关系。

一 从恩格斯的一句话谈起和现在人们对这句话的评价

在1843年发表了第一篇马克思主义经济学文章，即恩格斯写的《政治经济学批判大纲》。他在这篇文章中讲了这样一句话："价值是生产费用对效用的关系。价值首先是用来解决某种物品是否应该生产的问题，即这种物品的效用是否能抵偿生产费用的问题。只有在这个问题解决之后才谈得上运用价值来进行交换的问题。如果两种物品的生产费用相等，那末效用就是确定它们的比较价值的决定性因素。"① 恩格斯又说：在私有制消灭之后，"价值这个概念实际上就会愈来愈只用于解决生产的问题，而这也是它真正的活动范围"。② 这句话的意思很明白，价值就是生产费用对效用的关系。从这一观点出发，恩格斯认为价值这一范畴首先是用来决定某一物品该不该生产的客观标准，就是说这个产品生产出来以后它的效用能不能抵偿这个产品生产过程所消耗的费用。只有在这个问题解决之后，价值这个范畴才用于交换。因此，价值这个范畴首先用于生产领域，然后才用于商品的交换。恩格斯进一步说到私有制消灭之后，就是我们今天，价值这个范畴越来越用于生产。也就是说，它不是交换价值，而是价值的实体。

从斯大林《苏联社会主义经济问题》这本书出来后，大家都注意研究价值规律问题了。在我国，特别自郑州会议以后，研究等价交换问题、价值规律问题成为时髦的问题了。可是现在大家提的价值，是指在流通交换中的价值，而不是恩格斯说的首先是用于生产领域中的价值。恩格斯说，在私有制消灭之后，价值这个概念，实际上是越来越用于解决生产的问题，而这也正是价值真正的活动

---

① 《马克思恩格斯全集》第1卷，人民出版社1956年版，第605页。
② 同上。

范围。这说明价值活动的真正范围是生产范围,而不是流通交换的范围。可是我们经济学界注意的还是流通范围内的价值概念。

对于恩格斯的这句话,国内外的理论界一直有个不公道的看法。认为恩格斯写这篇文章的时候,只有 23 岁,还不够成熟,他说的这句话是不科学的。苏联编的《马克思恩格斯全集》,对恩格斯的这篇文章有个注解,说那时恩格斯还没有脱离道德观念,人道主义。1961 年 6 月 19 日《光明日报》"经济学"副刊上,刊登了一篇介绍恩格斯这篇文章的文章,作者是石再。我对石再同志这篇文章有些不同看法。石再同志说:"当时马克思主义还没有最终建成,所以其中一些观点和后来马克思主义政治经济学观点有些距离,因此恩格斯曾经在 1871 年拒绝李卜克内西把它重新出版。"石再同志又说:"这时科学的劳动价值论没有建立起来,恩格斯认为价值是生产费用对效用的关系,竞争使得价格脱离价值而波动,因而就不可能有基于道德准则的交换。后来恩格斯抛弃了这一观点,与马克思一道创立了严正的科学价值学说。"

其实相反,马克思很称赞恩格斯的这篇文章——《政治经济学批判大纲》,认为这篇文章是对政治经济学范畴批判的天才的提纲。恩格斯对过去的政治经济学范畴是一个一个来批判的,他首先从私有财产讲起,第一个范畴是讲价值,他批判了李嘉图和萨伊。从重商主义到古典经济学,到庸俗经济学,对价值这个范畴一直争论不清。他们都把自己的学说看成是最人道的。恩格斯说,在私有制度下,人道这个问题是没有客观标准的。商业比中世纪的强权,即公开的拦路行劫要人道些了,但是,重商主义主张便宜的买进,贵的卖出,主张不等价交换,主张黄金只能进来不能出去,黄金是唯一的财富。这些实际上也是不道德的。亚当·斯密标榜自由主义经济学,反对保护关税,主张自由贸易。他认为自己的自由主义的政治经济学才是道德的。恩格斯挖苦他们说:你们是半斤八两。你们一个是旧教的坦率(就是便宜买进,贵的卖出,黄金只能进不能出,黄金是财富的一切),亚当·斯密无非是以新教的伪善代替旧教的坦率。实际上，私有财产不废除，就没有什么道德标准。恩格斯指出："只有超出这两种学说的对立，批判这两种学说的共同前提，并从纯粹人类的一般基础出发来看问题，才能够给这两种学说指出它们的真正的地位。"① 在私有制社会，道德标准是相对的，唯一的客观标准就是竞争。大概就在这里，人们给恩格斯戴上了人道主义或者道德观念的帽子。

石再同志认为，恩格斯的这篇文章之所以不科学，就是由于恩格斯说"价值是生产费用和效用的关系"这句话。假如就是因为这句话，那么，我认为这种批评是不公道的。我的理由就用恩格斯自己的话来论证。恩格斯这篇文章是在1843—1844年写的（当时他23岁），到1878年（即34—35年以后），他出版了《反杜林论》，1885年出第2版，1894年出了第3版，1895年恩格斯逝世了。恩格斯在逝世的前一年亲自再版了《反杜林论》这本书，总不会有人说这本书是不成熟的了。恩格斯在这本书里有一段文章，并为这段文章作了注解（关于本文我在下面再讲）。注解说：在制订生产计划时，上述的对有用效果和劳动花费的衡量，正是政治经济学的价值概念在共产主义社会中所能余留的全部东西。恩格斯这里的意思是说：价值概念所包括的内容，别的东西随着商品经济的消亡而丢掉了，可是这一点直到共产主义还保留下来：即对有用效果与劳动花费的衡量。恩格斯在1844年的文章中讲的是生产费用与效用的关系，在《反杜林论》中是讲对有用效果和劳动花费的衡量。恩格斯接着说：这点我在1844年时已经说过了。可是，读者可以看到，这一见解的科学论证只是由于马克思的《资本论》方才成为可能。恩格斯在这一注解中特别提出他在1844年讲的这一观点，说明这一观点非但没有错而且是重要的。石再同志跟着人家的说法，给恩格斯戴了道德论、人道主义的帽子，说恩格斯当时的思想还没有科学化，后来放弃了这一论点。这是不对的。恩格斯

---

① 《马克思恩格斯全集》第1卷，人民出版社1956年版，第599页。

并没有放弃这一论点。

我在上海讲到这里，有人认为我是标新立异，是以恩格斯的左手打恩格斯的右手，以一个小小注解来推翻马克思恩格斯关于价值学说的全部。他们说，马克思恩格斯价值学说认为价值是社会必要劳动量决定的，到共产主义就不要价值了。恩格斯只是在那未成熟时代的文章中，只是在注解中才说仍然保留着价值。

我先来说说以恩格斯的左手打恩格斯的右手这一问题。恩格斯的注解的确与本文相"矛盾"。恩格斯在本文中说：一旦社会占有生产资料，并以直接社会化的形式把它们应用于生产之时，每一单独个人的劳动，无论其特殊用途是如何的不同，总是一开始就成为直接的社会劳动。所以在上述前提下，社会就不需要再使产品带上什么价值了。在商品经济社会，在私有制社会，价值是无法计算的，价值只有通过产品与产品的交换比较出来。一个产品的价值要在另一个产品上表现出来，正如在化学与物理中，科学还无法直接测量物质的绝对重量，只有通过比重来表示一样。到了社会主义社会，在计划生产的条件下，直接的活劳动与间接的物化劳动都可以计算了，就不需要用这个商品与那个商品来比较出价值了（这里是指交换价值）。但是，在这个场合上，社会也应当知道某种产品的生产需要多少劳动，才能制订自己的生产计划。因而还要测定产品的社会必要劳动量，产品的社会必要劳动量与它的效用还要比较，各种产品的有用效果还要相互比较。当然，这很简单了，比商品交换简单了，再不要通过价格迂回曲折地、通过千万次商品的交换来确定产品的价值了。

到底是我以恩格斯的左手来打恩格斯的右手呢，还是我们现在许多经济学家对恩格斯在两种场合下讲的"价值"没有分清呢？一是讲交换价值，一个是讲随着商品经济消亡而遗留下来的，回到生产领域中起作用的价值。如果这都没有分清，那么对马克思在《资本论》中所讲的他与古典经济学的分界不在劳动价值学说，而在价值形态，就难理解了。在《资本论》中也有很大一个注解，马克思说古典经济学家可以讲劳动价值学说，可是分析到价值形态就分析不下去了。这价值形态正是私有制形成的。在私有制社会中，是私有制决定了每一产品的价值要迂回曲折地通过另一个产品来表现。为什么亚当·斯密不能分析下去呢？正是因为他不能说明私有制决定商品的交换，他是私有制的代言人。而我们许多经济学家把价值实体同价值形态也分不清。恩格斯、马克思说到将来不要价值，这是讲的交换价值、市场价值、价值形态，可是马克思、恩格斯从1844年讲到1894年，从最初讲到最后，讲的是费用与效用的比较，而我们却把这个"价值"忘记了。

二　费用和效用能不能分开？经济核算和经济效果是两回事，还是一回事？

我们的生产，算了费用，是否还要讲效用？离开效用谈价值行不行？大家都知道，价值是由社会必要劳动量决定的。那么，什么叫"社会必要劳动量"？什么叫"必要"？离开了效用，哪里还有什么"必要"？社会必要劳动量是对一定的效用一定的使用价值说的，离开了一定的使用价值（一定的效用），就没有所谓"必要"，有人说我是讲效用论，是中国的马歇尔（马歇尔是英国庸俗政治经济学派代表）。庸俗经济学派的"边际效用论"的确要不得，但是我们不要因为批判了"边际效用论"，一提到"效用"就害怕起来。

恩格斯在《政治经济学批判大纲》这篇文章中说：价值是生产费用对效用的关系，这说明费用与效用是不能分开的。恩格斯的这句话是在批判英国古典经济学派李嘉图、麦克库洛赫和法国的庸俗经济学派萨伊的场合讲的。关于价值的本质，这两个学派进行了长期的争论。英国古典经济学派认为生产费用决定价值，法国庸俗经济学派认为效用决定价值，即使用价值决定价值。但是，争来争去，争到最后，他们都从对立的一面转化为对立的另一面。结果什么问题也没有解决。英国人（李嘉图等）主张物品的价值是由生产费用决定的。恩格斯说：如果是费用决定价值，那不是生产水平最低、费用最多，价值就变成最高了吗？李嘉图就说：那还了得，谁叫你搞那么多的无用劳动呢？无用劳动是没有结果的，是没有效用的呀！恩格斯说：那么效用论不就来了吗？谁决定有用劳动无用劳动呢？出卖！一说到"出卖"，那不是商业竞争又来了吗？私有制也来了吗？……几个问题一同，李嘉图就把效用论抬出来了，走到自己的对立面去了。恩格斯也驳斥了萨伊。萨伊主张物品的价值是由效用决定的。恩格斯说：如果是效用决定价值，那不是生活必需品的价值比奢侈品的价值更大吗？萨伊说：那怎么行啊？奢侈品的价值怎么能比生活必需品的价值低呢？金刚钻、黄金怎么能比小麦便宜呢？金刚钻和黄金怎么能够低于其生产费用出卖呢？恩格斯说：你不是又跑到"费用决定价值"那一头去了吗？他们两个的争论，最后就这样不了了之了。恩格斯说："让我们设法来澄清这种混乱状态吧。物品价值包含两个要素，争论的双方都硬要把这两个要素分开，但是正如我们所看到的，双方都毫无结果。价值是生产费用对效用的关系。价值首先是用来解决某种物品是否应该生产的问题，即这种物品的效用是否能抵偿生产费用的问题。只有在这个问题解决之后才谈得上运用价值来进行交换的问题。如果两种物品的生产费用相等，那末效用就是确定它们的比较价值的决定性因素。"① 恩格斯不仅反对英国古典经济学家李嘉图的观点，而且也反对庸俗经济学家萨伊的观点。怎么能说恩格斯的这个观点同马克思的劳动价值学说（价值由社会必要劳动时间决定）不同呢？恩格斯在这里强调了劳动二重性、商品二重性。离开二重性来讲社会必要劳动时间决定价值的量，这叫作形而上学。

最近，北京经济学家提出研究经济效果问题。我很赞成。前三年，在生产中，只追求数量，不计工本，不讲费用，不讲效果，质

---

① 《马克思恩格斯全集》第 1 卷，人民出版社 1956 年版，第 605 页。

量太低。有人说：一双鞋抵不了一双鞋穿，一块肥皂抵不了一块肥皂用，一个马达抵不了一个马达用。这就要提高产品的质。那么，如何提高质呢？如何使一双鞋抵一双以至抵两双鞋穿呢？经济学家要研究这个问题，要研究经济效果问题。当然，鞋子的物理性能、化学性能，这不是经济学家研究的，而是工程师研究的。经济学家是要研究从改善劳动组织、改善生产关系的角度来增加鞋的产量和质量，是要研究怎样使得一双鞋的费用不是高于两双鞋，而是低于两双鞋，我出一个题目：如果现在百货公司有一种新发明的鞋子，耐穿，一双能抵两双，但价钱两倍于一双，你们考虑要不要买？我想可能有一部分人愿意买，也有一部分人不愿意买。他宁可穿两双新鞋子。又如有一双鞋能抵两双穿，而它的价钱两倍半于一双，那么我想一定百分之百的人不去买。因此，经济学家首先应该把效用和费用联系起来看，并且不是从改善技术上，而是从生产关系的角度来看费用与效用的关系，研究怎么样既增加鞋子的效用又减少鞋子的费用。

我们反对算账派。算账派只算死账，不算活账。认为费用越小越好，不注意产品的规格、品质。这是要批判的。我们不仅要讲速度，而且要讲产品品质，这才是多快好省。多是量，快是速度，好是质，省是成本低。"多快好省"的口号就是要把费用和效用联系起来。过去算死账的人，正是把费用与效用分离开来，只注意"省"，而不注意"多快好"。最近大家注意质了，可是又出现另一问题，就是不计盈亏，不计工本，单求质。过去只讲产量层层加码，现在品质标准加码，成本也随之层层加码。这就是离开费用，片面地追求质，它仍然不能达到多快好省。

经济学家对很多范畴、概念弄不清，几十年来也没有清理一下。他们认为社会必要劳动可以离开使用价值来谈；费用和效用可以分离开来谈；经济核算和经济效果可以分开来研究，似乎经济核算尽是讲费用的节约，经济效果则尽是讲使用价值的量与质。这些问题弄不清，其危害不轻。在实际中已经有了后果了。

我认为，在研究社会主义政治经济学问题时，应该把恩格斯关于"价值是费用和效用的关系"的价值理论贯穿在全书内。因为在私有制消灭之后，恩格斯的"价值是费用和效用的关系"，更要回到生产领域中去起作用了。有人说：这不是政治挂帅，不是总路线挂帅，而是技术经济挂帅，至少是部门经济学的问题。我说，费用与效用的关系，就是以最少的劳动消耗（活劳动与物化劳动的消耗）取得最大的效果，这不是政治挂帅吗？什么是社会主义建设总路线？总路线就是鼓足干劲，力争上游，多快好省，其目的是要达到"多快好省"。那么，离开了以最少的活劳动和物化劳动的消耗来取得最大的效果，怎么能达到多快好省呢？如果说政治是经济的集中表现，那么我们鼓足干劲增加效果就不是政治挂帅吗？我认为社会主义建设总路线就是费用和效用的统一，就是以最少的费用取得最大的效果。列宁说过，社会主义之所以能够战胜资本主义，归根结底是由于社会主义创造了比资本主义更高的劳动生产率。什么叫很高的劳动生产率？就是劳动者在单位劳动时间内取得更多的使用价值量或实物量。这也就是恩格斯讲的价值范畴。在一个单位产品中价值量越少越好，费用越少越好，效用越大越好，也就是劳动生产率越高越好。所以，劳动生产率与价值是一件事的两面，是从两个角度来解释。总而言之，到了社会主义社会，价值范畴就是用来比较效果的（包括活劳动与物化劳动）。恩格斯讲的生产领域内保留下来的价值规律同商品价值规律的差别也就在这里。如果说我对总路线的精神解释得不正确，我再引一段毛主席在《抗日时期的经济问题和财政问题》中的一段话，他说："一个工厂内，行政工作、党支部工作与职工会工作，必须统一于共同目标之下，这个共同目标，就是以尽可能节省的成本（工具、原料及其他开支），制造尽可能多与尽可能好的产品，并在尽可能快与尽可能有利的条件下推销出去。"[①] 这个成本少、产品好、推销快是

[①] 《毛泽东论财政》，财政出版社1958年版，第24页。

党政工三位一体的共同任务。他又说："有了严格的核算制度之后，才能彻底考查一个企业的经营是否是有利的。"① 毛主席的这段话，也说明了价值范畴在生产领域中的作用。

三 社会主义产品的二重性和劳动的二重性

几十年来，许多经济学者认为，商品的两重性和产品的两重性，是资本主义的产物；到了社会主义社会，商品变成了产品之后，它就不再有二重性了，从而生产这种产品的劳动也不再有二重性了。就是说，到社会主义社会只存在单一的全民所有制之后，产品就只有使用价值而没有价值，从而劳动也只有具体劳动而没有抽象劳动了。因此我想说一说，社会主义社会变成单一的全民所有制之后，产品是不是没有价值和使用价值的二重性；劳动是不是也没有抽象劳动和具体劳动的二重性？这个问题好像有点学究气。但是我觉得社会主义政治经济学的一连串问题以及我们社会主义建设中一连串实践问题的分歧都是从此开始的。

我对于反对二重性的一性论，深恶痛绝。社会只有具体劳动而没有抽象劳动，或没有具体劳动而只有抽象劳动。这是不可想象的。一离开了抽象劳动怎能谈具体劳动？离开了具体劳动又怎能谈抽象劳动？几十年来，经济学家认为社会主义社会没有抽象劳动，只有具体劳动。这似乎是天经地义的。打个比方说：这就是没有人的概念，只有张三李四的概念。连最概括的概念都没有了，劳动一般都没有了，我们倒退到哪里去了。这在哲学上看来，是不能想象的。可是几十年来竟为哲学家所批准或默认。

为什么要讲抽象劳动的范畴呢？否定抽象劳动，怎样搞社会主义竞赛？开展竞赛，就要有共性。既然没有劳动一般，劳动不可比，就不好搞竞赛。社会主义经济最大的问题，就是只讲费用不讲

---

① 《毛泽东论财政》，财政出版社 1958 年版，第 23 页。

效果，或只讲效果不讲费用。产生这个问题的罪魁祸首，挖其思想根源，就是我们的经济学家否定抽象劳动，否定劳动一般，否定劳动的可比性，认为只有活劳动有可比性，物化劳动不可比，因而不计工本，不计盈亏，便成为天经地义的。抽象劳动与具体劳动，费用与效用，这两样是形影不离的，现在分开了，怎么好比呢？思想的根源就在这里。

马克思在《〈政治经济学批判〉导言》中说：亚当·斯密（资产阶级古典政治经济学派的老祖宗）的伟大成就表现在：他否定了创造财富的活动的一切规定性，在他那里，简单地就是劳动，既不是工业的劳动，又不是商业的劳动，也不是农业的劳动，而既是这一种劳动又是那一种劳动。他把劳动的具体性抽象掉了。亚当·斯密提出了劳动一般。随着创造财富活动的抽象一般性，同时也提出了被规定为财富的物品（或对象物）的一般性，就是商品的一般，物品的一般。这个过渡，使亚当·斯密向前走了一步，这一步是多么伟大。但是，亚当·斯密对抽象劳动是承认得不彻底的。他提出了劳动一般，商品一般，即提出了抽象劳动，这是亚当·斯密莫大的贡献。但这一步却是非常艰巨的。亚当·斯密在发挥他的经济理论时，讲讲就把这个东西忘掉了，走到重农学派的老路上去了。讲到农业劳动时就忘掉了劳动一般，所以，马克思说：承认劳动一般是不简单啊！"劳动一般"这个概念，好像老早就存在着的，但是，真正承认劳动一般，没有商品经济的发展，没有交换已经成了可能的生产关系，就不可能有这样的认识。劳动一般本身是社会生产关系发展的产物。马克思说：真正的劳动一般，在美国才是真正的典型，才能产生这样的范畴。现代资本主义经济最繁荣的英国还不怎么样，在那个地方，劳动的转移还是偶然性的，在俄国也不能产生这样的范畴。亚当·斯密生长在当时的英国，所以他承认劳动一般还不彻底，弄来弄去就回到具体劳动上去了。对马克思的这段话，我的感想是：我们的社会主义经济学把资本主义生产关系丢掉了，把资本主义生产关系中的范畴丢掉了，可是，把抽象劳动也丢掉了，认为社会主义社会没有抽象劳动。我们社会主义的生产更一般化，劳动的社会性更明显，虽然是更有组织、更直接了、更自觉了，难道劳动一般就不存在了？不要了吗？劳动的可比性就不要了吗？不要了怎么讲经济，怎么讲效果？马克思认为抽象劳动不是脑子的产物，而是社会发展到一定水平的结果。我们社会主义经济学却要否定抽象劳动，以表示和资本主义划清界限。我看这不是前进，而是倒退。承认不承认抽象劳动，这不是概念之争。这个范畴不清楚，遗毒不消，就要退到亚当·斯密之前，回到重农学派去。

四 社会主义社会的活劳动要不要比较效果？物化劳动要不要比较效果？也就是说，社会主义经济学要不要研究投资效果问题？

活劳动是可比的，是要比较的。这样提法已没有人反对，因为要搞劳动竞赛，可是，物化劳动（就是资金、设备、原料等不同使用价值）要不要比较效果？也就是说，社会主义经济建设要不要讲投资效果？这还是个问题。几十年来，社会主义经济学家有一个传统的观念，认为计算投资效果是资本主义经济学，社会主义经济学不要算投资效果。因此，在社会主义经济中，也就不要计算资金利润率了。这是个现实问题。在实际工作中，特别是在领导经济工作的同志中间，曾经对这个问题有过讨论。很多同志认为，我们要考虑国家投资投到哪里去，怎么能不算投资效果呢？我们要定重工业产品价格、轻工业产品价格（我们的价格不是市场自发的，而是国家定的），如不计算效果，那又怎么定呢？这就发生了具体问题：要不要计算资金利润呢？有人说计算资金利润就是资本主义思想。他们认为，像我们用大量资金建成的鞍山炼钢企业，在进行经济核算时，那笔巨大的投资，可以不要算利润，只要算已经转移到产品中去的那点成本就行了。如果这样，当然鞍钢公司的成本最小，不要说是小土群，就是你们南京附近的马鞍山的钢铁公司的炼钢成本也不能和它比。不仅设备比不了，就是煤矿等各方面的条件都比不了。它们虽然同样是钢铁公司，但是它们的投资、设备不同。

鞍钢的效果所以比马鞍山高，比小土群、小洋群高，很难说是由于活劳动的效果比其他各地炼钢工人的效果高；可能高，也可能低，或者差不多，主要的是因为鞍钢的设备、装备比其他炼钢企业好。它的设备为什么这么好呢，是我们全国增产节约，积累资金，搞了许多粮食、布匹、其他土特产品，去与其他国家换来的先进的炼钢设备。建设鞍钢的时候，投入了大量的资金。它用了那么多资金，怎么能不要为国家创造利润呢？只计算成本利润，不计算资金利润，这怎么行呢？人家说：算资金利润就是资产阶级思想，资产阶级投1元钱就要算1元钱的利润。这是一顶帽子。我还他一顶帽子。我说：你连劳动创造世界都忘了。物，都是过去的活劳动创造的，是工人、农民用落后的生产工具，花了许多活劳动创造的物化劳动——轻工业品和粮食，才换来了许多物化劳动——机器设备，叫作资金，请问，我们怎么能不计算资金利润呢？

五 不同生产部门之间的经济效果好不好比较？或者说，社会主义社会有没有"生产价格"？

前面讲劳动二重性时，是讲活劳动好不好比；讲投资效果时，是讲物化劳动好不好比。现在，我讲"生产价格"问题，是不同生产部门之间的经济效果好不好比的问题。

理论家认为"生产价格"是各个生产部门的资本家竞争、争夺高额利润的结果。我们没有竞争，因此，没有生产价格。这个"因此"，"因此"得太快了。当然，那样的"生产价格"，通过市场的自由竞争，为了追逐利润而转移资金，这是资本主义经营思想。社会主义经济与它不同，我们是有计划的投资。但是，有计划投资也应该算账，也要算算费用与效用。

有人说，我们不应该算账。有一种假象：好像社会主义计划经济是决定了要办就办，蚀本也要办，可以不计工本。因此，我们不要计算效果，那里投资多少，不是决定于利润。不同部门之间不好比较效果。

我在上海一个纺纱厂调查，和他们座谈，他们认为纺织厂不仅不能和冶金工业比，就是同别的纺织工厂也不能比。因为各厂的设备不同，有的设备新，有的设备老，有的英国造，有的美国造，有的中国造。同时各厂的任务也不同，有的任务多，有的任务少；有许多生产任务本身就决定了利润的高低。他们从这些表面现象上认为，这一切决定了不仅纺织工业和冶金工业的效果不能比，就是这个纺织厂与那个纺织厂也不能比。是的，由于几十年来否定了抽象劳动，这种比是不可能的。但是既然世界是劳动创造的，作为劳动一般，为什么不同部门的劳动不能比？鞍钢那么大的设备是劳动创造的，最落后的手工纺纱织布也是劳动创造的，为什么不能比呢？我主张不同部门之间的物化劳动是可比的；一切投资还原到劳动一般，就可以比。

再说，计划工作要不要计算投资效果的账呢？如水利建设，到底先建设10年见效的水利建设？还是先建设5年见效的或当年见效的水利建设？还有大、中、小配套？建设重点放在哪里？中央指示我们要着重当年见效的。因为我们资金没有那么多。10年见效是长远利益打算，总的来讲目前利益要服从长远利益，但一切都10年以后见效，如何"多快好省"呢？"多快好省"还有时间因素。

我们计委对投资投到哪里，是不能不计算投资效果的。经济效果就是节约劳动，一切节约就是劳动的节约。比如，国家规定了某种生产任务，完成任务的方法有两种：一种方法是多投物化劳动，少投活劳动；另一种方法是多投活劳动，少投物化劳动。多投物化劳动，就是多搞设备；多投活劳动，就是多投人力。搞"小土群",就是多用人力。究竟哪种办法好呢?这就要算大账,也就是要讲究经济效果。并不是愈小愈好,愈土愈好,事实上小土群是要不断提高的。几年前,劳动的潜力很大,还有空闲的劳动力。但自"大跃进"以后,就业问题解决了,而且出现了许多新的生产部门,劳动力就紧张了,大家都与农业、与粮食争劳动力,结果把农业上的劳动力抽出来大搞"小土群"。这个问题就是不算账。把劳动力抽出来搞"小土群",而让粮食烂在地里是否合算?还是去搞"小土群"合算?要调动粮食生产岗位上的劳动力来大炼钢铁,哪怕这是为了制造拖拉机、农具,但也应计算计算效率,哪个高?在这种情况下,归结一句,就是要算算怎样最节约劳动。

比如,现在有100万吨钢,用来制造设备,改进生产工具,提高劳动生产率。那么,这100万吨钢怎样分配呢?这就要算账:假如100万吨或50万吨钢用于农业上,可节约劳动多少,投到工业上,可节约劳动多少,提高效率多少;在工业中,用在这一项目能提高多少劳动效率,用到那一项目能提高多少劳动效率。劳动生产率增长的相对速度,各行各业都是可比的,节约的活劳动是可比的。这样可比,却不叫"生产价格"吗?我不争名称,如不要"生产价格",也可以叫作"投资效用核算价格",反正就是不仅同一部门内部要比较效果,而且不同部门之间也要比较效果。我看,要同资本主义经济范畴划清界限,不在于这许多地方。如一定要划清,我看能不能叫作"广义价值"和"狭义价值",叫作"广义生产价格"和"狭义生产价格"呢?

六 什么是计划经济?

计划经济,我们已经搞了12年,苏联已经搞了40多年,现在还提出"什么是计划经济"这个问题,好像是小题大做了。其实,什么是社会主义,还有很多问题没有搞清楚,如什么是社会主义经济,什么是按劳分配,什么叫有计划按比例,什么叫基本规律,许多教科书写了不少规律，然而还是各有各的说法，还没有共同语言。几十年来，从理论到实践，许多人把计划经济看成是自然经济——计划经济等于自然经济；又有人把计划经济看成是商品经济——计划经济等于商品经济。

为要说明这些问题，看来，必须把价值范畴弄清楚，把价值实体同交换价值、价值形态分清楚。对于社会主义社会的商品二重性、产品二重性、劳动二重性这些问题，不能小看它，不能认为与实际工作无关、与自己无关，由理论家去研究吧。我要向大家呼吁一下，不仅理论工作者，而且实际工作者也要重视它。对计划经济的不同看法，归根结底是从刚才讲的这些基本经济范畴看法这个分水岭开始的。我们中国经济学界，这 12 年来，对价值规律的讨论比较热闹，但还只是从商品价值规律角度来讨论，除此以外，对产品二重性、劳动二重性没有什么讨论。我们现在对计划经济的看法、做法，在毛主席的思想指导之下，从中国实际出发，已经从新的工作中提出了许多新的问题，已经不是照搬苏联的一套，而是有所不同。但是，我们在许多地方是否已经跳出 40 年来经济学者看法的圈子呢？我认为没有，就是没有跳出自然经济的圈子。

什么是自然经济？我小时在苏联读书时，教员讲了许多遍。他们如何说的呢？关于资本主义部分，和现在教科书上的基本观点相同。对于社会主义部分，他们如何说的呢，这就要先讲到资本主义。他们说，资本主义生产关系是在商品拜物教掩盖之下，人与人的关系是通过物与物的交换发生的。两个独立的生产者通过他们的产品相交换，便发生了关系即生产关系。资本家与工人也一样，他们互不相识，我买你劳动力，你为我做工，这个买卖的结果，劳动力就变成商品。资本家对工人的剥削关系，是通过劳动力的买卖表现出来的。所以它是被物与物的关系掩盖的。资本主义社会只看到物与物的关系，看不到人与人的关系。马克思的伟大贡献，就是把物与物的关系揭开来，把人与人的关系、资本家与工人以及其他各阶级之间的关系，向广大劳动者揭露开来。这就是教员对资本主义政治经济学概括的结论。

那么，社会主义社会如何呢？他们说，社会主义劳动是有计划的，一开头就不是私人劳动，而是社会化的劳动，集体劳动。我们的生产关系是直接的，是不通过物的，因此我们的生产关系是一目了然的。资本主义社会的生产关系实际是社会分工，这个社会分工是通过物来表现的。我们的社会分工，实际上同资本主义社会的技术分工一样。那时老师讲分工有两种，一种是社会分工，一种是技术分工。资本主义企业内部、车间内部的分工，是技术分工最明显的典型。那么，我们社会主义社会中，整个社会分工也就同资本主义企业内部分工一样，简单明了，一目了然。这个话，你说不对？倒也对。我们是社会主义社会，尤其到将来，尤其是全民所有制内部的分工，派你到炼钢厂、纺织厂，或到农村生产，都是有计划的分工，生产什么，生产多少；你供应我什么，我供应你什么，都是统一规定的。这种关系，就同一个车间内不同的工序或同一个企业内不同的车间一样。在将来高度社会化的条件下，行业的改变更容易了，今天派你去按这个电钮，明天派你去按那个电钮。这就叫作技术分工。社会主义社会生产关系就同这种技术分工一样简单明了。那时，老师还说，社会主义社会的生产关系，也像资本主义以前各社会的人与人的关系一样。石器时代，原始部落酋长或部落长，带了百把人早上出去狩猎或捉鱼，回来一起吃掉了。这种分工、协作，也是一目了然的生产关系。后来，到了奴隶社会。虽然有了剥削，但也很明白。奴隶是被剥削者，奴隶主是剥削者。在奴隶主的庄园里，有各种生产，首先有农业，后来有各种手工业（酿酒、做衣、木匠、铁匠），他们是替奴隶主，管家干活的，也很明白，这就叫自然经济，这里没有商品，没有货币，没有劳动二重性，没有社会必要劳动，它的劳动就是个人的。奴隶主庄园里生产的产品，无须计算社会必要劳动量。这个奴隶主与那个奴隶主发生关系，也只是互相赠送礼品而已，无须计算社会必要劳动量。到了封建社会，剥削关系不同了，地主通过地租剥削农民，这也是自然经济，它也无须计算社会必要劳动。老师说，社会主义生产关系就像企业内部的技术分工一样，也像过去资本主义以前各社会内部的分工一样，直接，明确，一目了然。

我想，我们的社会主义是不是自然经济呢？能把我们社会主义经济比作自然经济那么简单吗？对于这个问题，1929年有过争论。当时，很多马克思主义者，认为社会主义社会不要经济学。资本主义生产关系复杂，不通过对商品的解剖是不行的，因为商品不仅是物，而且是生产关系的担当者。社会主义生产关系是统一的调拨，分配，很简单，没有抽象劳动，所以不要经济学。经济学是专门研究商品经济、资本主义生产关系的。这种说法的老祖宗，一位是德国的卢森堡，一位是苏联的布哈林。布哈林认为不要理论政治经济学，不要以一门专门的科学来研究社会主义社会的生产关系。他说：将来如果还要一门科学，那就是叙述性的科学。这个叙述性的科学就是叙述社会主义社会生产力的合理分布，是经济地理学。还加上政策的汇编，政策的解释。就是根据当前生产力的分布，说明国家经济建设的政策应当怎样。有人不同意这种看法，但这是少数，而大多数人则是这样看的。布哈林的这些见解都写在《过渡时期的经济》一书里。列宁看了布哈林这本书，认为这种见解不对。列宁说：到共产主义还要政治经济学，那时第一部类和第二部类的关系，积累和消费的关系，还要政治经济学来研究。1930年，发表了列宁的这个批语。从此，就说要有社会主义政治经济学了。

后来，苏联奥院士主持编了一本社会主义政治经济学，我们看看有了什么样的政治经济学呢？说了半天还是布哈林不要政治经济学的政治经济学。是技术科学，是政策汇编，书中讲了许多机械化、电气化、自动化、化学化，还讲了很多规律，但是规律从什么地方产生的？通过什么客观存在产生这些规律呢？那本书上没有解释清楚。书中还讲了许多工业化、集体化的政策，我说这本书实际上是布哈林的阴魂。它很像布哈林所说的政策汇编加经济地理学。这本书，作为体系来说，还是自然经济学的体系，没有跳出这个圈子。它根据"社会主义生产关系一目了然论",认为社会主义劳动没有两重性,产品没有两重性,没有价值,没有流通,一切都是有计划的统一调拨,等等。

斯大林总结了几十年的经济建设经验,写了《苏联社会主义经济问题》。这本书最大的贡献是提出社会主义经济有客观规律,要好好研究客观规律,人们只有掌握了客观规律,才能从必然王国走向自由王国。斯大林这本书的贡献还在于提出要研究价值规律及其他规律。就在此以后,商品、价值、价格、成本、利润、经济核算等问题的研究,在经济学家中流行起来了。过去人们受自然经济论的影响,认为这些范畴是暂时存在的,现在觉得这些范畴要好好研究,便将一切都和商品挂上了钩,和不同的所有制挂上了钩,就从这一极端偏到了另一极端。这几年来,大家都这样说:社会主义社会存在两种不同的所有制,于是就有商品;有了商品,也就有价值规律,也就有货币、价格、成本、利润、经济核算这些范畴。但是,到了共产主义社会,商品消灭了,价值规律等也都不要了。对经济规律的认识,都是从商品说起的,都把它看成是商品价值规律。《中华人民共和国日报》10月20日有汪旭庄同志一篇文章,题目是:《怎样认识和利用价值规律的作用》。这篇文章很扼要地概括了十多年来中国和外国对价值规律的看法,都是典型的传统性的看法。我是这种看法的对立面。那篇文章有几个小题目,第一个小题目是"价值规律是商品生产的客观规律",第二个小题目,"在社会主义制度下价值规律仍然发生作用"。为什么呢?文中说:"社会主义的经济制度,包括全民所有制和集体所有制两种经济形式。集体所有制和全民所有制不同,其生产资料和产品是农民集体所有的财产,只能由他们自己来支配,而不能由国家直接加以调度。他们只愿以商品的形式把自己的农产品转让出来,愿意以这种商品换得他们在生产上和生活上所需要的工业品。"一句话,就是因为存在两种公有制形式,所以要有商品交换。我完全同意这些看法,列宁早说过,农民能够接受的是商品交换,不是产品交换。毛主席在人民公社化初期就提出反对无偿调拨，对农民不能剥夺。这是不能动摇的马列主义原则。那么全民所有制内为什么存在商品、价值规律呢？文中说："在全民所有制内部的各个企业之间，亦有必要保持商品关系，以便在国家的统一领导下发挥各个企业的经营积极性与责任心，促使他们关心生产成果与劳动消耗，厉行经济核算，提高经济效果。"这就是说，全民所有制的商品尾巴还没有割掉，还有商品。全民所有制还要价值规律，因为还有商品。

该文第三个小题目是"价值规律在生产领域中的作用"。其中写道："价值规律对生产的作用，首先是国家可以利用价值规律作为实行经济核算的有效工具。"这是说，没有价值规律，就不可能经济核算。要经济核算就要利用价值规律。文章中还说："既然现阶段工农业生产品基本上还是作为商品来生产的，为商品生产所固有的价值规律就不会没有它的作用余地。""价值规律在这里实际上起着保证贯彻国家计划的重要杠杆作用。""为了保证农业生产计划的实现，国家除采取一系列的政治工作、经济工作以及各种技术措施外，还必须正确运用价值规律，适当规定农产品价格水平以及比价、差价等，以刺激某种生产或限制某种生产，使农业内部发展的比例与国家计划的要求基本相适应。"这就是说，通过价格、比价来刺激生产，这是价格在生产中的作用。

下面一个小题目是"价值规律在商品流通领域中的作用"。那就更不用说了。在生产领域中价值规律还起保证、杠杆作用，还要靠它来影响生产呢，更何况流通领域？

最后一个小题目是"价值规律在分配领域中的作用"。说："价格决不是如有的人们设想那样，只不过一种简单的'符号'，而是具有重大的政治经济意义的问题。""在社会主义条件下，价值规律的作用完全有可能被我们所认识、估计并自觉地利用它作为加强计划管理的驯服工具，为发展社会主义经济服务。如果把价值规律看成是资本主义的范畴，或者把价值规律和计划经济摆在水火不相容的地位，而不加以利用，这是不正确的。"

介绍这篇文章，很有意义。汪旭庄同志的这篇文章是代表了现在中国和外国最传统或者说是最正统的看法，有代表性。但是，我要提个问题。斯大林在《苏联社会主义经济问题》那本书中说，价值规律不起调节作用、起影响作用（影响，调节是修辞学上的问题），他的意思是：我们的经济是计划决定的，不是价值规律决定的。这个价值规律，就是指通过流通领域中间的价格的掌握，来刺激生产或限制生产的价值规律。可是大家讲价值规律对生产的作用，讲的总是这个价值规律的作用。还不是恩格斯所说的价值范畴回到生产领域中发生的作用。讲来讲去，还是商品价值规律。所以，汪旭庄同志开宗明义讲了价值规律是商品生产的客观规律。

这样，社会主义政治经济学在44年中，走了一个"之"字形，先说社会主义经济和自然经济、技术分工一样，否定刚才讲的一切概念，即商品、价值、价格、利润、成本、经济核算等。回过头来，又说仍要这些范畴，要的就是商品价值规律。似乎全民所有制经济也是商品经济规律决定的了。虽然社会主义经济中除了商品经济规律外，还有有计划按比例规律等，可是保证有计划按比例规律的实现，还要靠商品价值来作重要杠杆哩！那就是社会主义有计划按比例规律要靠价值规律了，而价值规律是要靠商品的。说来说去，最重要的还是商品。这样就把计划经济从自然经济变成了商品经济。

我要提出一个问题：处于计划经济领导地位的全民所有制经济，自己有什么规律？是不是也像两个所有制之间的关系一样，一切要同商品挂钩？两种所有制要发生经济关系，只能靠商品交换，这是对的。那么全民所有制内部为什么也要靠商品交换才能发生关系呢？这不是说全民所有制的内部的经济规律要依靠它的外来的关系即两种所有制间的关系来解释吗？因为他说，商品所以在社会主义社会起作用，是因为两种所有制之间要发生经济关系。而这对全民所有制来说，是外在的影响，不是内在的规律。社会主义社会起领导作用的全民所有制的内部规律，要靠和另一种所有制的相互关系的外在的规律来说明，经济学家创造这种理论逻辑，是因为他对说明全民所有制内在的规律失去了信心。

我看这样不行。这样的价值规律，是商品的价值规律，它的中心问题是通过价格的涨落对生产发生刺激和限制作用。把价值规律解释成商品经济关系，解释成价格和价值的背离，那就只能是物质刺激的规律。我们的生产不能光靠物质刺激。刺激，这是外来的因素，不是内在的动力。经济学家以商品交换规律、以物质刺激规律来说明全民所有制的内在规律，以全民所有制和集体所有制的相互关系来说明全民所有制的内在规律，这在逻辑上是说不通的。到了单一的全民所有制的时候，全民所有制，计划经济的内在规律是什么呢？经济学家怎样回答这个问题？在过去的原始公社，能不能对原始公社的内在关系，以这个公社与那个公社相互交换中的商品关系来说明呢？这显然是不能的。

在我看来，我们社会主义政治经济学，就要在研究社会主义经济的客观过程中，才能分析清楚社会主义经济规律。客观经济过程就是生产、流通、再生产。社会主义经济是高度社会化的经济，它不同于自然经济，因而它除了商品流通以外，还有产品流通；同时，社会主义经济也不同于商品经济，它的生产不是靠商品价值规律、物质刺激规律来"影响"的，而有自己的内在规律。我们只有首先把社会主义经济、计划经济同自然经济、商品经济划分清楚，才能把社会主义经济、计划经济的内在关系分析清楚。过去，很多同志受"自然经济论"的影响，认为社会主义经济没有流通，只有有计划的分配和调拨，企业与企业之间的关系，只是调拨关系，好像用吊车把工作物从这个车床调到那个车床的机械移动一样，这里没有什么经济关系。这种看法是不对的。把社会主义经济看成同自然经济或车间内部分工一样简单，是不能把社会主义经济规律分析清楚的。事实上，社会主义生产是社会化的生产，这种社会化，是超过资本主义的社会化。我国今天的生产，还未赶上资本主义先进国家。但是，即使以今天来说，我们大大小小的独立核算企业，恐怕有十万、几十万。这些企业之间的相互关系怎样呢？过去是强调调拨，资产、资金不固定。这种"吃大锅饭"的办法不好。于是便提倡要经济核算。不仅全民所有制与集体所有制之间要等价交换，全民所有制内部企业之间也要等价交换。为什么要经济核算呢？很多经济学家解释道：因为商品还存在，要靠它来刺激。这就又同商品挂钩了。我说，这种看法，大大不对。核算不是为了这个。共产主义社会还要经济核算，是因为还有两大部类关系，要不断再生产。怎么能够不断再生产呢？设备要不断更新，原材料要不断补偿，工人生活资料要不断提供；设备不更新、原材料不补偿，生产就要停顿，工人得不到生活资料，生产也要停顿。为了实现不断再生产，各个企业就要独立核算。讲核算就要算账，算算物化劳动和活劳动如何补偿。为社会新增加的财富，社会可以调拨，但也要算账。要算算用了多少物化劳动？用了多少活劳动？活劳动中多少是劳动者为自己劳动的？多少是为社会劳动的？要算这个账，那就不能无偿调拨，而要等价交换。不等价交换，账怎么算得清楚？不等价交换，怎么能够知道这个企业搞得好坏？怎么能知道恩格斯所说的产品效用能否抵偿它的费用？要这一切，就要使价格的计算标准和它实际所花的活劳动、物化劳动相符合。这种符合，是社会主义内部规律所要求的，就是恩格斯所说的到共产主义社会还要的那个价值规律所要求的，而不是物质刺激的价值规律通过价格与价值的背离来发生作用。恩格斯所说的价值规律，要求说明产品的效用能否抵偿它的费用，这就一定要通过价格和价值相符合来表现。那么，为要研究产品的价格和价值是否符合，就要承认产品有二重性，劳动有二重性，即它有实物效用一面（使用价值的质和量），也有抽象劳动的一面（社会必要劳动量）。我们要从这两个方面的相互关系中来研究：每一个企业单位，它为国家创造的财富能否抵偿它的费用（过去劳动和现在劳动的费用），在抵偿之后，它能创造多少利润？而且怎样来提高劳动生产率？怎样来节约劳动？如果我们把劳动的双重性、产品的双重性都否定了，而把等价交换、经济核算这一切都同"商品"挂钩，结果就不能从计划经济的内在规律来说明，而是从计划经济中的两个所有制的交界上来说明问题。这就错了。

那么，什么是计划经济？什么是独立经济核算？就是要有价值规律——恩格斯所说的到共产主义社会还留下来的价值规律。这个价值规律的作用，不是通过流通来实现，而是通过价格与价值的符合，通过劳动费用的计算来实现的。这就是我前边所说的广义价值规律。我的这个看法，就是要用广义的价值规律来说明计划经济。全民所有制内部之所以要等价交换，不是为了所有制不同、觉悟不高、要物质刺激，而是为了研究生产过程中物化劳动和活劳动的补偿，以及研究它的积累和消费。

对于什么是计划经济，我是讲一些感想，把问题提出来，和大家研究，并不是作答。

七　财政经济管理体制问题在社会主义政治经济学中的地位

财政经济管理体制，具体说，就是计划体制、物资供应体制和财政体制。不少经济学家认为财政经济管理体制问题不是生产关系问题，因而不是政治经济学研究的问题，有的人认为这个问题是技术性问题。有的经济学家认为它是上层建筑中的法律学问题，现在国外的法律学家在研究企业管理职权问题。我认为，体制问题首先不是法学问题、上层建筑问题，而是生产关系问题，我们先要从政治经济学的研究对象，作为生产关系的角度或生产方式的角度来研究它。规章制度的订立，它本身是反映生产关系的或生产方式的。社会主义计划经济的生产关系，在规章制度和条例上固定下来，就成了体制。所以，体制问题首先是经济学家研究的问题。然后根据经济的客观规律，经济学上的分析，法学家再来订成条例。这个学科，两家要共同研究，但各人角度不同。

现在一般人研究经济管理体制问题，总是强调中央与地方的关系。我认为财政经济管理体制，首先不是中央与地方的体制问题，那是属于国家政体的问题，那是法学家管的问题，是从民主集中制组织原则的角度考虑的问题。从政治经济学上来考虑，所谓管理体制，首先是作为国民经济的细胞，作为独立核算单位的企业的管理体制。这就是，作为一个独立核算企业它应有多大责任，国家才能调动其积极因素，全面地把国家交给它的担子挑起来？为了使企业管理人员，以至全体职工把全部担子挑起来，应该给它多大的职权？首先是明确责任，即各级的责任，作为独立核算企业的责任；然后是交权力。生产什么，生产方向，就是明确责任；然后交给它多少固定资金和流动资金，这是权力。有了责任，有了权力，才能调动积极性。交了责任，就要有权力。要他生产多少，就要给多少资金。

现在实际工作中，往往是给了生产任务，而原材料缺乏，生产不能保证，或只保证一部分。怎样保证原材料的供应呢？是否集中到北京，然后再分下来？这就是物资管理体制问题了。据我了解，1958年以来，企业的流动资金并不是少了，而是多了。可是，怎么又说不够供应呢？问题在于产品的品种规格不对路。为什么产生这种情况呢？这是管理体制的问题。过去，人们把企业与企业之间的关系，企业内部的生产关系，看作和原始公社、奴隶主庄园的自然经济一样简单。以为各地区、各企业可以独立自给，只要统一调拨就行了。事实上，这样庞大复杂的社会经济，样样都要自己搞，都要自给，这是不可能的。同时，只是调拨，而不管企业原材料的补偿，工人生活资料的补偿，这也是不行的。难道这个企业不要不断再生产了吗？现在，为了保证企业再生产的不断进行，中央指出：各大区、各省、各地之间要建立经济协作关系。企业管理体制中重要的一条，就是要固定协作关系。

那么，协作关系固定之后，地区之间、企业之间的协作关系怎样搞法呢？是否可以像自然经济那样呢？不能。应当考虑企业的物化劳动和活劳动的补偿问题。也就是说，这种协作关系，必须是等价交换。那么能否从商品经济的角度来看待这种协作关系呢？更不能。我们不能在这两个极端内绕圈子。我们的协作关系，应该做到管而不死，活而不乱，能够调动各级和各企业的积极性。

对于财政经济管理体制问题，我们需要好好研究。我们做实际工作的同志，在第一个五年计划时期就开始摸索这个问题。我们计划管理的一套体制，是第一个五年计划时期从苏联搬来的。几年来我们从实际出发，虽也有了一些新的经验，但是还在摸索中。我们还要继续学习、研究。现在，关于财经管理体制问题，中央提出要管而不死，活而不乱。究竟怎样做到管而不死，活而不乱呢？许多做实际工作的同志是议论纷纷，莫衷一是。所以，这是个需要研究的问题。

八 社会主义政治经济学如何研究社会主义生产关系

我们讲这个问题是从批判了苏联那本《政治经济学教科书》以后提出的。对于这本政治经济学教材，大家都不满意。有的认为这是政策汇编。有的讲，除了介绍社会主义改造这一部分外，其他就没有生产关系了，因而技术性很大。既然政治经济学是研究生产关系，不是研究技术措施和生产力本身；可是为什么这本书除了社会主义改造以外就没有生产关系了呢？我们应该如何研究社会主义生产关系呢？我提出自己的几点看法。

第一，不承认人民内部的矛盾的学说，就不会深入地研究社会主义内部的生产关系。机械唯物论者和主观唯心论者都把政治经济学研究的生产关系看窄了，除了社会主义改造以外就没有生产关系了，讲生产关系就是讲所有制。当然，社会主义改造、所有制的变革是要讲的。但是如果说，除此以外就没有生产关系的话，那么，当所有制的变革到了底，就是说全社会都变成一个全民所有制以后，社会主义生产关系就不再变化，没有改进的必要，从而社会主义政治经济学也没有必要了。这种观点是不对的。为什么所有制之外就没有生产关系了呢？是不是矛盾仅仅表现在所有制方面呢？所有制到顶后，人民内部就没有矛盾了吗？事实上，还有领导与被领导的矛盾，还有三大差别问题，等等。毛主席提的十大关系，不正是人民内部矛盾吗？这些问题在中国特别在外国都没有考虑到。他们只看到《资本论》中分析的社会化生产和私人占有之间的矛盾，好像生产关系只有社会化生产和私人占有之间的矛盾，当私人占有变为公有之后，生产是社会的了，占有也是社会的占有了，矛盾就没有了。在人们的心目中，生产关系就是所有制，所有制解决了，就没有矛盾了。

把政治经济学的内容，放在物质技术基础上面，是不对的。这是机械唯物主义。但是，我们只从上层建筑、政治学范围提出问题，而不从经济基础、生产关系上来分析这些政治问题，也是不对的。例如，我们讲按劳分配与政治教育相结合，讲"两参一改三结合"，讲党的总路线、一整套"两条腿走路"的方针，等等，都还限于上层建筑、政治学范围内，而没有分析清楚这些问题反映了哪些经济关系。政治是经济的集中表现。政治不建筑在经济基础上面，不建筑在生产关系上面，不建筑在物质生产方面，就是主观主义了。在这里，我们当心不要从这一极端走到另一极端，把生产关系也看窄了。

第二，研究生产关系要联系着研究上层建筑。国家财政体制、企业财政体制、企业管理体制，不仅是上层建筑，而且是生产关系。我们经济学家对规章制度、管理体制研究不够，认为这是技术问题，而不知道这些问题都是反映了经济关系，生产关系的问题。实际上，我们的生产关系，企业与企业、领导与被领导、条条与块块、中央各部与省、直辖市，这一系列关系都是在规章制度中固定下来的。因此，研究社会主义生产关系，就要研究规章制度。

马克思的《资本论》是有血有肉的，它将资本主义社会的整个生产关系，甚至于家庭生活都做了描写分析，所以不是那么干巴巴。我们现在的书就是干巴巴的，要么就是政策汇编，要么就是规律汇编，只是下定义。到底在生产过程、流通过程、再生产过程中反映一个什么样的经济关系呢？没有分析。这个生产关系怎么反映在上层建筑上呢？也没有分析。你如果要详细研究那许多规章制度，人家就要讲：这是把政治经济学技术经济化了。我最近在研究固定资产折旧问题。马克思过去对这个问题的那种写法，如果按我们现代的经济学家的口径，都会说：这么写法是技术经济论，是要用技术经济学来代替生产关系的经济学。在《资本论》里，马克思很具体地分析了固定资产（物化劳动）如何一步一步地转移到产品中去，还列举了英国铁路公司的规章制度，把这些规章制度一条一条地、原原本本地写出来。他写道：车辆运输及机器设备，各种不同构成都是过去物化劳动，其转移的速度、情况、过程都不同，房屋、车厢、铁轨的磨损是一种规律，火车的磨损是一种规律，铁轨的磨损速度与车速成正比例，等等。你说，这不是技术经济是什么呢？实际上，马克思在这里是说明物化劳动如何转移，在说明资本主义的基本矛盾：私人占有与社会化生产的矛盾。他分析资本主义的固定资产、流动资金、固定资金的具体过程，是为了研究资本主义生产关系。我们现在是研究社会主义社会的客观经济规律，是研究生产关系，怎么能不研究这些具体问题呢？而且党中央也提出要研究这些规章制度。这些规章制度，反映了我们社会主义全民所有制的内部矛盾，全民所有制内部矛盾是物质生产中的生产关系问题，是政治经济学要研究的问题。

第三，研究生产关系要联系研究生产力。这里有一个具体问题：经济效果是生产力问题还是生产关系问题？我认为经济效果不仅是生产力问题，而且是生产关系问题。对如何使一双鞋子能抵几双穿或如何使纺纱锭子的转速加一倍，我们不是从化学和机械学的角度来研究，而是从生产关系的角度来研究。我们要研究费用与效用的关系，各企业、各部门之间的关系，条条块块之间的关系，积累与消费的关系，甲乙部类之间的关系，等等。这些就是生产关系！我们把这些关系安排好了，搞好了规章制度、体制，生产力当然会提高。我们研究政治经济学的最后目的就是增长生产力，从这个角度讲，经济效果也是生产力问题。因此，经济效果不仅是生产力的问题而且是生产关系的问题。

第四，劳动组织是生产力问题，更是生产关系问题。我原来的提法是劳动组织不是生产力问题而是生产关系问题。有些同志劝我不要那么死，为了灵活一些，我才改为这样提法。如果称我的心的话，我还是按原来的讲法。有人认为，车间的布局，好像是生产关系问题，但在生产技术改变以后，车间组织、劳动组织改变了，这好像完全是技术问题、生产力问题。我认为，这种看法不对。技术改变以后劳动组织的改变，这是生产关系问题。恩格斯在《反杜林论》中说明生产关系与生产力的关系时，他讲，在军队的技术改变以后，即从刀枪改为火器，步枪改为机枪以后，军队整个队列也就改变了。他把军队的队列作为生产关系，武器作为生产力，以此说明生产力改变后，就会引起生产关系的改变。可见，我们现在把由于生产技术改变引起劳动组织的改变，看成是生产力问题，不是生产关系问题，这是不对的。毛主席讲的"两参一改三结合"是生产关系中三大部分的第二部分即劳动过程中人与人的关系，这是直接生产过程中工厂内部、车间内部、这一部门与那一部门的人与人之间的关系。

党中央一再提的体制问题，也是人与人在生产中的关系，是部门与部门、条条与块块、企业与企业之间的关系。不过，不是讲的车间与车间直接生产过程中的关系，而是（我认为）所有制关系。法学家告诉我们，所有制本身包括所有、占有、使用、分配四权，我国农村人民公社的三级所有制，也提出包括所有权、使用权、分配权和经营管理权。同样每个国营企业，均属全民所有，但属哪一个部管，或属哪一个司管，在调动积极性上就不同。这里有个体制问题。这说明，从私有到公有，从集体公有到全民公有，所有制问题好像解决了，再没有问题了，实际上这才解决了苏联法学家讲的所有制中的一个问题——所有，还有占有、使用、分配问题没有解决，如属于所有制的体制问题就没有解决。此外，在所有制问题解决以后，如何组织管理生产，这也是社会主义生产关系问题。因此，这些问题都是经济学要研究的问题。

第五，社会主义政治经济学怎么研究社会主义生产关系？根据马列主义和毛主席思想的指导，结论是：要通过客观过程的分析来研究生产关系。但表述时要从抽象到具体，从个别到整体，从简单到复杂。就是要用抽象法。要讲概念，要讲范畴，不要概念不清，范畴不清。

最后，我的结论是：政治经济学要研究社会主义生产关系，就要打破自然经济论和商品经济论。这两者是社会主义政治经济学即恩格斯所讲的价值范畴的对立面。我们如果不向这两个对立面开火，社会主义政治经济学的体系就不能建立起来。我的基本观点就是要打破自然经济论和商品经济论，按照恩格斯的价值范畴来研究社会主义政治经济学。自然经济论使我们政治经济学的发展推迟了30年到40年，还停留在卢森堡、布哈林当时的经济学水平上，即自然经济学的水平上。我们党对计划经济的认识，不是自然经济论，毛主席在我国第一个五年计划建设开始时，就从哲学上、从党的领导角度告诉我们：社会主义生产关系不那么简单，要从人民内部矛盾来研究社会主义生产关系。因此，我们要跳出40年来的自然经济的圈子，不要认为我提出的二重性等范畴与实际工作没有关系，事实上，在实际工作中的某些提法就是上了"自然经济论"的当。

我讲的只是一些感想。把感想讲出来，是想同大家一起来研究。

（原载《孙冶方经济文选》，中国时代经济出版社2010年版）

关于等价交换原则和价格政策
（节选）

几年来，特别是 1960 年 11 月中央发出了关于农村人民公社的 12 条紧急指示以后，中央和毛主席一再强调必须尊重等价交换的原则。就在这时候，出现了"高级"消费品的高价政策和"自由"市场的暴涨价格。理论工作者似乎是碰上了一个难题：一方面是中央和毛主席强调的等价交换的原则，另一方面，在实践中碰到的是工农业产品价格的"剪刀差"的扩大，是根据不同税率和利润率规定的工业品价格。这里似乎是规律是规律，原则是原则；而我们的政策，客观的实践则是另一回事。

对于这个难题，理论界有以下三种比较流行的解释。

第一种说法是把政治和经济截然分开，认为等价交换，价格同价值相符是经济原则，而价格背离价值则是政治挂帅。这种说法，在中国还没有见之于公开的文章，但是在日常讨论中是最普遍的。在苏联，则有一位院士很明确地说过，没有价格同价值的背离，便没有价格政策。[①]

第二种说法实质上是调和论：一方面强调等价交换的意义和必要；另一方面又加有"但书"，说在实践中，执行这个原则还要照顾政策。这实际上还是说原则是原则，实践是实践，党的政策同原则仍是两件事，价格和价值是不能相符的。

[①] 斯特鲁米林："价格的完全符合价值的法则，对于现在生产的比例的改变是不能产生任何特别的刺激作用的，这等于放弃了一切价格政策。"转引自布列也夫《国民经济计划教程》，中国人民大学出版社 1954 年版。

第三种说法认为在社会主义制度下，价格是国民收入再分配的杠杆，是社会主义积累的手段，因此价格必然要背离价值，农产品的采购价格应该永远低于其价值，工业品的销售价格应该永远高于其价值；认为在社会主义制度下，工农业之间，全民所有制经济和集体所有制经济之间不等价交换是客观规律，等价交换原则只适用于农产品与农产品之间，即集体所有制内部。[①]

尽管主张这种说法的同志，主观上是要维护党的价格政策，而且认为主张价格和价值相符是违背党的价格政策的。然而结果是"搬起石头砸自己的脚"，把党的价格政策同等价交换原则看作两回事，甚至是相互矛盾的了。我认为等价交换原则不仅适用于集体所有制内部，而且也必须适用于全民所有制经济和集体所有制经济之间的交换。

但是如何解释在实践中可以出现的价格同价值在一定范围和一定程度的背离，以及由此产生的不等价交换的现象呢？

使价格同价值背离的原因，大致有以下三种。

价格价值背离的第一个原因。单位产品的社会必要劳动量是随着劳动生产率的变化而每时每刻都在发生变化的，但是计划价格却不可能天天调整，时时调整，从这个意义上说，价格同价值的一定程度的背离是永远存在的。但是因为各种产品的劳动生产率都在增长着，而且从长远来说，增长速度是相等的，因此，各种产品的价格和价值背离的程度亦大致相等，各种产品之间的交换比例则总是等价的。

价格与价值背离的第二个原因是由历史上遗留下来的。在旧社会，由于帝国主义和官僚买办资本对殖民地半殖民地农村的剥削关

[①] 主张这种观点的经济学家说的是：农产品价格低于价值，工业品价格与价值相符。但这是对商品交换的比价关系没有深入考察的说法。例如一批农产品和一批工业品互相交换，二者的价格各为10亿元，但工业品的价值为10亿个劳动小时，农业品的价值是1.5亿个劳动小时，在这不等价交换关系中与每1小时价值相符的价格不是1元，而是8角；因此，工业品价格是高于价值2角，而农产品价格是低于价值1角3分多。——作者

系，存在着工农业产品价格间的"剪刀差"。新社会建立以后，由于种种原因这种价格差异不可能立即完全消除，而必须有一个逐步消除的过程和时期。在这个时期内，国家可以有意识地利用这种价格"剪刀差"，作为国家取得积累和再分配国民收入的一个杠杆。问题在于我们如何看待"剪刀差"这条杠杆，把它利用多久，利用到什么程度。

普遍认为，通过价格"剪刀差"来动员农民的积累，农民比较容易接受，而用别的形式，例如农业税的形式，就不容易接受。这是一部分财经工作者和理论研究工作者认为在社会主义社会必须保持"剪刀差"，即不能彻底实行等价交换原则的主要理由。但是马克思主义经典作家一向认为直接税同间接税相比较，前者是比较合理和进步的一种负担形式。这种看法即使是在社会主义社会也是对的。工农业产品价格"剪刀差"是一种隐蔽的间接负担形式。财政工作者认为用这方式来动员农民积累最方便，实不知这种负担形式的缺点，也正在于它的方便，在于它的隐蔽性。这种负担形式使国家和农民双方都不能清楚知道国家到底从农民那里取得了多少积累。例如，中华人民共和国成立后十多年中，农民对社会主义建设所提供的资金始终是不少的，但由于主要是通过价格杠杆取得的，直接税（农业税）数额往往还不及当年的银行贷款和国家对农业水利的投资。因此曾长期形成一种错觉，低估了农民对社会主义资金积累的贡献，甚至以为农民从国家取得的多而国家从农民取得的少。价格杠杆的再分配形式还有一个缺点，就是它对于收入不同、贫富不一的地区、公社和阶层不能分别对待。

当然，如前面所说的一样，工农业产品价格"剪刀差"是旧社会遗留给我们的。因此，要消灭这个"剪刀差"需要有一定时间，而且要有步骤地进行，首先在工农产品比价调整过程中不要引起市场物价混乱，其次，要照顾到社会主义建设资金的来源。但是这是具体步骤的做法问题。我们不能同意这种矛盾的想法：一方面把社会主义的农民的觉悟估计过低，以为他们对社会主义建设的资金积累不愿意有任何负担，如果这种负担完全以直接税形式征收的话；而另一方面又把农民看得太好说话，以为只要采取了价格杠杆"剪刀差"这个隐蔽形式，那么，过重的不合理负担他们也能忍受得了。

总之，社会主义建设资金的积累不能成为社会主义社会价格必须和价值背离，因而不能贯彻执行等价交换原则的理由。

在社会主义社会的实践中，发生价格和价值背离现象的第三个原因是在社会主义建设初期，计划工作经验不足，主观认识同客观实际往往会产生比较大的距离，出现了供求不平衡。这在物资储备缺少的条件下，或者就需要我们主动地利用价格杠杆来调剂，或者就会出现自由市场自发性的涨价。随着我们的经验的积累，尤其是在社会主义社会经常保持一定的物资储备之后，价格和价值背离的这一原因也就消失了。

因此，我们应该认为等价交换的原则必须被贯彻执行，价格应该以不背离价值为原则，党的价格政策必须以等价交换的原则为依据。在统一了这些基本认识之后，理论研究工作者的任务就应该进一步去研究和解决"等价交换"等的是什么价，是价值，抑或是"生产价格"。社会主义社会的农业和采掘工业中，有无级差"地租"（级差收入）存在，如何通过对工农业产品的成本计算，来计算社会必要劳动量和"生产价格"。（如果我们承认存在"生产价格"这一范畴）关于如何计算成本的问题（所谓成本，归根结底是物化劳动和活劳动的消耗量），特别在农业中，还存在着不少理论上的和技术上的困难。

但是如前面所说的一样，到目前为止，在理论界还只有前三种看法的文章才能被认为是正确地解释了党的价格政策，而这些说法实际上是直接地或间接地否定了党的等价交换的原则。相反的解释反而被认为是违背价格政策，是政治不挂帅，甚至曾被认为是有修正主义味道的。

我建议就这一问题组织一些理论讨论。

(写于1961年,原载《社会主义经济的若干问题》,
人民出版社1979年版)

千规律,万规律,价值规律第一条
(节选)

　　14年前,在一次关于政治经济学理论问题的激烈辩论中,由于我强调了价值和价值规律在社会主义经济建设中的作用,我的一个批判者责问道:"那么,你认为国民经济综合平衡依据的是什么规律?"当时,我就脱口而出:"千规律,万规律,价值规律第一条。"于是,他就得意地嘲笑道:"嘻!恰恰相反,在国民经济综合平衡中,起作用的偏偏不是价值规律,而是使用价值规律!"后来,陈伯达、"四人帮"就把我的这句话当作修正主义政治经济学的"罪证"来批判。我这句话虽然是在激动中脱口而出的,然而这是符合我多少年来长期坚持的思想的。因此。我至今不认为这句话有什么错误。

　　现在大家都在谈价值规律这个不以人们主观意志为转移的客观经济规律的重要性。所以,我觉得很有必要重新阐述一下,为什么在一切经济规律中,价值规律是最基础的或第一条规律。

　　我们还是要请马克思本人出来说话。

　　"以集体生产为前提,时间规定当然照旧保有其本质的意义。社会为生产小麦、家畜等等所需要的时间越少,它对于其它生产,不论是物质的生产或精神的生产所获得的时间便越多。和单一的个人一样,社会发展、社会享乐以及社会活动底全面性,都决定于时间节约。一切经济最后都归结为时间经济。正象单个的人必须正确地分配他的时间,才能按照适当的比例获得知识或满足他的活动上的种种要求;同样,社会也必须合乎目的地分配它的时间,才能达到一种符合其全部需要的生产。因此，时间经济以及有计划地分配劳动时间于不同的生产部门，仍然是以集体为基础的社会首要的经济规律。甚至可以说这是程度极高的规律。"①

读者可以看到，马克思在这里接连讲了三个规律，既肯定了"时间规定"或"节约时间的规律"；又讲到了"农业是基础的规律"；最后几句说的是"有计划按比例规律"以及对这三条规律的总评价：时间的节约是最基本的规律，是程度极高的规律（也有人译作"水平极高"的规律），是其他两条规律的基础，而且是和其他两条规律紧密不可分离的。

时间节约的规律就是社会平均必要劳动量的规律，也就是价值规律。资本主义社会依靠这条规律，战胜了封建社会。但是，在资本主义社会里，这条规律是以自发势力的形式出现的。它通过市场竞争，迫使落后的、浪费活劳动和物化劳动的企业归于淘汰；它鼓励先进的、节约活劳动和物化劳动的企业取得胜利；先进的企业如果不继续进步，就又会被别的更先进的企业所淘汰。这样，价值规律，或节约时间的规律，就促进了资本主义社会生产力的不断发展。

在社会主义社会里，我们不应该让价值规律以这种自发势力的形式来起作用。我们应该从"必然王国"进入"自由王国"，通过自觉地不断改进经营管理、革新技术的方法，来节约时间，使我们的各行各业（包括非物质生产部门在内），能够以最小的劳动消耗取得最大的经济效果。使我们的社会主义社会能够不断飞速前进。这就是说，我们应该主动地、自觉地按照节约时间的规律，即价值规律办事。但是，陈伯达、"四人帮"却把我们自觉地按照价值规律办事，争取以最小的劳动消耗取得最大的经济效果，说成是搞修正主义。在他们的干扰和破坏下，把我们的国民经济引导到了崩溃

---

① 马克思：《政治经济学批判大纲（草稿）》第1分册，人民出版社1975年版，第112页。

的边缘。这个教训是多么深刻啊！

由于不少经济学者不认为时间节约的规律就是价值规律，所以我们有必要从马克思的《资本论》中再引证一段话来作说明。

"在资本主义生产方式消灭以后，但社会生产依然存在的情况下，价值决定仍会在下述意义上起支配作用：劳动时间的调节和社会劳动在各类不同生产之间的分配，最后，与此有关的簿记（马克思这里所说簿记是包括统计在内的一切计算工作——引者注），将比以前任何时候都更重要。"①

马克思的这段话很明确地指出，他所说的时间节约，也就是指在共产主义社会的社会化生产中，仍然存在着并且起着作用的"价值决定"或"价值规律"。

恩格斯的下面这两段话也说明了这一点。

"在私有制消灭之后……价值这个概念实际上就会愈来愈只用于解决生产的问题，而这也是它真正的活动范围。"②

"在决定生产问题时……对效用和劳动花费的衡量，正是政治经济学的价值概念在共产主义社会中所能余留的全部东西，这一点我在1844年已经说过了（《德法年鉴》第95页）。但是，可以看到，这一见解的科学论证，只是由于马克思的《资本论》才成为可能。"③

那么，当我的那个批判者得意地宣布"在国民经济综合平衡中起作用的偏偏不是价值规律，而是使用价值规律"的时候，他心目中的使用价值规律是指什么呢？（"使用价值规律"这个词的确是我的这个批判者的"创造"）他指的就是：例如，某年要上到1亿吨钢，那么一方面，相应地，煤、电、生铁以及其他生产钢所

---

① 《马克思恩格斯全集》第25卷，人民出版社1974年版，第963页。着重号是引者加的。这段引文中的"价值决定"和前面引文中"时间规定"，其中"决定"和"规定"在原文是同一个词。

② 《马克思恩格斯全集》第1卷，人民出版社1956年版，第605页。

③ 《马克思恩格斯选集》第三卷，人民出版社1972年版，第348—349页。

需要的生产资料部门的产量指标就要上到多少；另一方面，使用钢铁做生产资料的生产部门的产量就可以上到多少，等等。总之，他所指的就是技术定额。我的批判者，曾经因为我强调经济核算、节约劳动，等等，说我的经济学是技术经济学，是生产力经济学。但是，我们可以看到，我的这位批判者所说的使用价值规律学，倒是地地道道的技术经济学或技术定额学；而价值规律则是建立在产品或商品的二重性之上的，即建立在使用价值和劳动费用的关系之上的；所以是不排除使用价值的；而使用价值是可以没有价值的（如空气、阳光、雨水，等等）。

计划草案中的产品产量只是表明我们所希望达到的目标；而计划工作的主要任务在于一方面如何根据我们所掌握的人力、物力，来确定这些产品产量指标；另一方面在于用何种措施来达到这些目标，在于表明为了达到这些目标，需要在各部门之间如何最恰当地分配物化劳动和活劳动。

末了，我们必须记住：马克思的政治经济学只是对客观的经济过程作科学分析并指出这些过程中所客观存在的规律。在他的叙述方法中，从来不把客观经济过程中存在的诸种规律一条一条地、孤立地表述的，也不大给这些规律下定义。因此，也很少用"规律"这个词。虽则，他的著作是最明晰不过地分析并且描述了这些客观存在的规律的。上面手稿那段话中，直接讲到了"规律"，那真是极少的例外，而且他也不是给这规律下定义。规律不是分析研究的出发点，而是分析、研究的结果。

但是，如果要把现在经济学界议论最多的种种规律，都作一番现象罗列，那么，按劳分配规律，讲的就是产品价值中 c、v、m 这三个组成部分的相互关系，特别是 v 和 m 的相互关系，而产品价值本身就是恩格斯上面所说的费用和效用的关系——以费用（劳动量）作分子、以效用（使用价值）作分母：$\frac{劳动量}{使用价值量}$；把这百分数公式倒过来：$\frac{使用价值量}{劳动量}$，就是劳动生产率的公式，劳动生产率的增长也就表现为不断使这公式中的分母（劳动量）缩小，让分子（使用价值量）增加。这在社会主义社会中，也就是斯大林所说的社会主义社会的基本经济规律：用在高度技术基础上使社会主义生产不断增长和不断完善的办法，来保证最大限度地满足整个社会经常增长的物质和文化的需要。这里需要补充说明的，就是：要使生产不断增长，就不仅需要不断改进技术，而且还需要不断改进上层建筑和生产关系。我们可以看到，如果把经济学一个一个规律分开来研究，就会变成孤立地来考察问题的形而上学方法。

毛主席早在抗日战争胜利前夕就说过：中国一切政党的政策及其实践在中国人民中所表现的作用的好坏、大小，归根到底，看它对于中国人民的生产力的发展是否有帮助及其帮助之大小，看它是束缚生产力的，还是解放生产力的。毛主席在这里说的是："归根到底"为的是"解放生产力"，而解放生产力就是要以最小的劳动费用，获得最大的效用。这也就是恩格斯所说的政治经济学的价值概念在共产主义社会中所能余留的全部东西。但是到现在，不少经济学者一谈到"价值规律"，在他们心目中还是资本主义商品市场上那一套；通过价格的涨落来调节供求关系，也即是调节生产；所不同的仅仅在于：过去是靠市场的自发势力起作用，现在是靠我们主动地进行价格调整来起作用。然而，这只是在存在商品生产的情况下，在生产和消费、供应和需求不完全适应的情况下，调节个别商品的生产和销售，不得不采取的办法。这只能作为计划的补充。对整个社会主义生产来说，起决定作用的毕竟是"时间节约"意义上的那个价值规律。

（原载《光明日报》1978年10月28日）

政治经济学也要研究生产力

——为平心同志《论生产力》文集序

平心同志《论生产力》的文集与广大读者见面了,这是一件令人十分欣慰的事情。

平心同志是为历史学界和经济学界所熟知的一位老战士。《论生产力》这本文集主要收编了他1950年后半年到1960年年底研究生产力理论的文章。众所周知,平心同志为此曾受到过非常不公正的批判。当时,他的文章大部分我是读过的。对他的一些主要观点,如生产力内部存在着矛盾;生产力发展有它自己的运动规律;生产关系不能超越过生产力发展规律的范围来推动生产力前进;政治经济学的研究对象是生产关系,但也要研究生产力等观点,我是完全赞同的。但由于那时我忙于别的问题研究,再加上行政工作繁杂,所以对于在被批判中孤军奋战的平心同志没有给予声援,现在想起来倒是件憾事。

实践是检验真理的唯一标准。在我们饱尝了林彪、"四人帮"批判唯生产力论而导致国民经济临近崩溃的痛苦教训后,重读平心同志的论生产力的文章,感到分外亲切。

平心同志在他《论生产力与生产关系的相互推动和生产力的相对独立增长》这篇文章中曾经说过,在生产力增长问题的研究中,"一方面,必须反对把生产力看作离开生产关系孤立增长的力量,反对忽视生产关系对于生产力的推动和限制作用的荒谬观点;另一方面,又必须反对把生产力看作完全依赖于生产关系而没有自己相对独立性的力量,反对生产关系绝对地决定生产力的错误观点"[①]。当

[①] 《学术月刊》1960年第7期,第66页。

时实际生活中的主要倾向是什么呢？平心同志明确提出：是把"生产关系绝对化，把生产力简单化，认为生产力始终要依赖生产关系才能增长，生产力不能有任何相对独立的运动"。我们现在回头看看当时国内政治、经济以及思想理论界所发生的问题，平心同志是说得完全有理的。

中华人民共和国成立前是一个半殖民地半封建的国家，生产力发展水平很低。中华人民共和国成立后，党从这个最基本的事实出发，按照生产关系一定要适合生产力性质规律的要求，正确地制定了一条过渡时期的总路线，这就是要在一个相当长的时期内，基本上实现国家工业化和对农业、手工业、资本主义工商业的社会主义改造。就农业的社会主义改造来说，毛泽东同志按照总路线的原则规定，还做了具体的阐述和部署。他正确地指出：从中华人民共和国成立直到第三个五年计划的完成，共有时间十八年。我们准备在这个时间内，在基本上完成社会主义工业化、基本上完成手工业和资本主义工商业的社会主义改造同时，基本上完成农业方面的社会主义改造。接着，毛泽东同志还指出：我们在农业社会主义改造方面采取了逐步前进的办法。第一步，在农村中，按照自愿和互利的原则，号召农民组织仅仅带有某些社会主义萌芽的……农业生产互助组。然后，第二步，在这些互助组的基础上，仍然按照自愿和互利的原则，号召农民组织以土地入股和统一经营为特点的小型的带有半社会主义性质的农业生产合作社。然后，第三步，才在这些小型的半社会主义的合作社的基础上，按照同样的自愿和互利的原则，号召农民进一步联合起来，组织大型的完全社会主义性质的农业生产合作社。毛泽东同志还多次指出党在过渡时期的总路线是照耀我们各项工作的灯塔，并再三告诫我们：不要脱离这条总路线，脱离了就要发生"左"倾或右倾的错误。他还针对这两种错误倾向，警告说：有人认为过渡时期太长了，发生急躁情绪。这就要犯"左"倾的错误。在人民民主革命成功以后，仍然停留在原来的地方……不去搞社会主义改造，就要犯右倾的错误。走得太快，

"左"了；不走，太右了。要反"左"反右，逐步过渡，最后全部过渡完。可见，从以上列举的党在过渡时期的总路线和毛泽东同志的一系列指示来看，我国农业在所有制方面的社会主义改造，本来是充分考虑到生产关系的变革对生产力发展水平的依存关系的，基本上是符合客观经济规律要求的。可惜的是，在农业社会主义改造的实际过程中，头脑发热了，急躁情绪发生了，原来预定在十八年内即在1967年，基本完成的任务，却在不到两年的时间内，即从农业合作化运动在全国范围内开展起来的1955年到1957年年初就用三步并作一步走的快速办法完成了。紧接着又在1958年的人民公社化运动中，把高级农业生产合作社并成人民公社，小公社并成大公社，有的地方还搞"县联社"……想一步登上共产主义的"天堂"。这种不顾生产力发展水平一味在生产关系上升级的做法，严重地打击了农民的生产积极性。与此同时，确实如同平心同志所说的那样，当时还有一种倾向，把"生产力简单化"，不顾生产力发展的规律，热衷于招之即来挥之即去的情景，随心所欲地列"纲"。比如，"以钢为纲"，先定一个钢的高指标，然后推算原料、运输、能源等部门的任务，自上而下地压指标，结果弄虚作假成风，不少地区的所谓"大炼钢铁"，实际上是用"砸锅炼铁"的办法，来充指标数。这种在所有制上的不断"升级""冒进"，经济建设中的"高指标""浮夸风"，给国家带来了极大的混乱，然而不能说真话，谁说真话谁就是右倾，以"左"反左，把国家和人民推入了非常困难的饥饿时期。

平心同志在论生产力的文章中所持的主要观点，是反对当时那股"把生产关系绝对化，把生产力简单化"的思潮的。他说：假如生产力的"每一次增长都需要生产关系来推动，每一次变化都需要受生产关系控制，非但生产关系要疲于奔命，而且生产力也会完全变成为受生产关系支配的被动东西，那么，在生产中最活跃最革命的力量就不是生产力，而是生产关系了。生产力与生产关系的矛盾也就很难理解了，马克思主义的生产关系适应生产力性质的定律必须修改成为生产力适应生产关系的定律了。"① 历史事实说明，那股思潮确实想"修改"马克思主义关于生产关系适应生产力性质的定律。历史事实也说明，这种"修改"不过是唯意志论而已，最终还是失败了。

平心同志围绕着生产力内部矛盾问题曾写了约 17 万字 15 篇文章。他的主要观点概括来说就是：生产力和生产关系的矛盾是社会发展的基本动力，但是生产力的发展并不完全依赖于生产关系的反作用，生产力也有自己的运动规律，生产关系只有在适合生产力自己的运动规律时才起推动作用；生产力自己的运动规律是由生产力内部矛盾决定的，其中人的因素是最重要的因素，人的主观能动性与"物的客观范围性"，永远是矛盾的统一，构成了生产力运动的辩证法；政治经济学不仅要研究生产关系，同时也要研究生产力。因为政治经济学是研究生产关系的，但是必须，一方面要联系着上层建筑，另一方面又要联系生产力，来研究生产关系。既然如此，那么生产力就应该放在政治经济学的研究范围以内。

平心同志说："生产力发展是服从它自己运动规律的，生产关系只有在它同这种规律相适合而不是相抵触的时候，才能够对生产力起较大的推动作用。但是生产关系不能超越过这种规律的活动范围来推动生产力前进。"②

平心同志说："生产力包含生产物质财富所使用的劳动资料（首先是生产工具）和具有劳动经验与生产技能使用劳动资料生产物质财富的人。各个历史时代作用于社会生产中人的要素与物的要素的矛盾统一体，就是一定社会经济形态中的生产力总和。""当着社会生产力和生产关系对发展生产提供了必要的物质条件和社会条件的时候，当劳动者的积极性和创造性不是受到摧折和束缚而是得到最高或较高发展的时候，生产中的人的因素，就可以发挥最大的或较大的作用。""按当时技术水平和科学水平，促进生产工具的改变，从而推动生产力的发展。而生产工具的更新引起的社会生产力

---

① 《学术月刊》1960 年第 7 期。
② 《学术月刊》1959 年第 9 期。

新发展，又会唤起劳动者的生产性能的改变。这种连锁反应愈强，社会生产力增长的速度愈高，社会生产力变革的幅度也就愈大。"①

平心同志说："生产力是具有二重性质的。每一个社会的生产力体系的组成，一方面必须依靠许多必要的物质技术条件，这就使它带有适合当时生产需要的物质技术属性；另一方面必须依靠许多必要的社会条件，这就使它带有体现当时劳动特点和生产社会结合的社会属性。"②

平心同志说：政治经济学不仅要研究生产关系，而且也要研究生产力，"研究各个历史阶段的生产力性质，特点，变化和发展，研究他们生产关系的内在矛盾和交互作用"③。等等。平心同志提出的问题，显然是和当时居主导地位的那股思潮不合拍的，所以受到了不应有的批判。但谁是谁非的标准，既不在于一时的多数或少数，也不在于人的"地位""权力"，而在于能否经受得了实践的考验。平心同志在生产力理论上所持的一些基本观点，是经受住了二十年实践的检验的。平心同志作为一个科学研究工作者，大胆地提出问题，这是令人敬佩的。当然，平心同志在他的文章中，确实也有表述不够确切的地方，但是瑕不掩瑜，总的来说，真理还是在平心同志一边，而不在批判者方面。

平心同志在论述生产力内部矛盾问题，提出过一些很有益的正确观点。但由于他后来（主要是从三论生产力性质的文章开始）用比较多的精力来回答、解释批判者提出的问题，因而那些有益的观点没有加以充分论证、说明。我想借此机会再讲讲。

一是生产力三因素问题

在经济学界不少同志一直主张生产力二因素即人和生产工具。

---

① 《学术月刊》1959 年第 6 期。
② 《学术月刊》1959 年第 9 期。
③ 《新建设》1959 年第 7 期。

平心同志曾批评了这种观点。平心同志说:"有一部分经济学家和哲学家认为原材料不能归入生产力范围之内。他们的理由是,原材料不能决定生产的变更与发展。这种见解是与事实不符合的。一切经过劳动作用的物资,只要是投入生产中供生产消费的,都是生产力的组成部分。因为社会生产力是依靠许多类型的劳动成果配合和积聚而成的。一种新的重要的原材料的发现和应用,往往可以解决生产的关键问题,大大提高劳动生产率。现代科学技术创造了许多天然物质的代用品,并且创造了许多为自然界所没有的物资,它们在生产上所发生的效应,试问可以不从生产力发展的意义估计吗?"① 这是我非常赞同的见解。打倒"四人帮"后,在多次学术报告中,我对生产力二因素论提出了不同意见。因为这个问题在我看来不仅是政治经济学的基本理论问题,而且也是当前我国经济建设中的重要实际问题,甚至可以毫不夸张地说,它还是一个有关人类经济发展的前途问题。

马克思在《资本论》第一卷第五章第一节"劳动过程"中说:"劳动过程的简单要素,是有目的的活动或劳动本身,它的对象和它的手段。"我认为马克思在这里所讲的"劳动过程的简单要素",就是指生产力因素即(一)劳动或劳动力;(二)劳动对象;(三)劳动手段。按理说,既然马克思已经如此明确讲了,就不应该再有什么争论了。可是,早在中华人民共和国成立初期,非但发生过争论,而且还把主张生产力三因素的观点说成是"反马克思主义"! 之所以发生争论,乃是由于斯大林在 30 年代出版的《联共党史简明教程》第四章第二节"辩证唯物主义与历史唯物主义"中对生产力因素提出了另外一种说法,他说:"生产物质资料时所使用的生产工具,以及因有相当生产经验和劳动技能而发动着生产工具并实现着物质资料生产的人。"显然,斯大林是不同意生产力三因素论,而主张二因素的,把劳动对象——原材料——排除在生

---

① 《学术月刊》1960 年第 4 期。

产力因素之外。后来,他在另外的一部著作中对此曾做解释:"把一部分生产资料(原料)和包括生产工具的整个生产资料等量齐观,就是违反马克思主义。因为马克思主义认为,和其他一切生产资料来比,生产工具是具有决定作用的。谁都知道,原料本身不能生产生产工具,虽然某几种原料也是生产生产工具的所必需的材料,可是没有生产工具是不能生产任何原料的。"① 斯大林同志的这一观点是完全站不住脚的。

首先,"把一部分生产资料(原料)和包括生产工具在内的生产资料等量齐观"的不是别人,而是马克思。马克思在我们前面所引证过的那段论述中,非但把劳动对象(原料)和劳动工具并列,而且在顺序上还把劳动对象(原料)摆在生产工具之前。难道说马克思"违反马克思主义"! 其次,斯大林同志强调生产工具的重要性,这是对的,马克思也确实是非常强调生产工具的,他把生产工具作为划分经济时期的尺度。② 然而马克思也非常强调原材料。他在《资本论》第二版再版时,曾对第一版中强调生产工具重要性的那段论述加了注,说:"从来的历史记述,一直不大注意物质生产的发展,也就是不大注意一切社会生活和一切现实历史的基础,但是对于历史以前的时期,人们至少曾根据自然科学的研究,而不是根据所谓历史的研究,那就是,根据工具和武器的材料,把它分作石器时期,铜器时期和铁器时期。"③ 历史时期的这种划分方法,一般人都是知道的,但往往都认为这只是证明了:是生产工具形成了时代划分的标准。我们从马克思的这个注中看到,马克思在这里偏偏强调了正是制造生产工具的不同材料决定了不同的历史时代。我们在任何一个历史博物馆中看到陈列的石器、青铜器、铁器三个时代的石斧、青铜斧和铁斧,它们的差别不在别的,而在原材料。它们都是手工工具,在形状上几乎没有变化,然而制

---

① 《苏联社会主义经济问题》,人民出版社1971年版,第49页。
② 参见《资本论》第1卷,人民出版社1963年版,第174页。
③ 《资本论》第1卷,人民出版社1963年版,第174页。

造这个手工工具的原材料变化了；于是历史学者才依据这一点划分了不同的时代。至于斯大林对生产工具与原材料的关系的一番话，完全是强词夺理。因为一般来说，没有生产工具，固然生产不出原料来，但是没有原料，又怎么能制造出生产工具呢？其实，在人类最原始阶段，靠采集野果野菜生活的时候，人类就是靠唯一的工具即自己的双手生产的。也就是说，那时人们还没有工具，然而劳动对象却不能没有。我想，马克思或许正由于这个原因在讲到生产过程的三要素的时候，才把劳动对象排列在劳动工具之前。二因素论的拥护者还有一条理由，说：原材料是劳动力和生产工具创造的，因此，原材料的一切进步，都是劳动力和生产工具进步的结果。所以，在劳动力和生产工具以外，再列出原材料来，便是多余的了。若按此理来推，既然生产工具是劳动力创造的，生产工具的一切进步都是劳动力进步的结果，那么是不是说劳动力就等于生产力呢？

生产力二因素论与资本主义发展史也是不相符合的。马克思在《资本论》中，恩格斯在《英国工人阶级状况》中，以至他们的许多论文和通讯中都用很多的篇幅，详细地记述了美国南北战争时期，由于美棉不能运到欧洲，于是欧洲各国特别是英国纺织工业不得不采用印度和埃及的棉花的状况。由于当时印度和埃及的棉花品质差，不如美棉好，主要是杂质多，纤维短，所以用起来断头多，停车频繁，从而大大影响了生产，影响了工资收入（因为纺纱工人是计件工资制），引起了当时纺织工人频繁的罢工风潮。这难道不正说明原材料也是生产力吗？

现在我国的科学技术文献都在谈论新的工业革命问题，然而引起人们注意的主要是生产工具的革命，如原子能、电子计算机以及自动控制系统等，但却不大注意或很少注意劳动对象的革命。事实表明，合成材料特别是工程塑料的出现，人们可以毫无愧色地称为劳动对象的革命。

从人类的长远发展来说，地球的矿藏资源总是有限的，那些制造生产工具的主要原料，如铁、铜等金属矿产资源总有开采完的时候。果真到那时，人们将用什么原材料来制造生产工具呢？科学技术的发展，提供了一种合成材料，人们将用此来代替金属制造生产工具。目前塑料制齿轮的耐磨性能已经超过了合金钢制齿轮。1970年出版的西德的哈根·伯因豪尔和恩斯特·施玛克合著的《展望2000年的世界》一书中也说："一百多年来，黑色金属是基本的结构材料，是一个国家工业发展水平的主要标志，钢的吨数是衡量经济威力的指标。而今天，黑色金属已经开始丧失这种主宰地位，钢铁已不再是无可争议的反映工业发展水平的唯一结构材料。……对黑色金属的需要减少了。……到一九九五年，50%以上的扁钢和钢板材料将被塑料所代替。"

当然，生产塑料、合成材料的原料也还是石油、煤炭和天然气等。那么这些自然界中有的原料开采完了又怎么办呢？对此，自然科学家也作了种种试探性的回答。例如，英国环境科学与工程委员会主席鲁滨逊在1976年英国化学年会上，以题为"化学和新的工业革命"的开幕词中，提出了代替石油、煤炭等烷烃化合物的两种途径：一是用无机材料代替有机材料，这种无机材料具有优异的热稳定性和抗氟化性能；二是直接利用微生物酶和太阳能来生产木质素。尽管这还是设想，还在试验中，但是它表明，随着现代化建设的发展，原材料问题将越来越显得重要。然而生产力二因素论的理论却阻碍着对原材料问题的研究。当前，在实际工作中，原材料问题非常迫切，在许多情况下，往往种类不全，品质低劣，拖国民经济高速度发展的腿。我们经济理论工作者应该从政治经济学的角度与自然科学家一道，加紧对原材料问题的研究。

二是生产力中人的因素及物的因素问题

在这个问题上，我和平心同志的观点也是相通的。1958年，我在北京经济学界纪念毛泽东同志《关于正确处理人民内部矛盾的问题》发表一周年的座谈会上,曾作了题为《要懂得经济必须学点哲学》的发言,呼吁经济学界要研究社会主义经济建设中人的因素和物的因素的关系问题。当时有位同志质问我,说:马克思说政治经济学是研究人与人的关系的,你却呼吁政治经济学者研究人与物的关系,这怎么符合呢?

我们还是看看马克思的观点。

马克思说过:只要生产的物的因素和人的因素都由商品形成,资本家就要由 $G-W\begin{smallmatrix}A\\P_m\end{smallmatrix}$ 货币资本到生产资本的转化,来完成这两个因素的结合。①

马克思还说过:"不论生产的社会形态如何,劳动者和生产资料都总是生产的因素。但在彼此互相分离的状态中,它们之中任何一个也不过在可能性上是生产的因素。不管要生产什么,它们都总是必须结合起来,实行这种结合的特殊方法和方式,区别着社会结构上各个不同的经济时期。"②

所以,关于生产力中人的因素和物的因素的提法正是马克思本人的提法。不仅如此,马克思还认为,正是生产力人的因素和物的因素的不同结合方式和方法,形成了不同的社会结构或社会形态。

在原始共产主义社会里,劳动者是作为自己所使用的简陋工具(石器)的制造者和使用者,在集体的劳动过程中同这些工具结合起来。

在奴隶社会里,奴隶让自身作为奴隶主的一种"会说话的工具"与已经被奴隶主所霸占的生产资料结合起来。

在封建农奴制社会里,农奴作为土地的附属物局部地失去人身的自由并要承担徭役、贡税等义务后与作为生产资料的土地结合起来。而封建社会的佃农必须是承担了繁重的地租后才能与属于地主

---

① 《资本论》第 2 卷,人民出版社 1963 年版,第 11 页。
② 同上书,第 18 页。

所有的土地相结合；自耕农则必须花去可以用于农业生产的资金去支付地价才能获得一小块土地。

在资本主义社会里，工人必须一方面有人身自由，另一方面又要把自己的劳动力变成出卖给资本家的商品才能和生产资料结合起来。

在以生产资料公有制为基础的社会主义社会里，劳动者则以社会主人的身份，通过政府劳动部门、工会或生产队的合理调配与生产资料结合起来。

凡此种种都说明，要了解不同的社会形态，就必须研究生产过程中人的因素和物的因素以及这二者的结合方式。社会主义社会应该自觉地不断改进人的因素和物的因素的结合方式和方法，以便促进生产力的发展。

当然，政治经济学所要研究的生产中人与物的结合，总是和人与人在生产过程中的相互关系，包括生产中、交换中、分配中的相互关系相紧密联系着。而这种相互关系就是经济关系，就是物质利益关系。需要特别指出的是，这里所指的物，并不是一般的自然物，而是人们劳动所开发和调整过并为人们所占有的自然物，也就是指劳动生产物。同样，这里所指的人，也不是自然人，而是社会的人，是处在一定社会条件下的劳动者。最近，有同志在评解平心同志生产力理论的观点时，认为生产力中的人是自然人而不是社会人。这是我不能同意的。只要读读马克思《〈政治经济学批判〉导言》，恩格斯《反杜林论》等著作，我们随时都可以读到他们对人是社会人的论述。马克思说："人是最名副其实的社会动物，不仅是一种合群的动物，而且是只有在社会中才能独立的动物。孤立的一个人在社会之外进行生产——这是罕见的事。偶然落到荒野中的已经内在地具有社会力量的文明人或许能做到——就象许多个人不在一起生活和彼此交谈而竟有语言发展一样，是不可思议的。"①恩格斯对杜林关于鲁滨逊抽象人的批判更是人们所熟知的。不错，

---

① 《马克思恩格斯选集》第二卷，人民出版社 1972 年版，第 87 页。

马克思确实讲过，在劳动过程中，"人自身作为一种自然力与自然物质相对立。"[1] 为什么要这样讲呢？马克思解释道："劳动过程，当我们只把它表现为简单抽象要素的时候……是人与自然之间物质变换的一般条件，是人类生活的永久的自然条件，所以，不以人类生活的形式为转移，而宁可说是人类生活一切社会形式所共有。因此，在论述劳动过程时，我们不必要把劳动者和另一些劳动者的关系表示出来。"[2] 显然，马克思是在方法论的意义上讲的。他在《资本论》第3卷第48章又说过，这"不外是一个抽象，就它本身来看，一般地说是不存在的"。因为作为劳动过程的现实表现即生产力总是在一定生产关系下存在和发展的。列宁在评述马克思的哲学观点时说："旧唯物主义者抽象地了解'人的本质'，而不是把它了解为（一定的具体历史条件下的）'一切社会关系'的'总和'，所以他们只是'解释'世界，但是问题在于'改变'世界，也就是说，他们不了解'革命实践活动'的意义。"[3] 这对我们弄清生产力中的人到底是社会人还是自然人，也许是有帮助的。

在我看来，生产力三因素问题、生产力中人的因素和物的因素及其结合问题，是研究生产力内部矛盾及其发展规律必须正确回答的问题。而平心同志正是在这最基本的问题上提出了有益的见解。

平心同志在谈到生产力内部的"社会联系"时认为分工就是生产力。我觉得这似乎有点简单化了。因为从生产力要素组成来看，分工既不是劳动者本人，也不是劳动手段，更不是劳动对象，而是一种在生产过程中劳动者之间的社会关系，这种关系是依照生产技术（即生产资料特别是生产工具）的情况和需要而形成的社会劳动关系，是任何社会形态的物质生产都存在的。但是它在不同社会形态下又具有不同的形式。分工能够促进生产力，这是显而易见的。马克思说："分工而生的各种生产力，不费资本一钱，那是

---

[1] 《资本论》第1卷，人民出版社1963年版，第179页。
[2] 同上。
[3] 《列宁选集》第2卷，人民出版社1972年版，第582页。

社会劳动的自然力。"① 所以,我们只能在转化的意义上来理解分工是生产力。否则,上层建筑也就成为生产力了,那当然是错的。这就如同思想意识一旦掌握了人民群众,会转化为巨大的物质力量,但不能说思想意识就等于物质力量一样的道理。

还需要指出:平心同志在论生产力文章中所提出的主要问题,乃是政治经济学应该研究的课题。而不是像某些同志所认为的那样,是属"生产力组织学"范围的课题。

我很钦佩平心同志独立思考、服从真理的科学态度。1964年以后,我就被陈伯达和"四人帮"的那个"理论顾问"剥夺了发言权,对学术界的动态几乎一无所知。最近看到一份材料,知道平心同志遭到那次围攻后并没有放下武器,而是继续进行战斗。1965年11月底,姚文元的那篇《评海瑞》的黑文出笼,平心同志风闻是有"来头"的,但还是挥笔著文,与姚进行针锋相对的斗争,痛斥姚"是别有用心的新黑帮分子同老黑帮分子渊源互接,血统相承",揭露了姚家父子的反革命老底,这难免再次受到迫害。1966年6月中旬,张春桥竟然把平心同志打成"上海三家村",公开进行批斗。1966年6月20日,平心同志终于被害身死。

平心同志是死在"四人帮"之手的。不!"四人帮"算什么东西!平心同志是死在封建的、法西斯的文化专制主义之下的。我憎恨这种文化专制主义及其卵翼下的恶霸、恶棍。但我也讨厌那种闻风而倒的"风派"。这些同志并不是不懂马克思主义的常识,而是有私心。因而,东风来了唱"东调",西风来了唱"西调",经常变换脸谱,完全丧失了一个科学工作者起码的品德即诚实。所以,我们在反对文化专制主义的同时,也应该反对为个人私利出卖原则的恶劣学风,反对理论工作中的风派习气。我们要像平心同志那样,树立起为人民的利益坚持真理的科学态度。

(写于1979年9月5日,原载《社会科学》1979年第3期)

---

① 《资本论》第1卷,人民出版社1963年版,第411页。

论作为政治经济学对象的生产关系

这是我正在写作的《社会主义经济论》第一章"导言"中的两节（初稿）。主要是对流行了二十多年的斯大林在《苏联社会主义经济问题》一书中关于政治经济学对象即生产关系所包括的内容，提出了不同意见。我觉得斯大林的定义是对恩格斯在《反杜林论》中关于政治经济学对象的正确定义的修改，这种修改是不妥当的，对社会主义建设实践已经带来了不良后果。我认为，斯大林把流通排斥在政治经济学对象之外，把生产资料所有制形式独立出来，作为政治经济学对象的生产关系的三个方面之一，都是有问题的，大有讨论的余地。

我的上述看法，曾在好些地区和单位作报告的时候讲过。现应《经济研究》编辑部之约，先把这两节发表出来，使我有机会更广泛地听取意见，以便将来作进一步的补充和修改。

生产关系包括哪些组成部分

恩格斯在《反杜林论》第二编"政治经济学"之"对象和方法"中，一开头就说："政治经济学，从最广的意义上说，是研究人类社会中支配物质生活资料的生产和交换的规律的科学。生产和交换是两种不同的职能。没有交换，生产也能进行；没有生产，交换——正因为它一开始就是产品的交换——便不能发生。这两种社会职能的每一种都处于多半是特殊的外界作用的影响之下，所以都有多半是它自己的特殊的规律。但是另一方面，这两种职能在每一瞬间都互相制约，并且互相影响，以致它们可以叫做经济曲线的横坐标和纵坐标。"①

"随着历史上一定社会的生产和交换的方式和方法的产生，随着这一社会的历史前提的产生，同时也产生了产品分配的方式和方法。"②

然后，恩格斯又具体地描绘了历史上各种不同的生产和交换的方式和方法对于产品分配的方式和方法的决定作用；继而以氏族公社的瓦解和阶级的产生为例，说明了生产关系对于阶级关系的决定作用以及作为阶级的暴力工具的国家的产生和本质。接着恩格斯着重指出：

"可是分配并不仅仅是生产和交换的消极的产物；它反过来又同样地影响生产和交换。每一种新的生产方式或交换形式，在一开始的时候都不仅受到旧的形式以及与之相适应的政治设施的阻碍，而且也受到旧的分配方式的阻碍。新的生产方式和交换形式必须经过长期的斗争才能取得和自己相适应的分配。但是，某种生产方式和交换方式愈是活跃，愈是具有成长和发展的能力，分配也就愈快地达到超过它的母体的阶段，达到同到现在为止的生产方式和交换方式发生冲突的阶段。"③

最后，恩格斯给政治经济学——他所说的还有待于创造的广义政治经济学下了一个完整的定义：政治经济学是"一门研究人类各种社会进行生产和交换并相应地进行产品分配的条件和形式的科学"④。这就是说，恩格斯认为：政治经济学所研究的生产关系应该包括生产（即直接生产过程中的生产关系）、交换和分配三个方面。这是由于从全社会的总生产过程来说，即从社会再生产的角度来说，交换和分配都只是社会再生产过程这个整体中的一个环节，

---

① 《马克思恩格斯选集》第三卷，人民出版社 1972 年版，第 186 页。
② 同上书，第 187 页。
③ 同上书，第 188 页。
④ 同上书，第 189 页。

所以，交换和分配过程中的人与人之间的关系又与直接生产过程中人与人之间的关系相并立，统称为生产关系。

现在，我们再来听听斯大林对于这个问题的意见。斯大林在这本书的"关于尔·德·雅罗申柯同志的错误"一节中说道："政治经济学的对象是人们的生产关系，即经济关系。这里包括：（一）生产资料的所有制形式；（二）由此产生的各种不同社会集团在生产中的地位以及它们的相互关系，或如马克思所说的，'互相交换其活动'；（三）完全以它们为转移的产品分配形式。这一切共同构成政治经济学的对象。"①②

显然，斯大林的这个定义和恩格斯的定义是不同的。恩格斯说，作为政治经济学研究对象的生产关系，包括三部分：（一）生产（即直接生产过程中人与人之间的关系）；（二）交换（即交换过程中人与人之间的关系）；（三）分配（即分配过程中人与人之间的关系）。斯大林说，政治经济学研究的对象是：（甲）所有制；（乙）不同社会集团在生产中的地位以及它们的相互关系；（丙）产品分配的形式。这两个定义有两个不同点：第一个不同点是，恩格斯的定义中没有"所有制"；第二个不同点是，斯大林的定义中没有"交换"。斯大林对于他的定义中为什么加上"所有制"这一项，在他上述著作中没有说明，但是对于为什么没有"交换"这一项，他是有说明的。

他说："这个定义（指他自己的定义——作者注）中没有用恩格斯定义中的'交换'一词。所以没有用，是因为'交换'一词

---

① 斯大林：《苏联社会主义经济问题》，人民出版社1961年版，第58页。
② 附带说明："所有制形式"一语，俄文原文是"форма Собственность"，这个词译作"财产形式"较好。因现在所有马列主义文献中"Собственность"一词已一律译为"所有制"，所以我这里仍沿用旧译。这个词译作"所有制"并不确切，这在恩格斯《家庭、私有制和国家的起源》一书的译名中就可以看得出来。望文生义，我们以为既然说的是"私有制"，那么一定是说的关于私有财产的法制问题了。然而打开此书，从头到尾读完了它，才知道恩格斯说的主要是指最初的剩余产品如何为氏族酋长或部落的首领私人占有这一客观存在的事物，因此，这里说的"Eigentum"即俄文的"Собственность"，与其说是指法制，指上层建筑，毋宁说是指客观存在的物质财富或财产。

通常被许多人了解为商品交换,这种交换不是一切社会形态而只是某些社会形态所特有的现象,这有时就会引起误会,虽然恩格斯所说的'交换'不仅是指商品交换。但是,恩格斯用'交换'一词所指的东西,显然在上述定义中(指斯大林自己的定义——作者注)已作为其组成部分包括在内了。因而,政治经济学对象的这个定义,就其内容讲来,是和恩格斯的定义完全符合的。"①

事实并非如此。问题主要不在于对恩格斯的定义能不能改动,而在于斯大林同志对恩格斯的这个定义的改动是否正确。我认为,斯大林同志对恩格斯关于政治经济学研究对象的定义、对于生产关系所包含的内容(或组成部分)的改动,是不正确的。它不仅没有发展了恩格斯的定义,反而,恕我套用斯大林同志本人的话说,是从恩格斯的定义后退了。由于斯大林同志的《苏联社会主义经济问题》发表以后,经济学家们都改用他的这个定义②;而这个定义,如我们在下面将要说到的那样,不论是对于说明历史问题,抑或是对于说明当前的现实问题都是错误的,而且对于我们社会主义革命和社会主义建设的实践都带来了极坏的影响;所以,很有必要对这个问题展开认真的讨论。

在讨论之前,先要简单地谈一下我对于斯大林同志的《苏联社会主义经济问题》这本书的看法。我认为,对斯大林同志这本书既不应当全盘肯定,认为一切都好;也不应当全盘否定,认为一切都坏。我们应当实事求是,也就是说应当采取一分为二的态度来对待这本书。首先我们应当肯定,这本书不仅对于马克思主义政治

---

① 斯大林:《苏联社会主义经济问题》,人民出版社1961年版,第58页。

② 例如,1972年《红旗》第7期第39页,方海写的《学一点政治经济学》中说:"生产关系包括三个方面,即生产资料所有制的形式;人们在生产过程中的相互关系;产品的分配形式。"

1975年2月号《北京师范大学学报》第20页称:"生产关系包括三个方面:生产资料所有制形式;人们在生产过程中的地位和相互关系;产品的分配形式。"

上海师范大学政教系等编的《学习社会主义政治经济学》第7页称:"生产关系包括三个方面:(1)生产资料所有制形式;(2)人们在生产中的地位和他们的相互关系;(3)产品的分配形式。"

经济学的发展，而且对于社会主义经济建设都有着不可磨灭的贡献。这种贡献，最重要的一点是，它一反苏联二十年代以来，由于布哈林否认理论政治经济学在社会主义社会中的必要性而带来的忽视或轻视经济理论的偏向，重新引起了经济学界对经济理论问题和经济理论研究工作的注意和重视。同时，这本书严厉地批判了经济学界否认价值规律和其他经济规律在社会主义社会中的作用的错误观点，重新向经济理论工作者和实际经济工作者提出：要重视客观经济规律，特别是要重视价值规律。价值规律曾经被宣判死刑，这个多年沉冤，就是在斯大林同志的这本书里得到了昭雪。斯大林同志的这个伟大贡献无论是在理论上，还是在实践中都有着非常重大的意义。但是，我们也应当看到，斯大林同志的这本书也存在着一些在我看来是重大的理论错误。由于这本书的一些错误观点曾一度被人们当作马克思主义的"天经地义"，并且直至今天仍然严重地束缚着人们的头脑，以致在社会主义的实践中造成了不小的危害，因此，重新讨论一下这些观点是十分必要的。斯大林同志对于生产力的定义或生产力的要素问题、对于价值规律问题的一些错误观点，我将分别在这篇导言的其他节和这本书的正文中加以评论。

现在，我们还是回过头来讨论他的政治经济学研究对象即生产关系的定义（或生产关系的组成部分）同恩格斯的定义的两个不同点。在这里，我们可以明显地看到斯大林同志的错误观点的理论渊源，以及它在实践中造成了怎么样的危害。

我们先从两个定义的第二个不同点（斯大林定义中没有"交换"）说起。

斯大林同志因为一般人都把"交换"理解为"商品交换"，他怕引起误解，所以就把"交换"这一项目取消，认为"不同社会集团在生产中的地位以及他们的相互关系"这一项就已经包括恩格斯所说的"交换"的意思在内了。我认为，斯大林同志的这个理由是不能成立的。例如，一般人也把"价值规律"仅仅看作通过自由竞争和市场价格涨落来调节生产的自发势力的规律，而且它在资本主义社会中也的确是这种性质的一个规律；可是斯大林同志却并不因为人们对价值规律的理解有这种片面性，就忌讳说，在社会主义社会，价值规律仍旧起着作用。

斯大林同志在生产关系的定义中，没有把交换关系单独列出来，而是把它作为直接生产过程中人与人之间的关系的一个项目（即所谓"互相交换劳动"）提出来的。这正是杜林的观点；曾经受到过恩格斯的严厉批判。杜林否定独立的流通过程，把交换或流通看作只是生产的一个项目。恩格斯在《反杜林论》中曾引证了杜林的原话。杜林说："在一切经济问题上'可以区分为两种过程，即生产过程和分配过程'。"① 杜林认为，"交换或流通只是生产的一个项目，使产品达到最后的和真正的消费者手中所必须经历的一切，都属于生产"。② 恩格斯严厉批判了杜林的这个观点（这实际上也就是马克思对杜林的严厉批判，因为正如恩格斯在《反杜林论》第二版序言中指出的，《反杜林论》是在马克思密切合作下写成的，其中"政治经济学"中的个别章节还是马克思亲自执笔）。恩格斯说："杜林先生把生产和流通这两个虽然互相制约但是本质上不同的过程混为一谈，并且泰然自若地断言，排除这种混乱只能'产生混乱'，他这样做只不过是证明，他不知道或不懂得正是流通在最近五十年来所经历的巨大发展。"③

恩格斯的《反杜林论》的第二编"政治经济学"是在1877年写的。恩格斯所说1877年以前五十年，西方资本主义社会流通过程所经历的巨大发展是什么呢？我想这无非是指世界市场的形成，交易所的成立以及随之而来的交易所投机等吧。但是，如果把这些经历同社会主义革命胜利以后，交换过程或流通过程所经历的巨大变革相比，那么真是小巫见大巫了。社会主义革命时期的交换过程或流通过程所经历的变革，即使不比生产过程所经历的变革大一

---

① 《马克思恩格斯选集》第三卷，人民出版社1972年版，第192页。
② 同上书，第193页。
③ 同上。

些，那么至少也不小一些。虽然生产过程中的变革和流通过程中的变革都是随着无产阶级革命胜利后政权的变革和所有制的变革而来的，而且它们之间也是互相联系互相制约的；但是，生产过程的变革和流通过程的变革又各有它们独自的具体内容。例如，在生产企业中，当前提出的问题是：扩大企业的管理权限、实行企业的独立经济核算制；贯彻两参一改三结合，特别是企业的民主管理以及一整套两条腿走路和大中小企业并举等问题。在流通过程中，虽然就商业部门管理机构和商业企业的内部管理来说，同样也存在这类问题，但是从交换过程或流通过程本身来说，它所提出的问题却具有完全不同的性质，而且这些问题，又因为交换双方的所有制的不同，而有不同的性质和不同的解决方法。举例来说，国营商店和居民之间的流通，就不同于国营企业和集体所有制企业之间的流通，而这两种流通又大不同于国营企业相互之间的流通。对于这些问题的详细研究，我们准备在流通过程一篇中，部分地将在生产过程篇的"企业和企业管理"一章中进行。我们在这里，仅仅想指出一点：不论是从实践方面，还是从理论方面来说，问题最复杂的不在于国营或合作商业和居民之间的流通；虽然在这里，商业所面对着的是几亿居民、个人消费者（购买者）。最复杂的问题倒是发生在国营企业（即国家）和集体所有制企业之间的流通过程中，特别是国营企业和国营企业相互之间的流通过程中（即所谓工商关系和工工关系）；就是说，在社会主义革命过程中受到的改造越深刻，交换或流通的形态越是不同于旧的形态，问题就越复杂，越是需要社会主义政治经济学去研究和探索。而且，正如我们将在"流通概论"章证明的那样，在交换或流通问题上，特别是在国营企业相互之间的流通问题上所存在的某些混乱，除了经验不足之外，多半也是政治经济学家们否认全民所有制内部还有流通过程的结果，而这一切同斯大林同志在生产关系的定义中用直接生产过程中人与人之间的关系来代替交换过程中人与人之间的关系，从而在实际上否定了独立的流通过程，不能说是没有关系的。或许也同样有理由说，斯大林同志以及经济学者们否定流通过程的观点，也正是实践中否定流通而搞实物配给的反映。例如，把千千万万不同品种、不同规格的产品，集中在物资管理部门进行统一分配（更确切用语是"实物配给"）。造成了供产销的严重脱节和采购员满天飞的局面；否定工农业产品的等价交换和轻、重工业产品的等价交换，使价格人为地长期背离价值，不仅破坏了企业独立经济核算的可能，而且使整个社会再生产两大部类之间的比例关系无法进行准确的计算，农民对国家的贡献主要不是通过直接税的形式，而是通过所谓价格杠杆的形式，从而挫伤了农民的生产积极性，这些不能不说是我国国民经济长期以来比例严重失调，生产增长速度缓慢的一个重要原因。这是同理论上否定交换，否定流通过程，否定价值规律的作用有密切关系的。如果说，流通领域中还存在着阶级敌人的破坏和捣乱问题，存在着产生新的剥削分子的问题，那岂不也是由于社会主义流通领域本身存在着种种缺陷和漏洞，从而给了阶级敌人以可乘之机吗？

总之，不仅是在恩格斯写作《反杜林论》的时代，即资本主义时代，"把生产和流通这两个虽然互相制约但是本质上不同的过程混为一谈"，"把生产和交换干脆笼统地称为生产"是不对的，就是在社会主义时代（即使从全民所有制内部来说），也是不对的。这种混为一谈，对实践中许多复杂问题的解决是十分有害的。

正因为交换在生产关系里面起着这样的重要作用，所以恩格斯在 1888 年为《共产党宣言》英文版写的序言中甚至把交换方式同生产方式并列起来，称它们以及由它们产生的社会结构，是它们时代的政治的和精神的历史所赖以确立的基础。恩格斯的原话是："每一个历史时代主要的经济生产方式与交换方式以及必然由此产生的社会结构，是该时代的政治的和精神的历史所赖以确立的基础。"

恩格斯关于政治经济学研究对象的定义为何没有"所有制形式"这一条

现在我们再来研究恩格斯的定义和斯大林的定义的另一个不同点。这就是斯大林定义中有"所有制形式"这一条；但是恩格斯的定义中却没有"所有制形式"这一条。这是不是说马克思和恩格斯都不重视"所有制形式"的研究呢？如果有谁这样想，那么他就大错特错了。

相反，马克思和恩格斯早在1848年的《共产党宣言》中就宣称：

"总之，共产党人到处都支持一切反对现存的社会制度和政治制度的革命运动。

在所有这些运动中，他们都特别强调所有制问题，把它作为运动的基本问题，不管这个问题当时的发展程度怎样。"①

马克思在《资本论》中还说过：人们只要略为认识一点罗马共和国的历史，他们就会知道，土地所有制的历史形成该国的秘史。

既然马克思和恩格斯对所有制形式问题（即财产形式问题）如此重视，为什么在恩格斯关于政治经济学研究对象的组成部分中没有所有制形式（财产形式）这一项目呢？我们从马克思的《〈政治经济学批判〉导言》那一段话中就可以找到解答："社会的物质生产力发展到一定阶段，便同它们一直在其中活动的现存生产关系或财产关系（这只是生产关系的法律用语）发生矛盾。"原来财产关系（或译作所有制关系或所有制形式）只是生产关系的法律用语，而政治经济学是研究生产关系的，既不是研究它的法律形式，更不是研究它的法律用语的。我们在这篇导言的开头就说过，政治

---

① 《马克思恩格斯选集》第一卷，人民出版社1972年版，第285页。

经济学要密切联系着包括法律（法制）在内的上层建筑来研究生产关系，但法律（法制）并不是政治经济学的研究对象本身。这是第一。

第二，在恩格斯的定义中，生产关系的三个组成部分（生产、交换、分配）已经包括了在"所有制形式（或财产关系）"这个法律用语中所包含的全部经济内容。从实际上说，所谓"各种社会进行生产和交换并相应地进行产品分配的条件和形式"是指什么呢？那还不就是指：（一）用谁所有的生产资料来进行生产，生产出来的产品归谁占有；（二）交换的产品是谁生产的又为谁占有的产品；（三）被分配的产品是谁生产的又归谁所占有，从而用什么形式，按什么比例来分配的。历史上各种社会经济形态，岂不就是按照以上三项内容来辨别的吗？这岂不就是所谓"所有制形式"或"财产形式"的项目下所要研究的全部内容吗？一句话，生产关系的全部内容也就是所有制形式或财产形式的全部经济内容。正是在这个意义上，马克思说："在每个历史时代中所有权以各种不同的方式，在完全不同的社会关系下面发展着。因此，给资产阶级的所有权下定义不外是把资产阶级生产的全部社会关系描述一番。"① 可见，在生产关系中，除了恩格斯所说的生产、交换和分配这三项内容之外，再加列一项所有制形式，那就不仅是毫无意义的，而且是有害的同义反复。

或许有的同志会说，既然所有制或财产问题是马克思和恩格斯所特别强调的，对于生产关系的研究是非常重要的，那么为了强调这个问题，把它作为政治经济学的研究对象，即生产关系的第一个组成部分单独列出来有什么不好呢？为什么我们说这样做是有害的呢？

道理是很明显的。因为，既然生产、交换、分配这三项已经包括了生产关系的全部内容，那么在这三项之外，再单列一条所有制

---

① 《马克思恩格斯选集》第一卷，人民出版社 1972 年版，第 144 页。

形式，那就意味着在生产关系之外去研究所有制问题（而且是"所有制的形式"问题，即"法制形式"问题），然而，马克思早就告诉我们：在生产关系之外去研究这个问题，"不过是形而上学的或法学的幻想"，那"不只是犯了方法上的错误"。

下面，我们把马克思的有关指示引证如下：马克思在批判蒲鲁东的《贫困的哲学》一书时说："所有制形成蒲鲁东先生的体系中的最后一个范畴。在现实世界中，情况恰恰相反：分工和蒲鲁东先生的所有其他范畴是总合起来构成现在称之为所有制的社会关系；在这些关系之外，资产阶级所有制不过是形而上学的或法学的幻想。另一时代的所有制，封建主义的所有制，是在一系列完全不同的社会关系中发展起来的。蒲鲁东先生把所有制规定为独立的关系，就不只是犯了方法上的错误：他清楚地表明自己没有理解把资产阶级生产所具有的各种形式结合起来的联系，他不懂得一定时代中生产所具有的各种形式的历史的和暂时的性质。"①

当然，斯大林不是蒲鲁东，他绝不会"不懂得一定时代中生产所具有的各种形式的历史的和暂时的性质。"但是，当他把所有制（财产）从生产、交换和分配当中抽取出来（甚至交换也被排除在生产关系之外），并且和它们并列为政治经济学的一个独立研究对象，这种做法本身就会不可避免地促使人们从生产关系之外去研究"所有制"问题，从而产生"形而上学的或法学的幻想"。而且这种幻想在现实生活中已经出现。现在，我们就举例来加以说明。

第一个例子是：郭沫若同志在《中国古代史的分期问题》② 一文中所提出的，关于中国奴隶社会和封建社会的分期的标志或者确定这个分期的一条根本性质的原则问题。他认为，中国古代史的分期问题，由于年代久远和记载简单，如果从生产关系角度来着眼，

---

① 《马克思恩格斯选集》第四卷，人民出版社1972年版，第324—325页。
② 见《红旗》1972年第7期。

奴隶社会和封建社会是容易混淆的；但是如果从所有制角度来着眼，那么问题便容易弄清楚了。然而，我们知道，按照马克思主义广义政治经济学的一般原理，奴隶社会和封建社会的基本不同点在于：奴隶没有自己独立的经营，即没有自己的家业，他们的全部劳动产品连同他们自身、他们的子女都是奴隶主所有的财产，而他们的生活也全部由奴隶主供养。封建农奴则有自己的独立经营。他们或者以一部分时间为地主服徭役，即在地主庄园里劳动，另一部分时间在自己家里劳动；或者是他们全部时间在自己家里劳动，但是他们必须向地主缴纳实物地租或货币地租。可见，奴隶制和农奴制是两种明显不同的剥削方式，即不同的生产关系。封建制之所以能够代替奴隶制而兴起，也就是因为封建农民（或农奴）有了独立经营之后，他们的生产积极性提高了，社会生产力向前发展了。但是，郭沫若同志认为，这种独立经营仅仅是狡猾的奴隶主为了束缚（或笼络）奴隶而施行的小恩小惠，把它作为区分奴隶制和农奴制的标志是不足为凭的。于是郭沫若同志便从所有制（那种独立于生产关系之外的所有制）角度出发，来解决中国古代社会的分期问题。他说：既然"封建社会的主要矛盾，是农民阶级和地主阶级的矛盾"，那么，"如果在某一历史时期中，严密意义的地主阶级还不存在，这个时期的社会便根本不可能是封建社会"。中国的古代社会曾经实行过"井田制"，即公田制，没有严密意义的地主，因此，便不可能是封建社会，而只能是奴隶社会。中国社会从什么时候进入封建社会的呢？郭沫若同志从《春秋》（鲁宣公三年，即公元前594年）发现了"初税亩"三个字，他认为这就是中国开始从公田制转向私田制的证据，是"严密意义的地主阶级"开始登上历史舞台的证据，认为这就是中国开始转向封建社会的证明。

我们在这里不讨论中国古代社会分期问题本身；也不去探讨"井田制"到底是怎么一回事以及"初税亩"到底是开始出现土地私有制的证据或者仅仅是表示中国封建社会的剥削已从徭役制转为

实物地租制的证据（中国古代，租和税是不分的，这正是反映着封建领主的双重身份——他既是政权的直接掌握者，又是以土地占有者身份出现的剩余产品的直接剥削者）。但是，即使"初税亩"是土地公有制即"井田制"转变为土地私有制的证明，也不能得出结论说，在此以前就是奴隶社会，在此以后才是封建社会。

首先，我们应当指出，原始的（或称作自然发生的）公有制形态，不是中国所特有的，而是一切民族在它的原始氏族社会阶段所共有的。有的民族，这种原始的或自然发生的土地公有制在氏族社会转为奴隶社会的时候，便崩溃了，从而变为土地私有制了，但是，有的民族，这种原始的或自然发生的土地公有制直到封建社会末期还存在着。马克思早在他的第一部经济学巨著《政治经济学批判》中就嘲笑过那种把土地公有制看作某一民族国粹的观点。

他说，"近来流传着一种可笑的偏见，认为原始的公社所有制是斯拉夫族特有的形式，甚至只是俄罗斯的形式。这种原始形式我们在罗马人、日耳曼人、赛尔特人那里都可以见到，直到现在我们还能在印度遇到这种形式的一整套图样，虽然其中一部分只留下残迹了。仔细研究一下亚细亚的、尤其是印度的公社所有制形式，就会得到证明，从原始的公社所有制的不同形式中，怎样产生出它的解体的各种形式。例如，罗马和日尔曼的私人所有制的各种原型，就可以从印度的公社所有制的各种形式中推出来"[1]。马克思在《政治经济学批判》中说的这一段话又在1878年出版的《资本论》第1卷第2版中作为第30号脚注登了出来。

马克思和恩格斯在1882年为《共产党宣言》俄文版写的序言中还说过："在俄国，我们看见，……大半土地仍归农民公共占有。"[2] 但是，我们知道，十九世纪末的俄国是地道的封建农奴制社会；而且对俄罗斯民族来说，农奴制的存在已经很久远，而奴隶

---

[1] 《马克思恩格斯全集》第13卷，人民出版社1962年版，第22页。
[2] 《马克思恩格斯选集》第一卷，人民出版社1972年版，第231页。

制的时代则是更遥远的事情，以致连历史学家也已经无从确切考证了。马克思在《资本论》第 1 卷第 4 篇第 12 章第 4 节"手工制造业内部的分工和社会内部的分工"中，对当时（十九世纪下半叶）还残存着的印度公社内部的情况作了详细的描述。恩格斯也在《反杜林论》中好几处论述到印度的土地公社所有制的情况。恩格斯说，英国的法学家"曾在印度徒劳地苦思过'谁是土地所有者'这个问题"，因为在那里存在的不是土地私有制，而是土地公有制。但是我们能不能说，十九世纪的印度，甚至英国人入侵时期莫卧儿王朝统治下的印度，不是封建社会而是奴隶制社会呢？另一方面，大量的、世界上无可争辩的史料又证明，在古希腊、罗马的奴隶社会，已经存在土地买卖，即土地私有制。

由此可见，认为存在土地公有制就是奴隶社会，存在土地私有制就是封建社会，这种论断是完全不合乎历史实际情况的。历史事实告诉我们，在土地公有制之下，既可以是奴隶制社会，也可以是封建社会；在奴隶制社会里可以是实行土地私有制，在封建社会里，也可以是实行土地公有制。正因为如此，马克思才说，离开了生产关系去谈"所有制"问题，那不只是方法上的错误。上面我们引证的事例，无非证明了，离开了生产关系，土地所有制本身是不能说明历史学家或考古学家所想论证的任何问题的。

现在，我们来看看，由于离开了生产关系空谈"所有制"而引起的"形而上学的或法学的幻想"的第二个例子。

60 年代初，哲学社会科学界部分研究工作者曾经提出过一个理论问题：社会主义国家蜕化变质是从哪里开始的？有一种意见认为，根据历史唯物主义的基本原理：上层建筑、国家政权的本质是由经济基础的性质决定的，而经济基础（生产关系）的核心问题是所有制问题；因此，一个社会主义国家的蜕化变质首先要看它的所有制是否已经改变。另一种意见认为，孤立地看"所有制"问题不能看出一个社会主义国家是否已经变了质，而是要看这个国家的内政、外交全部政策，并且通过这个国家的内政外交政策来分析它的全部生产关系,即对它的生产、流通、分配过程作全面的分析,而不是孤立地去看它的"所有制"或"所有制形式"(即马克思所说的"财产形式")。

正如马克思、恩格斯所说的:我们不能凭一个人的说话来判断他的品质;我们也不能凭一个政党或国家自己标榜的是什么主义,或什么"所有制"来判断一个政党或国家的性质。

无论是历史上还是在当今的世界上,曾经有过各种各样的"社会主义"模式;有俾斯麦的"国家社会主义";有希特勒的"国家社会主义";还有其他种种的假社会主义。连英国工党执政时也把自己的某些国有化措施,宣布为社会主义哩。当然,还有真正的无产阶级的社会主义国家。从形式上看,它们所实行的都是生产资料公有制。但是,如果从它的全部内政外交政策来作分析,从生产关系的各个方面即从生产、交换和分配的过程中人们之间的相互关系去考察,那么,它们之间的区别就会一清二楚。当然,这并不是说我们忽视或轻视"所有制"。相反,对于社会主义来说,生产资料公有制是一个必不可少的基本条件,因为社会主义是绝不可能建立在生产资料私有制的基础上的。这是马克思主义的一个起码常识。然而,我们只有当这种公有制能够体现社会主义生产关系的总和的时候,它才是真实的社会主义的公有制。因此,劳动者成为社会化生产资料的共同主人,即成为整个社会再生产过程(生产、交换和分配过程)的共同主人,并且在这个过程中只是以平等的身份来互相对待和发生关系,——这才是社会主义的基本经济特征。谁要是离开了生产关系,孤立地从所有制形式上看问题,那么他就会把封建主义的或资产阶级的国有制当作社会主义来推崇,就不可能对形形色色的假社会主义作出正确的说明,而陷入恩格斯所说的形而上学的或法学的幻想。

如果说,由于我们掌握的经济资料不够,因而对古代的和别国的情况说不清楚的话,那么,在七十年代,我们有了"四人帮"这个封建行邦的活生生的事例,就可以完全明白了,在他们所控制的地区、部门和经济单位中,从形式看,"公有制"并没有任何改变;相反,他们叫嚷"穷过渡"、叫嚷不断"提高"生产资料"公有化程度"比谁都叫得凶,而且还把它付诸实践。从所有制方面孤立地来看,似乎他们搞的这一套比谁都更加"社会主义"。可是,只要我们从生产、交换和分配过程中人与人之间的关系加以剖析,就可以看出他们所控制的地区和企业的假社会主义、真封建主义的本质。他们和他们的爪牙,取得了在生产、交换和分配过程中的绝对的支配权;而劳动者被置于完全无权的地位。他们左一个"王洪文工程",右一个"张春桥工程",强迫企业的工人为他们的"需要"而生产。林彪一伙说:"我的话就是计划",而他们奉行的则是,"我的需要就是计划"。群众稍有反抗或不满,他们就残酷地镇压。他们同劳动者之间的关系完全是一种统治和被统治的关系。他们反对商品、货币关系所体现的"资产阶级权利",为的是要建立他们的封建特权,使劳动者处在一种对他们的人身依附关系上。他们在这个所谓"公有制"的经济中攫取"公款"和"公物",比资本家在自己开设的商号里支取款项还随便。他们的挥霍浪费甚至超过资本家。怪不得"四人帮"的一个爪牙说,货币对他们已经不起作用。他们鼓吹平均主义,揭穿了说,不过是封建特权加普遍贫困,即在他们之间实行"按需分配"——只要他们需要就自由取用;而在劳动者之间则实行平均分配——只能取得维持自己生存的最低限度的消费资料。这就是"四人帮"的美妙的社会主义,因为它对于"四人帮"来说,的确是"天堂",然而对于劳动者来说却只是地狱。可见,"四人帮"的这种"社会主义公有制",实质上是一种挂着社会主义公有制招牌的封建主义的特权所有制。然而,如果我们离开了生产关系,孤立地从所有制形式上去考察就会陷入形而上学的或法学的幻想,走进看不清实际关系的迷宫。相反,对于在形式上不变,而实质上已经变化了的所有制性质,只有透过,或正确些说是绕过所有制的形式,通过生产关系的全面分析,才能看清楚。

多年来，这种把所有制形式从生产关系中独立出来观察的传统观点，几乎统治着社会主义国家的整个经济理论界，它在实践中造成的危害是显而易见的。我国二十多年来，生产发展缓慢，并且曾经两度遭到很大的破坏，还发生了阶级斗争的扩大化。这同上面所说的形而上学的或法学的幻想，不能说是没有关系的。例如，拿我国农业的社会主义改造来说。我们党曾经从中华人民共和国成立前是一个半殖民地半封建的国家，生产力发展水平很低这一实际情况出发，按照生产关系一定要适合生产力性质的规律的要求，正确地制定了一条过渡时期的总路线，这就是"要在一个相当长的时期内，基本上实现国家工业化和对农业、手工业、资本主义工商业的社会主义改造"。毛泽东同志还曾经根据党的过渡时期的总路线的原则规定，对农业合作化问题作了具体的阐述：从中华人民共和国成立直到第三个五年计划的完成，共有时间十八年。我们准备在这个时间内，同基本上完成社会主义工业化、基本上完成手工业和资本主义工商业的社会主义改造同时，基本上完成农业方面的社会主义改造。接着，毛泽东同志还指出：我们在农业社会主义改造方面采取了逐步前进的办法。第一步，在农村中，按照自愿和互利的原则，号召农民组织仅仅带有某些社会主义萌芽……农业生产互助组。然后，第二步，在这些互助组的基础上，仍然按照自愿和互利的原则，号召农民组织以土地入股和统一经营为特点的小型的带有半社会主义性质的农业生产合作社。然后，第三步，才在这些小型的半社会主义的合作社的基础上，按照同样的自愿和互利的原则，号召农民进一步地联合起来，组织大型的完全社会主义性质的农业生产合作社。接着毛泽东同志还就农村的社会改革和技术改革的关系作了这样的展望：在第一第二两个五年计划时期内，农村中的改革将还是以社会改革为主，技术改革为辅……在第三个五年计划时期内，农村的改革将是社会改革和技术改革同时并进……毛泽东同志还多次指出党在过渡时期的"总路线是照耀我们各项工作的灯塔"，并再三告诫我们：不要脱离这条总路线，脱离了就要发生

"左"倾或右倾的错误。他还针对这两种错误倾向，警告说：有人认为过渡时期太长了；发生急躁情绪。这就要犯"左"倾的错误。有人在民主革命成功以后，仍然停留在原来的地方……不去搞社会主义改造。这就要犯右倾的错误。走得太快，"左"了；不走，太右了。要反"左"反右，逐步过渡，最后全部过渡完。可见，从以上列举的党在过渡时期的总路线和毛泽东同志的一系列指示来看，我国农业在所有制方面的社会主义改造，本来是充分考虑到生产关系的变革对生产力发展水平的依存关系的，基本上是符合客观经济规律的要求的。可惜的是，在实行农业社会主义改造过程中，头脑发热了，急躁情绪发生了，原来预定在十八年内，即在 1967 年，基本完成的任务，却在不到两年的时间内，即从农业合作化运动在全国范围内开展起来的 1955 年到 1957 年年初就用三步并作一步走的快速办法完成了。紧接着又在 1958 年的人民公社化运动中，把高级农业生产合作社并成人民公社，小公社并成大公社，有的地方还搞"县联"……想一步登上共产主义的"天堂"。这就完全违背了客观经济规律，首先是生产关系一定要适合生产力性质的规律，违背了群众的意愿，违反了自愿和互利的原则，造成了生产力的巨大破坏，引起党内外干部和群众的抵制和反对。为了压制反对意见，人民内部的矛盾被当作敌我矛盾来处理，并由此引起了一系列阶级斗争的扩大化。以后，林彪、"四人帮"也就是利用这一点，把国民经济推到崩溃的边缘。造成这一连串的严重后果，原因是多方面的，从理论上来说，违背了生产关系一定要适合生产力性质的规律当然也是一个重要的原因。马克思在《政治经济学批判》序言中指出："无论哪一个社会形态，在它们所能容纳的全部生产力发挥出来以前，是决不会灭亡的；而新的更高的生产关系，在它存在的物质条件在旧社会的胎胞里成熟以前，是决不会出现的。所以人类始终只提出自己能够解决的任务，因为只要仔细考察就可以发现，任务本身，只有在解决它的物质条件已经存在或者至少是在形成过程中的时候，才会产生。"① 虽然，这里说的是整个社会形态的改变，但是，马克思的这一历史唯物主义的原理，对于例如农业合作化同样也是适用的。如果离开生产关系，孤立地从所有制形式来看，实行这种变革似乎就比较简单，尤其是开展农业互助合作的初期所取得的巨大成功，使人们冲昏了头脑，以为人民的国家政权是"无所不能"的，对它来说"什么都是轻而易举"的，公有化的规模可以由人们的主观意志来决定，可以不顾生产力发展水平而不断升级。然而这是一种错觉。实际上，离开了生产力以及必然地由它决定的生产关系，任意扩大农村公有化的规模，绝不意味着生产关系相应的前进，反而很可能是倒退，在社会主义、在公有制的招牌下，倒退到封建主义等前资本主义的生产关系中去。"四人帮"控制的浙江省温州地区、福建省晋江地区就有这样的大量事例。那种认为公有制的规模越大——不管生产力水平如何，也不管实际的生产关系如何——社会主义就越多，因而只要不断地在所有制形式上大做文章，不断升级，就可以飞速地奔向共产主义的观点，完全是一种把所有制从生产关系独立出来而造成的形而上学的或法学的幻想。这种理论观点，造成了生产力的破坏和阶级斗争的扩大化，使中国人民吃尽了苦头。

总之，从以上的分析中，我们必须重复上面已经说过的话：从政治经济学研究对象，即从生产关系的三个组成部分中剔除了交换，而加上所有制形式这一项，不是从恩格斯的定义前进一步，而是后退了两步。

（原载《经济研究》1979 年第 8 期）

---

① 《马克思恩格斯选集》第二卷，人民出版社 1972 年版，第 83 页。

关于价值规律的内因论与外因论[*]

关于价值规律问题的讨论，现在基本上趋于一致的意见是：价值规律是社会主义经济建设必须遵守的客观经济规律。但对价值规律的理解上仍有分歧，即内因论和外因论。

外因论是从社会主义社会存在两种所有制之间的商品交换关系出发，来论述价值、价值规律的作用的，因而价值、价值规律对全民所有制生产关系来说，是从它与集体所有制的相互交换中引到内部来的。按照这种观点，价值规律的作用在社会主义社会是递减的，随着集体所有制过渡到全民所有制，特别是在实现了按需分配的共产主义社会以后，价值、价值规律就不存在了。外因论的创始者是斯大林，它是斯大林自然经济观的产物。斯大林对于生产关系的定义，就是把所有制从生产、分配关系中独立出来，而把交换（流通）从生产关系中排除出去。

外因论给实际工作带来的祸害就是由于不承认全民所有制内部的交换（不是商品交换而是产品交换），而且不讲等价交换，不讲经济核算，反正"肉烂在锅里"。所以，不少国营企业亏本，靠财政补贴。补贴从哪里来？如果全民所有制企业都不赚钱，还不是从农民那里来，坑了农民吗？

内因论认为价值、价值规律首先是全民所有制内部的产品交换关系的产物。按照马克思的观点，资本主义灭亡之后，消失的不是价值本身，不是价值实体，而是交换价值或价值形态。在全民所有

---

[*] 本文系孙冶方同志在价值规律作用问题讨论会上所作报告的摘要。

制内部的产品交换关系中仍然存在着价值的实体——社会平均必要劳动时间,因而,价值、价值规律仍起作用。商品价值与产品价值的界限不在价值实体,而在价值形态上。商品价值是借助另一个商品来表现社会平均必要劳动量,是通过价格围绕价值的波动来反映的,而产品价值是通过成本会计、统计报表直接来表现的,它要求价格必须符合价值。因而,内因论强调要在价格符合价值的基础上,加强全民所有制企业的经济核算,搞好综合平衡。这种平衡不仅是使用价值的平衡,而且应是价值的平衡。当前的主要问题是工农业产品比价不合理,农产品的价格低于价值,这是造成我国农业生产发展缓慢的根本原因,也是我们的计划工作、综合平衡难以搞好的一个原因。

我不赞成价值规律和商品挂钩的外因论说法。有的同志问,这个问题与当前的实际工作有什么关系?我认为,外因论容易使人误解价值规律的作用范围,似乎价值规律仅仅是通过商品市场、价格对价值的背离、价格的波动来调节生产;仅在国家计划不能控制的范围内起作用。我认为,应该强调产品价值规律,这和商品价值规律不同,它正确反映了生产领域中物化劳动和活劳动的比例。

这次会议提出了计划与市场的关系问题,我认为这种提法本身就不精确。我主张要有严格的国民经济计划。全民所有制的产品和价值规律挂钩,就是要强调产品的价格要正确反映社会必要劳动时间的消耗,计划要正确反映社会需求。市场就代表需求,计划与市场结合就是计划要正确反映社会需求,以需定产。计划要正确安排人力物力财力的分配比例。

我强调产品的价值规律,产品的价格要反映价值。这也是针对工农业产品剪刀差的。我主张把现在通过价格杠杆从农民那里拿来的东西,变成所得税,由暗拿变成明拿。有人说这是自找麻烦。这不是自找麻烦,暗拿和明拿不一样。农产品按价值定价,超过公粮的交售部分,农民可以拿到它的全部价值。这样就会大大促进农民生产的积极性。现在一斤粮食,成本要7—8分钱,而它的活劳动的代价才 2—3 分钱。农民就一定要搞些副业。前一段批评农民弃农经商，所谓弃农经商，无非是帮助国营企业搞运输等，在北方叫拉脚。我们天天讲以粮为纲，讲粮食是宝中宝，可是粮食价格那么低，农业长期上不去。我始终强调等价交换，可是有人说我是挖财政部的墙脚。其实，我是财政部门的忠实的看门人。我所考虑的是如何调动农民的积极性，在发展生产的基础上，用明的办法（即直接税的办法）而不是用暗的办法（即苏联经济学家所说的价格杠杆的办法），从农民那里取得他们对国家的必要贡献。二十多年来，用剪刀差的办法取得财政收入，把农民生产积极性挫伤了。我们党解放以前，主要是搞农民工作，可是中华人民共和国成立三十年来没有把农业搞好。我讲产品的价值规律，产品价格反映价值，使农业生产也能尽快搞上去，当然说起来容易，做起来有很多困难。因此，就需要继续调查研究，深入讨论。

我讲过"千规律，万规律，价值规律第一条"，是过去在一次辩论中脱口而出的。其实社会主义的经济规律不应该一条一条地孤立地研究，并分出谁第一谁第二。苏联《政治经济学教科书》列出许多规律，但是一条规律也没讲清楚。马克思的《资本论》不是一条一条孤立地研究规律，而是把资本主义的生产、交换、分配、消费的客观经济过程作为研究的对象，讲明了整个资本主义的经济规律。那种把规律排队的观点是错误的。

有的同志认为我提出的产品价值规律是个计量的问题。我说不是，不光是量的概念，它反映着抽象劳动与具体劳动的关系，个别劳动与社会劳动的关系，费用与效用的关系。以最小的劳动耗费取得最大的经济效果，反映了生产关系的问题。

有的同志说，你讲的价值规律，不如就叫节约劳动的规律。我认为不如价值规律好。承认价值决定就要承认价值规律。

我再讲一个问题，我们九亿中国人民要实现四个现代化，从什么地方做起？

我们一定要改革复制古董的固定资产管理制度，为实现四个现代化扫清道路。否则这条冻结技术革新的制度压得我们翻不了身。这套制度不合理，首先在于折旧年限过长，我们的折旧年限一般是25年，现代资本主义国家的固定资本更新一般是5年。我们的设备更新一次，资本主义国家的技术设备已经是第五代了，而我们还是"老头子"当家。我们靠每年引进的有限的一些外国先进设备，怎么能实现四个现代化？只有加速现有企业的固定资产更新，才能改变我国工业技术的落后面貌。这个任务，只有按照技术设备更新的规律办事，才能完成。

（原载《经济研究》1979年第S1期）

什么是生产力以及关于生产力定义问题的几个争论

这是我正在写作的《社会主义经济论》导言中的四节（初稿）。主要回顾和评述了我国经济学界对生产力定义问题的争论，阐明我对生产力定义的一些看法。这里需要特别指出的是：我不赞同斯大林关于生产力二因素论，而主张生产力三因素论。在我看来，生产力三因素论是马克思的观点。当前，我国经济建设中原材料问题很尖锐，在许多情况下，由于原材料品质低劣、种类不齐、型号不全，还有物资供应体制的不合理，大大影响了生产力的迅速发展。生产力二因素论的观点是妨碍经济科学对生产力问题的研究的。所以，生产力二因素论和三因素论的争论，不仅仅是概念之争，而且具有重要的现实意义。

我在文中所持的看法，曾在好些地方和单位的学术报告中讲过。现在把导言中的有关几节先发表出来，以便参加学术界对这个问题的讨论，并广泛地听取意见。

一 什么是生产力

在马克思主义的经典著作中，"生产力"这个"词"或"术语"有两种含义。第一种含义是指生产水平、生产效率。它与"劳动生产率"是同一含义。在这种场合下，这个词在德文原文，以及其他西方文字中都是用的单数。第二种含义是指生产力诸因素。在这种场合下，这个词在德文原文以及其他西方文字中都是用的复数。二者是不可分的。

在中华人民共和国成立后最初的十五年间，关于生产力定义问题，经济学界曾发生过三场争论。

第一场发生在中华人民共和国成立初期，争论的内容是关于生产力因素是两个（劳动力和生产工具）还是三个（劳动力、生产工具和劳动对象）的问题。

第二场发生在1958年前后，争论的内容是关于生产力的因素可否分为人的因素和物的因素两类，人的因素和物的因素的相互关系是不是政治经济学的研究对象。

第三场发生在1959年6月至1960年年底，争论的内容是生产力有没有内部矛盾，生产力能否自我"增殖"；生产力发展是不是完全依赖于生产关系的反作用。

下面我通过评论这三场争论来表明我对生产力定义的看法。

二 关于生产力定义问题的争论之一
——生产力三因素论和两因素论的争论

马克思在《资本论》第一卷第五章第一节"劳动过程"中说："劳动过程的简单要素是：有目的的活动或劳动本身，劳动对象和劳动资料。"[①] 我认为，马克思在这里所说的"劳动过程的简单要素"，也就是指生产力的简单要素。因为生产力作为生产水平或劳动生产率，是劳动过程的结果。而作为生产力的要素，又形成劳动过程的要素。所以，根据马克思的这个论述，我们应该承认，生产力的因素有三：第一，劳动或劳动力；第二，劳动对象；第三，劳动资料或手段，也就是劳动工具。

生产力有三个因素，这是马克思主义政治经济学的奠基人在他最有权威的伟大著作《资本论》中所说的话。马克思的这个话，

---

① 《资本论》第一卷，人民出版社1975年版，第202页。

如同我们将在下面证明的那样,是完全符合客观真理的。按理说,生产力由三个因素所组成,或称三因素论,这不应该有争论了。但是,在中华人民共和国成立初期,非但发生了关于生产力三因素和二因素的争论,而且还把坚持三因素的观点说成是"反马克思主义"。之所以发生这样的争论,乃是由于斯大林在三十年代出版的《联共党史简明教程》第四章第二节"辩证唯物主义与历史唯物主义"中对生产力的因素提出了另外一种说法,他说:"生产物质资料时所使用的生产工具,以及因有相当生产经验和劳动技能而发动着生产工具并实现着物质资料生产的人,这些要素总和起来,便构成为社会生产力。"显然,斯大林是不同意三因素论的。他主张生产力因素有二:第一,劳动力;第二,劳动工具。

斯大林为什么把劳动对象——原材料——排除在生产力因素之外呢?他在后来的另一部著作中有过他自己的解释。他说:"马克思主义者说到生产资料的生产时,首先是指生产工具的生产,——马克思把这叫做'机械性的劳动资料,其总和可称为生产的骨骼系统和肌肉的系统',这个系统组成'一个社会生产时代的突出特征'。把一部分生产资料(原料)和包括生产工具在内的生产资料等量齐观,就是违反马克思主义,因为马克思主义认为,和其他一切生产资料来比,生产工具是具有决定作用的。谁都知道,原料本身不能生产生产工具,虽然某几种原料也是生产生产工具所必需的材料,可是,没有生产工具是不能生产任何原料的。"[①]

斯大林的这段话强调生产工具的重要性,这是无可非议的。但应该指出,他为了替他的生产力两因素论辩解,却并没有很好地考虑马克思本人的话。

第一,"把一部分生产资料(原料)和包括生产工具在内的生产资料等量齐观"的,恰恰是马克思本人而不是别人。我们在前面已经引证过的马克思关于"劳动过程简单要素"所讲的那一段

---

① 斯大林:《苏联社会主义经济问题》,人民出版社1961年版,第42—43页。

话，他非但把劳动对象（原料）同劳动工具并列，而且，在顺序上还把劳动对象放在劳动工具之前。他说："劳动过程的简单要素，是有目的的活动或劳动本身，它的对象和它的手段。"

第二，斯大林说，生产工具的总和组成社会生产一定时代的作为特征的标志。这句话在表面上是对的，生产工具确实非常重要。我们都非常熟悉马克思讲过的一段话，他说："动物遗骸的结构对于认识已经绝迹的动物的机体有重要的意义，劳动资料的遗骸对于判断已经消亡的社会经济形态也有同样重要的意义。各种经济时代的区别，不在于生产什么，而在于怎样生产，用什么劳动资料生产。"① 比如：手工工具时代、蒸汽机时代、电气时代以及现在所说的自动控制、原子能时代，等等，都是由劳动工具本身的变革所造成的。然而，最早的石器时代、青铜器时代和铁器时代的划分，却不完全如此。它除了劳动工具的变化外，还有制造劳动工具的原材料。马克思在《资本论》第二版再版时，曾对上面所引过的那段话加了注，注说："尽管直到现在，历史著作很少提到物质生产的发展，即整个社会生活以及整个现实历史的基础，但是，至少史前时期是在自然科学研究的基础上，而不是在所谓历史研究的基础上，按照制造工具和武器的材料，划分为石器时代、青铜时代和铁器时代的。"② 就我们在任何一个历史博物馆中所陈列的那三个时期的劳动工具来看，例如：石器时代的石斧、青铜器时代的青铜斧、铁器时代的铁斧，它们在形式上都很少有差别。也就是说，尽管都是斧，但三个时代却有三种不同的原材料。所以，形成人类历史上这三个时期生产力的飞跃发展，促成人类社会的经济形态从原始公社阶段发展成为奴隶社会，再从奴隶社会进步成为封建社会，原材料也是重大的标志之一。

第三，斯大林说，原料本身不能生产生产工具，可是没有生产

---

① 《资本论》第一卷，人民出版社1975年版，第204页。
② 同上。

工具是不能生产任何原料的。这也是站不住的。一般说来，没有生产工具，固然生产不出原料（其实，光凭双手，把五谷或棉、麻种子撒在适当的荒地上，也能生长出一些粮食和棉、麻这些原料来的），但是，没有原料，那也是制造不出任何生产工具的。没有金属造不出金属工具，没有青铜连铜器时期也是不会有的。斯大林自己也不得不说："某几种原料也是生产生产工具所必需的材料"，既然如此，为什么又要把原材料排除在生产力因素之外呢？

二因素论在中国的拥护者对于为什么把原材料排除在生产力因素之外，还补充过一个理由，他们说，原材料是劳动力和生产工具所创造的。因此，原材料的一切进步，都是劳动力和生产工具的进步的结果，上述两因素已经包括了原材料这个因素。所以，在劳动力和生产工具之外，再列出原材料这第三个因素便是多余的了。这种解释是不能成立的。因为生产工具也是劳动力创造的，生产工具的一切进步都是劳动力进步的结果即劳动者科学技术知识的增长和劳动熟练程度的提高。按照二因素论的逻辑，劳动力也就是生产力，根本无须谈论什么生产力的因素问题了。

最近有位同志还说："劳动过程或生产的要素是三个，但是，生产力是由人和生产工具（也就是劳动资料或劳动手段）两个要素构成的，它不包括劳动对象在内。正如构成战斗力的要素与构成战斗的要素不同。战斗力是由人和武器构成的，不包括战斗对象，即不包括敌人本身在内。……在战斗的因素中，一定要把战斗的对象——敌人包括在内。不包括战斗对象这一因素就构成不了战斗，但是战斗力却不一定不包括战斗对象。同样，生产也一定要有劳动对象，不包括劳动对象，也就构成不了生产。所以生产有三个要素：从事生产劳动的人——生产者，生产工具（劳动资料或劳动手段）和劳动对象。……但生产力……却只有两个因素：生产者和生产工具。"用战斗力和战斗或战争的例子来说明生产力和生产的区别，从表面看好像是非常有利于生产力二因素论的。因为，哪有人会把战斗的对象——敌人，算在自己的战斗力中去呢！但是，只要仔细想一想，就会发现，战争和战斗的例子正好很不利于生产力二因素论，而有利于生产力三因素论。作为战斗的对象，不仅仅是敌人，而且还有敌人把守的阵地。同时，更重要的是，谁都知道，任何两个国家的两支军队，即使人和武器的量和质（包括政治觉悟、体质，等等）都是一样的，但是它们的战斗力还可以由于：第一，双方阵地的地形不同；第二，有没有实战经验；第三，平时的野外操练，特别是军事演习抓得好不好，而大不一样。双方的阵地就是战斗的对象，阵地地形的有利与否可以增强或减弱敌我的战斗力。而实战中训练出来的战斗力更是以现实的敌人为战斗对象得来的战斗力，平时的操练和演习中得来的战斗力则是从假想的战斗对象中训练出来的战斗力。光是人加武器，既无实战经验，平时又不操练、演习，那么，只等于戏台上的跑龙套，是毫无战斗力的，这难道不是很明白的吗？所以战斗力离开了战斗对象是培养不起来的，正同离开了劳动对象也形成不了生产力是一个道理。

这里，有必要进一步对自然条件加以考察。因为并不是一切劳动对象都是由劳动创造的。马克思说过："土地（在经济学上也包括水）最初以食物，现成的生活资料供给人类，它未经人的协助，就作为人类劳动的一般对象而存在。所有那些通过劳动只是同土地脱离直接联系的东西，都是天然存在的劳动对象。例如从鱼的生活要素即水中，分离出来的即捕获的鱼，在原始森林中砍伐的树木，从地下矿藏中开采的矿石。相反，已经被以前的劳动可以说滤过的劳动对象，我们称为原料。例如，已经开采出来正在洗的矿石。一切原料都是劳动对象，但并非任何劳动对象都是原料。劳动对象只有在它已经通过劳动而发生变化的情况下，才是原料。"[①] 马克思还说过："撇开社会生产的不同发展程度不说，劳动生产率是同自然条件相联系的。这些自然条件都可以归结为人本身的自然（如

[①] 《资本论》第一卷，人民出版社1975年版，第202—203页。

人种等)和人的周围的自然。外界自然条件在经济上可以分为两大类:生活资料的自然富源,例如土壤的肥力,鱼产丰富的水等等;劳动资料的自然富源,如奔腾的瀑布、可以航行的河流、森林、金属、煤炭等等。在文化初期,第一类自然富源具有决定性的意义;在较高的发展阶段,第二类自然富源具有决定性的意义。"①正因为如此,所以不同的民族,即使处在文明的同一阶段,往往因为所处的自然条件不同而贫富悬殊。我们中华民族不是以地大物博而自豪吗?这地大物博就是作为富有的劳动对象而为劳动生产力的发展提供了自然基础。此外,帝国主义宗主国由于掠夺殖民地而发展自己的生产力,岂不就是因为它们不仅剥削了殖民地的廉价的劳动力,而且也剥削了丰富的自然资源即劳动对象吗?由此,怎么能说劳动对象不是构成生产力的因素之一呢?

马克思在《资本论》中,恩格斯在《英国工人阶级状况》中,以至在他们的许多论文和通讯中,都曾经用很多篇幅,详细地叙述了美国南北战争时,由于美棉不能来到欧洲,于是欧洲各国的主要是英国的纺织工业不得不采用印度和埃及棉花。由于当时印度和埃及的棉花品质不如美国棉花好,主要是杂质多、纤维短,所以断头多,停车频繁,从而影响了棉纺织业的劳动生产力。而纺织工人的工资,都采取计件工资制,因此,当时欧洲纺织工人特别是纺纱工人的工资普遍下降,工人阶级的生活水平也普遍下降。马克思和恩格斯所详细论述过的这个历史事实,也证明了影响生产力水平的,不仅有劳动力和生产工具这两个因素,而且还有劳动对象这个因素。也就是说,生产力应该有三个因素而不是两个因素。

作为劳动对象的原材料的品质的好坏能够影响劳动生产力,这是同作为劳动对象的土地的好坏会影响劳动生产力,从而产生级差地租是一个道理。影响劳动生产力的东西,不能构成生产力的因素,这是说不通的。

---

① 《资本论》第一卷,人民出版社1975年版,第560页。

然而，我们要用很大篇幅来谈论这个生产力三因素问题，不仅因为像上面所说的那样，这是一个很重要的政治经济学理论问题和历史事实问题，而且还是当前国民经济建设中的一个重要实际问题，甚至可以毫不夸张地说，这是有关人类经济发展前途的问题。我在这里想说的是关于合成材料，特别是关于工程塑料的问题。

现在我国的科学技术文献都在谈论新的工业革命问题。然而引起人们（至少是我们的经济学家们）注意的，主要是劳动工具的革命，即原子能和电子计算机自动控制系统的出现，但是却不注意或很少注意劳动对象的革命。事实表明，合成材料，特别是工程塑料的出现，可以毫无愧色地称为劳动对象的革命，它和原子能、电子计算机自动化装置一起，构成了当代工业革命的重要内容。

促成我注意这个问题的是1973年中东战争爆发后，国际石油垄断资本家为了抬高石油价格而故意渲染所谓的"能源危机"。当时，就有许多自然科学家证明，即使是地球上的石油煤炭等天然燃料资源都开采完了，人们还会有太阳能和包括潮汐在内的水力以及原子能等用不尽的能源可利用。更何况，现在已发现的石油、天然气、煤炭等天然燃料资源的枯竭，不仅对我们这一代不是现实问题，就是对下一两代的人来说，也不会是现实问题。

但是，从人类的长远前途来说，地球就这么大，各种矿藏总是有限的。如果说，天然燃料资源开发完毕以后，在地球转动着的这个限度内，有太阳能和水力这样的用不完的能源可利用。那么像铁、铜等金属矿开采完毕以后，人们将用什么材料来制造生产工具呢？难道说，人类可以依靠废金属回收来维持日益增加、日益庞大的生产设备的再生产吗？就在我考虑这一问题的时候，报纸给我提供了解答。新华社的一条消息说，塑料齿轮的耐磨性能已经超过了合金钢。当时，我被陈伯达、"四人帮"以及他们的那个顾问剥夺了自由，不能对这个问题作深入一步的研究。自从我重新获得自由以后，我才有机会在几位青年化学家的帮助之下，接触了一些化学专业性资料。这些资料不仅使我解决了地球内部蕴藏的天然资源挖掘完毕以后，将用什么东西来补充日益扩大的生产设备的制造材料问题，而且也帮助我进一步肯定了生产力三因素论。原来，采用合成材料逐步代替金属材料，这已不是遥远的事情了，而是现实。据西德1970年出版的哈根·伯因豪尔和恩斯特·施玛克在他们合著的《展望2000年的世界》一书中说："一百多年来，黑色金属是基本的结构材料，是一个国家工业发展水平的主要标志，钢的吨数是衡量经济威力的指标。而今天，黑色金属已经开始丧失这种主宰的地位，钢铁已不再是无可争议的反映工业发展水平的唯一结构材料了。……对黑色金属的需要减少了。……到1995年，50%以上的扁钢和钢板材料将被塑料代替。"

以上材料也给我们解答了另一个问题，为什么从总的生产水平来说，连苏联自己也承认，他们还远远落后于美国，但是钢的生产，苏联却已经超过了美国很多：1978年美国的钢产量只有12650万吨，而苏联却已达到15150万吨。这并不能表明苏联的总的生产水平和技术水平已经超过了美国，恰恰相反，因为苏联的工程塑料的生产（具有金属性能，可以代替钢铁和其他金属用的塑料生产）还远远落后于美国。美国的合成材料产量：1973年1253万吨，1974年1233万吨，1975年1100万吨；而苏联1974年只有250万吨，1975年只有280万吨。一吨合成材料可代替六吨钢材用，美国以平均年产1200万吨合成材料计，可代替钢材7000万吨使用量，再加上钢产量美国可达20000万吨，而按同样方法计算，苏联只有17000万吨。所以，美国还是超过了苏联。

讲到这里，我们还没有把劳动对象的革命问题讲完。因为现在的塑料或合成材料的生产还都是以石油、天然气、煤炭做原料，就是说，它还是以地下的矿藏资源做原料的，还是会开采完的。在开采完了以后怎么办呢？许多自然科学家已经对此作了种种试探性的回答。例如，英国环境科学与工程委员会主席鲁滨逊在1976年英国化学年会上以题为"化学和新的工业革命"的开幕词中提出了代替石油、天然气和煤炭等烷烃化合物的两种途径：一种途径是为了某些目的可以用无机材料代替有机材料,这种无机材料而且具有优异的热稳定性和抗氟化性能。在建筑、交通器具、家具方面使用无机材料可以大大减少火灾的发生。但是这种无机材料的代用品有一个弱点,那就是容易破碎,自然科学家现正在解决这个问题。第二种途径是直接利用微生物酶和太阳能来生产木质素,用此来作为生产合成材料的原料。达到地面的太阳能等于已知的煤气和石油的总藏量的一百二十倍,而且没有任何污染问题。[①]

不错,代替烷烃化合物的这两种途径还不过是自然科学家的一种设想,还在试验中,有一些问题也还没有被突破。然而,问题已经提出来了。正确地提出问题就等于解决了问题的一半。如果这两关被突破,也就实现了劳动对象的一次彻底革命。英国环境科学和工程委员会这位主席在这次年会上的开幕词中不仅号召化学家,而且还号召生物学家、物理学家、工程师以及经济学家共同合作,来攻开这个劳动对象问题上的科学难关。而对我们经济学家来说,首先就要强调劳动对象在生产力革命中的重要作用,要宣传马克思的生产力三因素论,而不要再宣传斯大林的生产力两因素论。

三 关于生产力定义问题的争论之二

——生产力中人的因素和物的因素的关系是不是政治经济学的研究对象

生产力的三种因素,从发挥人在生产过程中的能动作用的观点出发,又可以分作人的因素和物的因素这样两大类。劳动力是能动的因素;生产工具和劳动对象是被动的物的因素。

从生产关系和生产力的关系的角度来说生产关系是人的因素,生产力(指生产水平即物质财富水平这一意义上的生产力)是物

[①] E. A. Robinson Presidential Address, "Chemistry and The New industrial Revolution", *Chemical Society Reviews*, Vol. 5, No. 3, 1976, p. 317.

的因素。

从资金和资本的角度来说,马克思用 C 来代表的生产资料是物的因素,用 V 来代表的工资是人的因素。

不论在革命战争中或是在经济建设过程中,毛泽东同志总是特别强调人的主观能动作用,反对唯武器论和"大""洋"思想。毛泽东同志这种思想是革命阶级的辩证唯物主义思想。毛泽东同志在第一个五年计划时期提出的一整套两条腿走路、三个并举的方针,其中心思想就是为了发挥人的因素的积极能动作用。所以,这是符合马克思主义辩证唯物主义的。我在 1958 年北京经济学界纪念《关于正确处理人民内部矛盾的问题》发表一周年的座谈会曾作了题为《要懂得经济必须学点哲学——再读毛泽东同志〈关于正确处理人民内部矛盾的问题〉的几点体会》的发言,建议经济学家为了宣传好党的一整套两条腿走路的方针,应该认真研究社会主义经济建设中"人"的因素和物的因素的关系问题。

这件事,当时有位同志就向我提出一个问题,他说:马克思说政治经济学是研究人与人的关系的,你却要求经济学者研究人与物的关系,这怎么符合呢?

我很感谢这位同志。因为我在发言时没有考虑到如何把这两种表面上看来不同的提法联系起来加以说明。1964 年,某刊物编辑部索稿,我就在这个发言的记录稿前面加上一个补充说明,预备修改后发表。不料因此遭到了严厉申斥,认为这是坚持反马克思主义观点。

研究生产力的人的因素和物的因素这种提法是不是反马克思主义的,我们还是请教一下马克思本人吧!

马克思说过:"既然生产的物的因素和人的因素是由商品构成的,资本家就得通过 $G—W\genfrac{}{}{0pt}{}{A}{P_m}$,通过货币资本到生产资本的转化,来完成这两个因素的结合。"①

马克思还说过:"不论生产的社会形式如何,劳动者和生产资料始终是生产的因素。但是,二者在彼此分离的情况下只在可能性上是生产因素。凡要进行生产,就必须使它们结合起来。·实·行·这·种·结·合·的·特·殊·方·式·和·方·法,·使·社·会·结·构·区·分·为·各·个·不·同·的·经·济·时·期。"②

以上引文的着重点是引者标出的。由此可以看出,生产的(也就是生产力的)人的因素和物的因素的提法,正是马克思本人的提法。不仅如此,马克思还认为,正是生产的人的因素和物的因素之不同的结合方式和方法,形成了不同的社会结构或社会形态。

马克思主义政治经济学(广义的政治经济学)告诉我们,人类历史上存在过的,或者现在还存在着的各种不同社会形态,正是由于在那里,生产的人的因素和物的因素的结合方式是极不相同的。也就是说,劳动者和生产资料的结合方式和方法是极端不相同的。

在原始公社时期,劳动者是作为自己所使用的简陋工具(石器)的制造者和使用者,在集体的劳动过程中同这些简陋工具结合起来的。

在奴隶社会中,奴隶是让自身变成了奴隶主所有的一种"会说话的工具"以后才能与已经被奴隶主所霸占着的生产资料相结合起来。

在封建农奴制社会中,农奴作为土地的附属物局部地失去了人身的自由,承担了徭役、贡税等义务后才能和作为生产资料的土地相结合起来。

封建社会的佃农必须承担繁重的地租才能和属于地主所有的土地相结合;自耕农为了获得一小块土地,就必须花去原来可以用于

---

① 《资本论》第二卷,人民出版社1975年版,第37页。着重号是引者加的。
② 《马克思恩格斯全集》第24卷,人民出版社1972年版,第44页。着重号是引者加的。

农业生产的资金去支付地价。

在资本主义社会里,工人必须一方面有人身的自由,另一方面把自己的劳动力变成商品出卖给资本家之后才能和生产资料相结合。

在社会主义社会中,劳动者就以社会主人的地位,通过政府劳动部门、工会或生产队的合理调配与公有的生产资料结合起来。

这就证明,要了解不同的社会形态,就必须研究生产过程中人的因素和物的因素以及这二者的结合方式。社会主义社会应该自觉地改进这种结合的方式、方法,促进生产的发展。

因此,把研究生产力的人的因素和物的因素的关系,说成是反马克思主义的提法是错误的。对于这种只从教科书里读马克思主义政治经济学的几条定义或教条,把马克思本人说的话,诬称是反马克思主义,从而乱扣帽子的作风,是应该坚决废止的。

那么,马克思关于人的因素和物的因素的提法,和他本人首先提出的政治经济学是研究人和人在社会生产过程中的相互关系的原理,是不是协调的呢?是不是有矛盾呢?

没有丝毫矛盾,是完全协调的。

首先,我们在前面引证过的恩格斯的那段话,已经说得很明白,虽然"经济学所研究的不是物,而是人和人之间的关系,归根到底是阶级和阶级之间的关系;可是这些关系总是同物结合着,并且作为物出现"①。正如我在前面对恩格斯这段话所作的解释那样,这里所说的人和人之间的关系,是指物质财富生产过程中的相互关系,是经济关系。然而,这种关系是无论如何不能离开物的。离开了物质财富的生产过程来谈经济学,那纯粹是空谈。

其次,经济学所研究的人和物的结合,这里的物也不是指一般自然物,而是指劳动生产物,或为人的劳动所开发和调整过并为人所占有的自然物(土地等)。而这种物,显然只是代表着过去的劳

---

① 《马克思恩格斯选集》第二卷,人民出版社 1972 年版,第 123 页。

动。所以，我们这里所说的人和物的结合，就是指活劳动与物化劳动（或曰过去的劳动）的结合，指消费和积累的关系。总之这一切都是生产关系。

四 关于生产力定义问题的争论之三
——生产力有没有内部矛盾的问题

1959 年 6 月至 1960 年年底，在我国经济学界围绕着平心同志提出的生产力发展规律问题展开了一场争论，其中一个主要问题是生产力有没有内部矛盾。

这里，首先应该搞清楚这场争论的历史背景。我们都知道，党在过渡时期，曾正确地提出了一条总路线，这就是：基本上完成国家工业化，同时对于农业、手工业和资本主义工商业基本上完成社会主义改造。毛泽东同志为此在时间上也大体上做过一个正确的部署，指出：这个过渡时期大约需要十八年，即恢复时期的三年，加上三个五年计划。毛泽东同志还特别指出：不要脱离这条总路线，脱离了就要发生"左"倾或右倾的错误。走得太快，"左"了；不走，太右了。要反"左"反右，逐步过渡，最后全部过渡完。在党的过渡时期的总路线的指引下，头几年，国民经济得到了稳步发展，社会主义改造也进行得比较顺利。但是，面对着胜利，一些同志的头脑却渐渐热起来了，急躁情绪发生了。把原来预定在 18 年内即在 1967 年基本完成的任务，却从农业合作化运动在全国范围内开展起来的 1955 年到 1957 年年初就用三步并作一步走的快速办法完成了。接着在 1958 年年初又批了"反冒进"，用不到半年的时间在农村实现了"一大二公"的人民公社化，不少地区开始实行公社所有制，有的地区还组织了"县联社"，一个劲地在生产关系的变革上做文章，在所有制上不断升级，这是一股来势汹汹的思潮。这股思潮不顾生产力发展水平，只是加快从集体所有制向全民所有制过渡；鼓励大办公共食堂，吃饭不要钱，提出：共产主义在我国的实现，已经不是什么遥远的事了。这股思潮允许公社可以共生产队的产，穷队可以共富队的产；否定等价交换，否定按劳分配。结果农民的生产积极性受到严重挫伤。与此同时，这股思潮确实如同平心同志所说的那样，把"生产力简单化"，不顾生产力发展的规律，乐于招之即来挥之即去的情景，随心所欲地列"纲"，比如，以钢为纲，先定一个钢的高指标，然后推算原材料、燃料、电力、运输、机械等部门的任务，自上而下地压指标，结果弄虚作假成风，不少地区的所谓"大炼钢铁"，实际上是"砸锅炼铁"，不惜把群众做饭的锅砸了回炉来充炼铁的指标数。这种在所有制上的不断"升级""冒进"，经济建设中的"高指标""浮夸风"、瞎指挥，给国家带来了极大的混乱。

平心同志在论生产力的文章中所持的主要观点，是反对当时那股"把生产关系绝对化，把生产力简单化"的错误思潮的。他说：假如生产力的"每一次增长都需要生产关系来推动，每一次变化都要受生产关系控制，非但生产关系要疲于奔命，而且生产力也会完全变成为受生产关系支配的被动东西，那么，在生产中最活跃最革命的力量就不是生产力，而是生产关系了。生产力与生产关系的矛盾也就很难理解了，马克思主义的生产关系适应生产力性质的定律必须修改成为生产力适应生产关系的定律了"[①]。历史事实说明，那股错误思潮确实是在"修改"马克思主义关于生产关系一定要适应生产力性质的规律。历史事实也说明，这种"修改"不过是唯意志论而已，最终还是失败了。

平心同志围绕着生产力内部矛盾问题曾写了十多篇文章。他的许多观点都是正确的。如："生产力发展是服从它自己运动规律的，生产关系只有在它这种规律相适合而不是相抵触的时候，才能够对生产力起较大的推动作用，但是生产关系不能超越过这种规律

[①] 平心：《论生产力与生产关系的相互推动和生产力的相对独立增长》，《学术月刊》1960年第7期。

的活动范围来推动生产力前进。"①

"生产力包含生产物质财富所使用的劳动资料（首先是生产工具）和具有劳动经验与生产技能使用劳动资料生产物质财富的人，各个历史时代作用于社会生产中人的要素与物的要素的矛盾的统一体，就是一定社会经济形态中的生产力总和。""当着社会生产力和生产关系对发展生产提供了必要的物质条件和社会条件的时候，当劳动者的积极性和创造性不是受到摧折和束缚而是得到最高或较高发展的时候，生产中的人的因素，就可以发挥最大的或较大的作用。""按当时技术水平和科学水平，促进生产工具的改变，从而推动生产力的发展。而生产工具的更新引起的社会生产力新发展，又会唤起劳动者的生产性能的改变。这种连锁反应愈强，社会生产力增长的速度愈高，社会生产力变革的幅度也就愈大。"②

平心同志说：政治经济学不仅要研究生产关系，而且也要研究生产力，"研究各个历史阶段的生产力性质、特点、变化和发展，研究他们与生产关系的内在矛盾和交互作用"③，等等。

平心同志围绕着生产力内部矛盾提出的许多观点大都有合理的可取之处，但是，却遭到了非常不公正的批判。这是应当拨乱反正的。他所持的生产力三因素论和生产力中人的因素和物的因素的结合等观点，与我的看法也是相通的。

这里需要特别说明的是，生产力总是在一定社会生产关系下存在和发展的，因此，生产力中的人总是社会的人，平心同志坚持这个观点，我认为是正确的。但是对这个问题的评述至今还不一致，有的同志在肯定平心观点的同时，还是坚持生产力中的人是自然人。只要我们读读马克思《资本论》《〈政治经济学批判〉导言》、恩格斯《反杜林论》等著作，都可以看到他们对人是社会人的论

---

① 平心：《再论生产力性质——关于生产力的二重性质的初步分析》，《学术月刊》1959年第9期。
② 平心：《论生产力性质》，《学术月刊》1959年第6期。
③ 平心：《论生产力运动和生产关系性质》，《新建设》1959年第7期。

述。马克思说:"人是最名副其实的社会动物。"① 恩格斯对杜林关于鲁滨逊抽象人的批判,这更是人们所熟知的。不错,马克思确实讲过,在劳动过程中,"人自身作为一种自然力与自然物质相对立"②。马克思为什么要这样讲呢?他本人曾作过解释:"劳动过程,就我们在上面把它描述为它的简单的抽象的要素来说,……是人和自然之间的物质变换的一般条件,是人类生活的永恒的自然条件,因此,它不以人类生活的任何形式为转移,倒不如说,它是人类生活的一切社会形式所共有的。因此,我们不必来叙述一个劳动者与其他劳动者的关系。"③ 显然,马克思不过是在方法论的意义上才讲到了自然人的问题。因此,生产力中的人是社会人而不是自然人,这是马克思主义的观点。

也要指出,平心同志在阐述自己的观点时,确实也有表述不够确切和概念不够科学的地方。例如:尽管他曾经正确地强调了"生产力运动的内在规律不能脱离生产关系孤立地发生作用",但是,他在实际论述中还是机械地把生产关系和生产力分开了,而不是始终如一地在生产关系和生产力的矛盾运动中来揭示生产力运动的内在规律。他关于生产力可以"自己增殖"的观点就是一例。平心同志在谈到生产力内部的"社会联系"时,他认为分工就是生产力,我觉得这似乎有些简单化了。因为从生产力要素组成来看,分工既不是劳动者本人,也不是劳动手段,更不是劳动对象,而是一种在生产过程中劳动者之间的社会关系,这种关系一方面是依照生产技术(即生产资料特别是生产工具)的情况和需要而形成的社会劳动关系,这在任何社会形态的物质生产中都存在;另一方面,这种关系又在不同社会形态下具有不同的形式。马克思说:"分工产生的生产力,不费资本分文。这是社会劳动的自然力。"④

---

① 《马克思恩格斯选集》第二卷,人民出版社 1972 年版,第 87 页。
② 《资本论》第一卷,人民出版社 1975 年版,第 202 页。
③ 同上书,第 208—209 页。
④ 《资本论》第一卷,人民出版社 1975 年版,第 423—424 页。

所以，由分工而产生的新的社会生产力，是由社会劳动带来的。我们只能在转化的意义上来理解分工是生产力，而不能在二者之间直接画等号。这就如同思想意识一旦掌握了人民群众，就会转化为巨大的物质力量，但并不能说思想意识就等于是物质力量一样的道理。平心同志关于对生产力的"社会属性"的解释，也是值得商榷的。他在讲到这个问题时说："一定历史阶段劳动者的社会地位、生活面貌与精神机能，一般的劳动性质，生产的社会属性，劳动组织性质，生产资料使用目的性与社会作用，生产力诸因素新陈代谢的特点以及生产力变化和发展的各种社会条件，所有这一切综合起来，规定着一定社会经济形态的生产力的社会属性。"[①] 显然，平心同志在这里是把生产关系的某些因素网络在生产力之中。这就与他一再声明的"生产力的内在规律不能脱离生产关系孤立地发生作用"相违逆了。

（原载《经济研究》1980 年第 1 期）

[①] 平心：《再论生产力性质》，《学术月刊》1959 年第 9 期。

价值规律的内因论和外因论

——兼论政治经济学的方法

斯大林《苏联社会主义经济问题》一书的出版，引起了我国经济学界对价值规律的深切关注。二十多年来，曾先后几次形成讨论的热潮。开头分歧很大，相当普遍地认为价值规律是资本主义的经济规律，即使在生产资料公有制的基础上，它也是"野性"难除，从而要统治它、"改造"它，视价值规律若"泛滥的洪水"，"脱缰的野马"。随着讨论的深入，当然更重要的是面对着社会主义经济建设中不断重复出现的问题，人们对价值规律的认识，渐渐发生了变化。目前绝大多数同志都认为价值规律是社会主义社会客观存在着的经济规律，必须尊重它。有的同志还更鲜明地提出要按客观经济规律办事，主要就是要按价值规律办事。我从50年代开始宣传价值规律的客观性，主张"把计划和统计放在价值规律的基础上"。那时，很多同志不以为然。现在我们在这个问题上开始有了一些共同的语言，这不能不使我感到由衷的欣慰。

一 仍然存在着分歧

求同存异，这是外交和统一战线中所应采取的一条原则。但是，如果在科学研究中也讲求同存异，那就没有什么问题可以研究和讨论了，科学也就不会前进了。我主张科学研究应该是存同求异，互相找差异，正确地开展争论。这样才能把科学水平渐渐提高起来。"百花齐放、百家争鸣"，贵在一个"争"字。允许批判，也允许反批判。马克思 1853 年 9 月 3 日在给恩格斯的一封信中说："真理通过论战而确立,历史事实从矛盾的陈述中清理出来。"① 只有在争论中才能使人们对客观事物的认识逐步深化。真理并不害怕批判,它只会越辩越明。

在价值规律的问题上,我和很多同志还存在着分歧。

一是在对价值规律的尊重程度上存在着差距。有不少文章在讲到价值规律如何如何重要的时候,总要给价值规律前面加上"利用"二字。我不那么赞成"利用"这种说法。价值规律是客观存在着的经济规律,它不是大观园中的丫头,可以让人随便"使唤""利用"。无论是哪一门的自然科学家,似乎都不曾说他们"利用"什么规律做了什么事。是不是我们社会科学家、经济学家的主观能动性就比他们大一些呢?不是。我们只能按客观经济规律办事,顺应客观规律的要求而不能反过来"利用"。当然,现在讲"利用"价值规律的文章中,多数还都承认这个规律是存在于社会主义经济中的客观规律。我之所以对"利用"云云反感,是觉得讲"利用"还显得对客观规律不太尊重,在"利用"的背后还隐藏着另一种理论上的可能性:当着气候适宜或自己主观上觉得不再需要这个"丫头"的时候,将又不去"利用",以至再企图把它逐出社会主义经济的园地。

二是对价值规律在社会主义经济中存在的客观必然性认识还不统一。概括来说有两种意见:一种是把价值规律同社会主义两种公有制的存在,因而同商品生产的存在直接挂钩。他们认为,价值规律是商品经济的规律,如同斯大林所说,在有商品和商品生产的地方,是不能没有价值规律的,在不存在商品和商品生产的地方,就不存在价值规律了。按照斯大林的说法,全民所有制内部的交换,不是商品交换;或者确切些说,那里只存在着商品交换的"外壳"。因此,尊重价值规律之所以必要,只是由于在全民所有制外

---

① 《马克思恩格斯全集》第 28 卷,人民出版社 1973 年版,第 286 页。

部还存在着商品的缘故；有朝一日社会上没有商品，连商品的"外壳"也脱落了的时候，那么价值规律也就不存在了。所以，对于社会主义社会中的领导经济成分来说，价值和价值规律只不过是一种外在的力量，是强加于它的。这种看法实际上是价值规律的外因论，它是多年来传统的也是最普遍的观点。另一种是，认为价值规律是社会化大生产的客观规律。在社会主义条件下，生产的社会化程度更高，因此价值规律是由全民所有制的生产关系中必然引出来的客观规律，而不是从外部、从不同所有制之间的交换中引进来的。这是我的看法。这种看法可称为价值规律的内因论。

尽管我和很多同志在价值规律问题上已经有了不少的共同语言，但既然还有这点差异，那么就需要继续争论下去，以求得到进一步的一致。

二 坚持价值规律的内因论

从1956年我写《把计划和统计放在价值规律的基础上》那篇文章起，一直到1978年写《千规律，万规律，价值规律第一条》这篇文章止，二十多年来我始终认为，价值规律是在任何社会化大生产中"根本不能取消的"规律，它不仅在社会主义社会，甚至在共产主义社会都将仍然起作用。概括起来，价值规律的作用无非有这样几条。

一是价值规律就是商品（产品）价值由社会平均必要劳动时间决定的规律。必须强调价值规律的节约时间的作用。商品是历史的范畴。在共产主义社会以及社会主义社会的全民所有制经济内部，不存在商品生产和商品交换。在那里，社会生产的直接目的就是使用价值而不是价值。但是，这个使用价值总归是生产者花了一定量的劳动消耗为代价换来的，衡量这个代价大小的尺度仍然是社会必要劳动。社会平均必要劳动量的确定，毫无疑问是一个由个别劳动到社会劳动的社会化过程。社会平均必要劳动量决定商品价值，这对资本家来说，它既是作为蚀本和破产的恶魔而威胁着他们，又作为赚钱和发财的妖精而引诱着他们，从而推动资本家不断地拼命向前。但是在社会主义条件下，社会平均必要劳动量仍然决定着商品（产品）价值，对各个企业来说，它却是作为促使后进赶先进、先进更先进的经济动力而发挥作用。这就是说，社会主义经济更注重经济核算，更注重劳动生产率，更注重以最小的劳动消耗取得最大的经济效果，这是价值规律的核心问题。"不惜工本"，是违背价值规律的。但是，在过去，特别是在刮"共产风"、搞"瞎指挥"时期，以及后来陈伯达、林彪、"四人帮"进行反革命破坏的时期，时髦的口号却是"不惜工本"（实际上是不惜人民的血汗）。特别是"用最小的劳动消耗取得最大的经济效果"被当作"政治不挂帅"的修正主义口号来批判。这正是我们的经济发展速度不够理想的原因之一。

二是价值规律是商品（产品）交换比例由价值调节的规律。必须强调价值规律的等价交换原则。商品（产品）交换在它的纯粹的形式上是等价物的交换，只有等量社会劳动的商品（产品）才可以互相交换。因此，从本质上来讲，价值规律要求价格向价值靠拢，而不是与价值背离。这种要求靠拢的趋势，不论是资本主义经济还是社会主义经济都存在。通过"背离"的形式来达到靠拢，即通过市场竞争的途径来决定价格，这只是价值规律在个体经济和资本主义商品经济时代的一种特殊作用形式。在社会主义条件下，已经不需要通过"背离"的形式，而是通过直接计算劳动成本的方法来决定价格。当然，人民币在这里已不是原来意义上的一般等价物，只不过是价值的计量单位，本质上是劳动券。

三是由上述两种作用而产生的实现对生产的调节和对社会生产力的比例分配，价值规律是制订计划的根据和基础。按一定比例分配社会劳动的必要性，绝不可能被社会生产的一定形式所取消。这里所说的"比例"，当然不能认为是使用价值的比例，而是指劳动量的比例，价值的比例。在资本主义商品经济中，由于竞争，由于价格与价值的背离，引起劳动和资本从这一个部门向另一个部门的转移，从而盲目地调节生产，自发地形成比例。而在社会主义条件下，却可以通过计算来主动地捉摸清楚活劳动和物化劳动的比例，搞好综合平衡，使国民经济有计划地发展。

上述三条是价值规律在社会主义条件下所起的不以人的主观意志为转移的客观作用，它起因于社会化大生产的要求。在资本主义商品经济中，它只不过是以另外的形式表现出来。马克思、恩格斯关于价值和价值规律的话讲了很多，但我们不要忘记，他们的研究对象是资本主义商品经济，价值规律的个性作用讲得多一些，而其共性一面则讲得不可能太多。我们更不要忘记，马克思主义不是教条，而首先是世界观和方法论。过去，不少文章对我关于价值规律的观点所作的批判，在我看来，实际上很多是抽象的批判。因为在批判者的思想上仅仅只有教科书上所讲的一个与资本主义经济，与商品经济相联系的价值规律，而没有弄清我所讲的价值规律的内容。现在还有不同意见，能够展开讨论或批判，这是值得欢迎的。但是，批判应该针对着我所说的内容来批判，而不能按照批判者自己强加于我的意见来批判。

三 价值规律外因论观点实际上是自然经济论

斯大林在《苏联社会主义经济问题》中认为，在社会主义条件下，还存在着公有制的两种形式：全民所有制和劳动群众集体所有制。这两种所有制之间的经济联系必然是商品交换，从而价值规律在这里也就起作用，国家与农民的交换要遵守等价交换的原则，就是说要承认价值规律。这个看法应该说是这本书的贡献。但从另一方面看，斯大林又认为：价值、价格这些范畴，从而价值规律的作用只是在两种所有制的边缘上、在交换的过程中才产生出来的。这就如同商品当初产生在原始公社的边缘上一样，是两个原始公社碰头，以其所有易其所无的结果。斯大林进一步提出：既然在全民所有制的外部还存在着商品和商品交换，那么全民所有制内部的生产资料产品就不得不带上商品的"外壳"，而其本身并不存在价值关系，生产资料产品不能流通。这就是价值规律外因论的主要论点。

社会主义社会总是要从低级向高级发展的，集体所有制总是要不断提高并逐步过渡到全民所有制的。应该指出，我们现在反对"穷过渡"，仅仅是反对那种不顾生产力发展水平，片面地搞所有制升级的做法。我们并不反对按生产力发展需要，在将来把集体所有制逐步提高到全民所有制。全民所有制是我们争取的目标。但是，按照价值规律外因论的观点，价值规律在社会主义社会的发展过程中，其客观作用必然是递减的，特别是当着全社会实现了单一的全民所有制之后，价值规律就干脆不存在了。

斯大林所持的价值规律外因论的观点，实际上是他的自然经济论的产物。这里，还得从斯大林对生产关系的定义讲起。斯大林在对生产关系的定义中把所有制作为孤立的一项，在生产、交换、分配、消费以外来研究所有制，这对社会主义经济的危害很大。孤立研究所有制，最早是蒲鲁东。他想脱离生产关系的变革来解决私有财产问题。马克思在答复俄国经济学家安年科夫的一封信里说："所有制形成蒲鲁东先生的体系中的最后一个范畴。在现实世界中，情形恰恰相反：分工和蒲鲁东先生的所有其他范畴是总合起来构成现在称之为所有制的社会关系；在这些关系之外，资产阶级所有制不过是形而上学的或法学的幻想。另一时代的所有制，封建主义所有制，是在一系列完全不同的社会关系中发展起来的。蒲鲁东先生把所有制规定为独立的关系，就不只是犯了方法上的错误：他清楚地表明自己没有理解把资产阶级生产所具有的各种形式结合起来的联系，他不懂得一定时代中生产所具有的各种形式的历史的和暂时的性质。"① 马克思还说过："在每个历史时代中所有权以各种

---

① 《马克思恩格斯选集》第四卷，人民出版社 1972 年版，第 324—325 页。

不同的方式、在完全不同的社会关系下面发展着。因此，给资产阶级的所有权下定义不外是把资产阶级生产的全部社会关系描述一番。"① 马克思不把财产问题孤立地作为生产关系的一项，并不表示他不重视财产问题。马克思和恩格斯在《共产党宣言》中讲过："总之，共产党人到处都支持一切反对现存的社会制度和政治制度的革命运动。在所有这些运动中，他们都特别强调所有制问题，把它作为运动的基本问题，不管这个问题当时的发展程度怎样。"② 生产关系是生产过程中人与人之间的相互关系，还有交换过程中的关系、分配过程中的关系，它们的总体形成了政治经济学中的所有制关系。所以，要讲清一种所有制，首先应当分析生产的人的要素和物的要素是怎样结合起来进行生产的，人们怎样互相交换自己的产品，产品又怎样进行分配。这样来研究所有制问题，就会有血有肉地弄清楚每一个社会形态的经济关系。离开生产关系来研究所有制，恰恰是贬低了所有制问题。而且也给经济工作中的唯意志论开了方便之门。二十多年来我们经济上有很多问题，特别是在农业合作化过程中，以及后来专门在所有制或者财产形态的不断升级上做文章，这不能说与斯大林对生产关系的错误定义没有关系。伴随着所有制的不断升级，价值规律的境遇每况愈下，以致被当作洪水猛兽而逐出了社会主义经济的园地。斯大林的经济观点还有一个重大错误是无流通论。他排除了交换，用直接生产过程中的交换来代替独立于直接生产过程外的交换，特别是否认全民所有制内部的交换，用调拨代替流通，用配给代替交换。说生产资料产品不是商品，国营企业与国营企业之间不是商品交换，我赞同。但是还得实行产品交换，讲等价交换原则。然而斯大林的无流通论，却完全排斥了价值规律对全民所有制生产的调节作用。

斯大林一方面否认全民所有制内部的交换，主张无流通论；另

---

① 《马克思恩格斯选集》第一卷，人民出版社1972年版，第144页。
② 同上书，第285页。

一方面又不否认全民所有制之外还存在着商品交换。在有商品的地方，不能没有价值规律。于是，以保留着集体所有制经济来解释价值规律在社会主义社会存在的理论，即价值规律外因论就站出来了。这就是说，对社会主义全民所有制的自然经济论观点派生了价值规律的外因论。

在一个时期中，苏联在与农民的关系上，也并不是那么真诚地讲商品交换的。尽管在理论上承认了国家与农民的关系还是商品交换，但他们搞的"义务征购制"，实际上是"假收购"。曾经流传过这样一个故事：斯大林在写作某一重要经济著作时，作者开始是强调工农业产品要实行等价交换的，但是别人将了他一军，说：你要实行等价交换，那我们出现财政赤字怎么办？在财政赤字面前，作者没办法，只好让步，不讲工农业产品的等价交换，只讲农业内部粮棉比价问题了。这就是说，起先还能从工农产品的交换中引出商品，引出价值规律来，可是列举具体例子时，又只举农产品与农产品之间的比价了。

四 价值规律外因论对实际工作的危害之一

——不讲经济效果

三十年来，社会主义经济建设中最大的问题之一，就是不讲经济效果，或者只讲效果不讲费用，把"不惜工本""不计盈亏"，看作天经地义的事。特别是在全民所有制企业中缺乏严格的经济核算，认为费用多一点、少一点，如同一个人衣服上的四个口袋，装来倒去反正总数一样多，效果好一点、差一点，反正与己无关，端着铁饭碗吃大锅饭。根源何在？否认价值规律对全民所有制企业生产的调节作用，否认按社会平均必要劳动时间组织生产的客观必要性，是重要的原因之一。

我们应该对社会主义充满信心。真正的全民所有制确实要比集体所有制优越。可是我们过去的二十多年怎么样呢？特别是林彪、

"四人帮"擅权以后,弄得许多国营企业不如集体企业。全国国营企业中有相当一部分亏损,国家要从财政中拿出钱来补贴。从事物质生产的企业,却要国家财政补贴,补贴的钱哪儿来?还不是从经营得好的、有盈利的企业,还有农民那儿拿来的!

这是事实,不能闭眼不见。现在不少同志开始强调经济核算了,也就是说开始承认价值规律对全民所有制企业的调节作用了。但是很遗憾,他们却把商品关系引进了全民所有制内部来,说全民所有制内部之所以要讲价值规律是因为这里还存在着商品交换。经济学界的一些同志,在这个问题上是从一个极端走向另一个极端:先是根本否认价值规律在全民所有制内部起着调节作用;现在承认了这种作用,却为了更强调价值规律的作用又把商品引进了全民所有制的经济关系中来了。以军工产品来说,这是全民所有制企业的产品,能说它是商品吗?不能。飞机、大炮生产出来分配给各军、兵种用,这怎么能说是商品呢?但是,它不是商品,并不是说可以不讲经济核算了。军工生产也要讲节约物资、节约劳动、降低成本、增加品种、发展生产,用最小的劳动消耗取得最大的经济效果。军工企业的固定资产和流动资金也要讲等价补偿。这正是价值规律的客观要求。

我认为,由商品关系来说明全民所有制实行经济核算的必要性缺乏坚实的理论基础。试问,难道商品关系消失后就可以不要经济核算了吗?还有一种看法,认为凡是交换的产品都是商品,因而到了共产主义也还存在着商品交换。按此说来,难道马克思所说的"互相交换劳动",其劳动也是商品吗?难道物质生产部门和非物质生产部门的劳动者都是互相出卖劳动吗?这也是说不通的。

我认为不同所有制之间的交换是商品交换。全民所有制内虽然存在着交换,但它不是商品交换,而是产品交换。然而无论是哪种交换,都必须按照价值规律的要求办事。

有的同志称我主张价值万岁论。理由是说:价值是历史范畴,而我却把它变成了永恒范畴。这完全误解了我的观点。我一直认为，价值是历史范畴，它反映着社会化大生产中人们之间的社会关系。人类社会将经历自然经济、商品经济和产品经济。在自然经济中不可能有真正的价值观念，不可能形成社会必要劳动时间。而只有在商品经济和产品经济中才有价值观念，才能形成社会必要劳动时间。所不同的是在商品经济中，价值以交换价值的形态出现；而在产品经济中，价值才回到了"它真正的活动范围"。分清"价值"和"交换价值"这两个不同的概念是件非常重要的事情。这不是"舍本逐末"，也不是我的"独特见解"。马克思以前的政治经济学是分不清这两个概念的，因而当时习惯以"价值"这个概念来代表"交换价值"。马克思和恩格斯顺从着当时经济学界的习惯用法，为简便起见，也常常把"价值"当作"交换价值"来使用。但他们在理论上对二者是作了严格区别的，并对古典政治经济学者不会区别二者的错误作了批评。马克思说：古典政治经济学的基本特点之一，是它从来不曾能够由商品的分析，尤其是商品价值的分析，引申出价值的形态来，然而正是这个价值的形态使价值成了交换价值。正是亚当·斯密和李嘉图，古典政治经济学的最好的代表，也把价值形态看作完全无关紧要的事，甚至于把它看作对商品本质而言是外表的事。他们之所以会如此，不仅因为他们的注意力完全被吸引到价值量的分析上去了。还有更深刻的原因。劳动生产物的价值形态，不仅是资产阶级生产方式的最抽象的，并且是最一般的形态。资产阶级生产方式当作社会生产的一个特殊类型正是由于价值的形态才取得特征的，从而也取得了历史的特征。如果把资产阶级生产方式当作社会生产的永久的自然的形态看了；那么不免就会把价值形态的专门的特性看漏掉的，从而就会把商品形态的特性，甚至再进一步发展下去，就会把货币的形态，资本的形态等等特性都看漏掉。马克思在《资本论》第一卷初版序中讲到弄清交换价值的重要性时又说："对资产阶级社会说来，劳动产品的商品形式，或者商品的价值形式，就是经济的细胞形式。在浅薄的人看来，分析这种形式好象是斤斤于一些琐事。这的确是琐事，但这是显微镜下的解剖所要做的那种琐事。"① 交换价值反映着个体经济和资本主义条件下商品生产关系的特性。因为在那样的社会中，商品所包含的社会必要劳动量不能直接地表现出来，而是要经过亿万次的交换，最后才得出一个平均线即某一商品的价值量，曲线则代表着受供求关系影响而形成的价格。供过于求，价格下降；求过于供，价格上涨。但不管供求如何不平衡，价格如何摆动，再加上投机倒把等因素，商品自身的价值必须通过另一个商品即货币才能表现出来。这反映着资本主义商品生产的无政府状态。而在共产主义社会中，价值即社会平均必要劳动量则可以直接表现出来，不再表现为交换价值。当然，在现实经济中，由于种种原因距离这一点还相差很远，其中有一点是不重视统计工作，不重视成本会计。在这种情况下，不要说对整个社会中同一行业同一产品的社会必要劳动量难于了解，就是连一个企业内单个产品的成本都算不清，说不准。列宁是非常重视统计和监督的。真正搞好统计工作，非常需要现代化的科学技术，例如电子计算机等。但就目前来说，只要每个工厂把成本会计搞好，用手工业的方式也还是可以算出全国范围内某一产品至少是去年的社会必要劳动量。既然知道了去年的，再加上今年（1980年，下同）的大体估计，这不就摸到了今年的社会平均必要劳动量了吗？当然，要做到绝对准确的计算是不可能的，即使电子计算机也不可能算得绝对准确。这是因为劳动生产率每时每分每秒都在变化，今天算出来的数字，明天就会与实际不符。但能算出一年的社会必要劳动量还是很了不起的。像五十年代，这个月的上旬，能够算出上月的产品成本，这是很不错的。所以，价值是社会化大生产的产物，反映着社会化生产过程中的各种社会经济关系。就这一点来说，它对共产主义和资本主义都是共同的。但就两个社会的特殊性来说，在资本主义社会中，价值通过交换价值表现出来；在共产主义社会中，价

---

① 《马克思恩格斯全集》第23卷，人民出版社1972年版，第8页。

值却能通过统计、会计具体捉摸到。

　　还有一种看法，认为全民所有制企业实行经济核算的必要性来自按劳分配。我不赞同。因为按照这个逻辑推论下去，必然会认为到了共产主义社会就可以不必讲经济核算了。因为那时按劳分配已被按需分配所代替了。请注意马克思的下述著名论述："在资本主义生产方式消灭以后，但社会生产依然存在的情况下，价值决定仍会在下述意义上起支配作用：劳动时间的调节和社会劳动在各类不同生产之间的分配，最后，与此有关的簿记，将比以前任何时候都更重要。"① 显然，价值规律的作用并不来自分配，而是物质生产过程的客观要求。

　　我一贯认为，在经济工作中必须强调用最小的劳动消耗去取得最大的经济效果。这也不是我的发明。马克思在《剩余价值理论》中曾肯定了李嘉图的一个看法："真正的财富在于用尽量少的价值创造出尽量多的使用价值，换句话说，就是在尽量少的劳动时间里创造出尽量丰富的物质财富。"② 这不正是我们所说的"最小最大"吗？马克思在《资本论》中同样说过："这个领域内的自由只能是：社会化的人，联合起来的生产者，将合理地调节他们和自然之间的物质变换，把它置于他们的共同控制之下，而不让它作为盲目的力量来统治自己；靠消耗最小的力量，在最无愧于和最适合于他们的人类本性的条件下来进行这种物质变换。"③ 这就是说，交换价值废除以后，价值即社会必要劳动量依然是财富的实体。这里，我还要再次重复恩格斯1844年在《德法年鉴》上的那段话，他说："价值是生产费用对效用的关系。价值首先是用来解决某种物品是否应该生产的问题，即这种物品的效用是否能抵偿生产费用问题。只有在这个问题解决之后才谈得上运用价值来进行交换的问题。如果两种物品的生产费用相等，那末效用就是确定它们的比较

---

① 《马克思恩格斯全集》第25卷，人民出版社1974年版，第963页。
② 《马克思恩格斯全集》第26卷，第3分册，人民出版社1974年版，第281页。
③ 《马克思恩格斯全集》第25卷，人民出版社1974年版，第926—927页。

价值的决定因素。……不消灭私有制，就不可能消灭物品本身所固有的实际效用和这种效用的决定之间的对立，以及效用的决定和交换者的自由之间的对立；而在私有制消灭之后，就无须再谈现在这样的交换了。到那个时候，价值这个概念实际上就会愈来愈只用于解决生产的问题，而这也是它真正的活动范围。"① 过了三十三年，恩格斯对此再次说明："在决定生产问题时，上述的对效用和劳动花费的衡量，正是政治经济学的价值概念在共产主义社会中所能余留的全部东西，这一点我在1844年已经说过了（《德法年鉴》第95页）。但是，可以看到，这一见解的科学论证，只是由于马克思的《资本论》才成为可能。"②

有同志说我那样来论证价值是历史的范畴，只说了一头。这也是误解。共产主义社会是我们的奋斗目标，不可能在当前对它就做出十分详尽的设想。但有一点我肯定，那时的物质财富也要靠劳动来创造，即使是机器人创造，也离不了人来控制，因此。只要还有活劳动、物化劳动的耗费，价值规律就得讲下去，就得讲"最小最大"的问题。从这个意义上来说，我承认我是价值规律万岁论者。

以上所述，无非是要指出在现实的经济建设中，特别是在全民所有制的企业中，不讲经济核算，不讲劳动生产率，不讲经济效果，没有用最小的劳动消耗去取得最大的经济效果的观念，这是违背价值规律的客观要求的。而其理论上的根源，正是价值规律的外因论。

五 价值规律外因论对实际工作的危害之二
——不讲等价交换

前面已经说过，无论是商品价值规律，还是产品价值规律，从

---

① 《马克思恩格斯全集》第1卷，人民出版社1956年版，第605页。
② 《马克思恩格斯选集》第三卷，人民出版社1972年版，第348—349页。

本质上来说，都要求等价交换。等价交换意味着生产单位在生产过程中的劳动（活劳动与物化劳动）耗费必须等价补偿。这里，价格最重要。没有价格，就没有价值规律。所以定价的基础必须是价值即社会必要劳动。然而价值规律外因论，却是不讲等价交换的。他们把不等价交换看作社会主义理所当然的。为此，他们有过各种各样的"道理"。

其一是说：等价交换只适用于农产品与农产品之间，即集体所有制内部。而在工农业产品之间，不等价交换是完全应该的，农产品的收购价格应该永远低于价值，而工业品的销售价格应该永远高于价值，社会主义国家要通过这种"剪刀差"的办法来从农民那儿取得建设资金。这是歪理。还在50年代，毛泽东同志在一次审查国民经济建设计划草案时，曾经向计划统计工作者提出过这样一个问题，说：全国近两亿左右的农村整、半劳动力对国家的贡献怎么只占国家财政收入的百分之十几，而人数只有一千多万的工、交部门的职工对国家的贡献却又占国家财政收入的百分之八十几，这笔账是怎么算出来的？其实问题很简单。那是因为国家对农副产品的收购价格订得偏低，按价格来计算国民收入，农民所创造的价值被价格掩盖了，或者说在工业部门的产值中实现了出来。当然，这里也有个简单劳动和复杂劳动问题，但除去这方面的因素，按当前国际市场上的"剪刀差"来计算，农民对国家的贡献，最低也要占到国家财政收入的百分之三十几。价格远远背离了价值，结果欺骗了我们大家！我们整天说农业重要，可是二亿多农业劳动力所创造的价值在账面上却很少，这怎么说得过去呢？前年我去南斯拉夫、罗马尼亚考察后曾得出一条结论：他们的工业搞得比较好，发展比较快，人民群众生活水平高，有一条原因是他们的农业早已过关。他们虽然没有什么"农业为基础""农、轻、重"这样一些对马列主义理论的贡献或发挥，但他们却是实实在在做了，其中心问题是解决价格问题。他们先后几次提高农副产品的收购价格。而我们呢？尽管有不少理论，却不注意解决工农业产品上的"剪刀差"。相反，还列出些歪理，为这些历史上残留下来的东西辩解。我有句老话，主张把向农民的"暗拿"变为"明拿"。"暗拿"就是指前面所说的用"剪刀差"的办法从农民那儿要建设资金，在这种情况下，农民向国家交售农副产品的数额越多，他们的负担就越重。"明拿"就是直接税的形式，数额由政府法律严格规定，在一定的年限内不变。当农民交纳完这个直接税后，向国家交售农副产品，通过等价交换得到全部价值。党中央决定在1979年夏粮上市开始提高粮食收购价格百分之二十，超购部分在这个基础上再加价百分之五十，同时还相应地提高了其他一些农副产品的收购价格。再加上农村各项经济政策的落实，农民喜气洋洋，农业渐渐活了。这不有力地说明贯彻等价交换原则，照价值规律的客观要求办事的极端重要性吗！违背它，就要受到惩处。

其二是说：等价交换就是等价格交换，否则就是不要国家积累。如果是这样，那么粮食照一角钱一斤收购是等价，压低至五分钱一斤收购也是等价；反之把价格提高至每斤一角二分、一角五分还是等价。这样离开价值谈价格，就是从根本上反对等价交换原则，纯属荒唐理论。

其三是说：价格与价值相符是经济原则，而价格与价值背离是政治挂帅。这就是说，产品定价可以不根据价值规律，而按主观要求。这就是苏联斯特鲁米林曾经说过的"理论"：价格不背离价值就没有价格政策。60年代初，刘少奇同志曾经特别强调过等价交换问题。他说：不但工农之间、全民所有制经济和集体所有制经济之间需要等价交换，全民所有制企业之间、重工业和轻工业之间、各个地区之间也要等价交换，否则再生产的必要条件——价值补偿和物质替换就无法得到满足，国民经济各部门、各地区之间的比例关系就会遭到破坏。就拿苏南与淮北、淮南交换来说，苏南都是轻工业产品，价格偏高；而淮北、淮南是产煤，煤价偏低，二者不等价，它们之间的经济关系就很难摆平，地区之间的平衡也就无从谈起。我们都知道，在铁路运输上，电动、内燃机车要比蒸汽机车先进，可是目前电动、内燃机车却很难推广开，除了产品品质差外，一个很重要的原因是煤、电、石油之间的价格不平，煤价偏低，电、石油价偏高，铁路运价又长期不变，蒸汽机车只好长期用下去。

价格问题十分重要。但是目前的价格，对价值来说却是一个"哈哈镜"，把社会平均必要劳动歪曲了。这带来了不少问题，例如：我们强调要理直气壮地抓利润，是指生产利润，为国家多提供剩余劳动。但由于价格与价值大大背离，价格畸高畸低，这就使得一些人专抓流通利润，再按利润发奖，结果又出现了不顾左邻右舍的情况，这是不行的。但要调整价格，又确实困难重重，如同某些同志所说，牵一发而动全身。在我看来，三十年来，等价交换的原则基本上没有得到贯彻，讲是讲过，那不过是在口头上。所以，价格一定要逐步调整，使价格和价值逐步相符起来。当然价格的全面调整，需要有个过程，会遇到困难，这是一回事。但道理总得说清楚，这就是价格要符合价值，而不是背离价值。

这里还得说说生产价格问题。现在对这个问题持反对意见者少了一些。但对在社会主义条件下，价值转化为生产价格的客观基础似还讲得不充分。仅仅讲社会化大生产还是不够的。因为在社会化大生产的不同发展阶段，物质技术条件的作用也是不同的。物质技术装备程度的不同，一般表现为产品资金占用量的不同。劳动生产率提高快的部门，也就是物质技术装备程度较高、产品资金占用量较高的部门，它们的产品的生产价格总额就超过产品价值总额，相反，劳动生产率提高慢或停滞的部门，它们的产品的生产价格总额就小于产品的价值总额。以生产价格来定价，必然发生有机构成高的部门取得的利润，超过它所创造的剩余产品的价值，有机构成低的部门取得的利润，低于它所创造的剩余产品的价值。按生产价格定价，这是价值规律在社会化生产发展更高阶段的必然要求。

六　价值规律外因论对实际工作的危害之三

——实际上取消了综合平衡

价格背离价值的害处，除了不利于经济核算外，重要的一条是使国民经济各部门之间的比例关系丧失真相，使国民经济的综合平衡难以搞好。过去有人主张综合平衡是使用价值的平衡，这就是说：发一度电要消耗多少煤，炼一吨铁要消耗多少焦炭，一吨钢可以轧多少长的、一定重量的钢轨，制造一辆一定型号的机车或别种机械要多少吨钢材等，以及建立在以上各种技术定额基础上的煤、电、钢铁、机械等生产部门之间的实物比例。过去从苏联搬来的计划平衡就是这么干的。这是地地道道的技术经济学。我们要生产产品，一定要使活劳动和物化劳动平衡。而如果工农产品价格不平，轻重工业产品价格不平，综合平衡就是一句空话。因为综合平衡，归根结底是价值的平衡，而不是使用价值的平衡。

价值规律外因论把价值规律同商品"挂钩"，很容易引起大家对社会主义计划经济中价值规律作用的误解，把"价值"和"计划"对立起来。有不少同志就这样讲：我们现在的计划还不能控制全部产品，所以要留点余地让给价值规律来调节。通过价格与价值的背离来刺激计划管不到的生产、消费，调节供求。这种观点实际上是把社会主义的统一计划经济分成了两块：计划与市场，似乎社会主义的计划管不到市场，而照顾了市场，就得放弃计划。这样的提法我不赞同。

我认为不能把计划与市场看作不相容的。在社会主义条件下，无论商品价值规律，还是产品价值规律，都要求有统一的全面的直接或间接的计划，而不能搞"板块论"。据南斯拉夫的经济学家介绍：从70年代开始，在计划与市场问题上，也曾经有过激烈的争论。我们从南共联盟几次代表大会的文件和经济学家的著作中都可以看出，那不仅是两种经济思想的争论，而且也是两种不同经济政策的争论。一种思想比较强调市场的作用，把计划的作用降低到最低限度；另一种思想强调计划的作用，把市场的作用降低到最低限度。但是两种意见都承认计划与市场必须共存。现在越来越多的人主张，在社会主义经济中，必须承认市场的作用，然而这个市场是在计划指导下的市场，因而是有组织的市场。经济学家辛迪奇院士还特别对我强调说："我们南斯拉夫的市场是没有自发势力的市场。"这就是说，他们的商品交换是在计划控制下的交换，生产者要为消费者服务，实行以需（市场）定产，而不是以产定需。在这种思想指导下，南斯拉夫非常强调供、产、销三方的合同关系，允许在一定限度内的竞争和自由选择，允许一定幅度内价格的涨落。但是当合同签订以后，双方都必须严格遵守。一九五六年我写的《把计划和统计放在价值规律的基础上》就是这个意思。强调计划要能正确地反映价值规律。现在我还是主张把计划放在客观经济规律特别是放在价值规律的基础上，而不赞同"板块论"。

关于计划经济问题，我听到南斯拉夫的同志还有这样一个观点，这就是他们不承认计划经济是社会主义的主要特点。他们说：把计划经济看作是社会主义的主要特点，是不对的。我觉得这不是没有道理的。过去，资本主义社会只是在工厂内部实行计划，而整个社会是不可能有计划生产的。而现在，资本主义国家按照凯恩斯学说，对全国的经济通过一些经济手段进行干预、影响，开始有了我们平常所说的间接计划。不仅国内，就是跨国公司，包括好几个国家，都是有计划地做买卖。总而言之，资本主义也是搞计划的。关于这一点，列宁曾说过：现在资本主义已经直接发展到具有高度计划性的形式。南斯拉夫同志认为，社会主义的本质特点在于工农群众当家做主，劳动者直接对生产、交换和分配过程进行管理。

所以，我觉得把统一的社会主义计划分作两块是不对的。那是用价格调节供求的办法来取消全国统一计划。我也觉得仅仅把计划当作社会主义经济的主要特点也是不对的。但这并不是说就可以不要计划了，而关键是要改变计划的方法，是自上而下，依靠"长官意志"；还是自下而上，依靠群众，按照客观经济规律办事。

七 要运用科学的研究方法

我在价值规律上所持的内因论观点，是从全民所有制出发来研究整个国民经济的问题，这就涉及对政治经济学研究方法的讨论。

政治经济学的方法，是辩证法对客观经济运动及其规律性进行研究和表述的运用。过去，经济学界有个看法，认为不把当前复杂的现实的多种所有制的社会主义生产关系列为研究对象并分析清楚，却从纯粹的全民所有制出发来研究价值规律和社会主义的其他经济规律，这是脱离实际。其实问题并不是这样。马克思早就讲过：分析经济形式，既不能用显微镜，也不能用化学试剂。二者都必须用抽象力来代替。对社会主义经济的客观运动过程的研究，必须在占有大量资料的基础上，对经济现象加以分析、研究和概括，从中找出主要的本质的东西来先研究清楚，而将次要的非本质的东西暂时置之不顾。待把主要的本质的东西研究清楚了，再把那些次要的非本质的东西加进来。但是对研究成果进行说明和表述时，则必须在形式上从研究结果所形成的相对单纯的概念和相对简单的规定开始，逐步具体化，回到整体，即从抽象到具体、简单到复杂、局部到整体。例如：《资本论》从价值到价格、剩余价值到利润展开论述。所以，研究的过程是抓本质，采取"脱衣法"，表述的过程即历史的发展，采取"穿衣法"。中华人民共和国成立初期还有奴隶制和农奴制的生产关系，如果把它和社会主义生产关系搅在一起，这怎么能研究清楚呢？这十年的所谓"文化大革命"，使得许多封建的东西又还魂了，如果把它和社会主义生产关系搅在一起，也是研究不清楚的。全民所有制是社会主义生产关系的本质，它决定着现实中各个生产关系发展的方向。马克思曾经说过："在一切社会形态里，都有某种生产决定一切其它生产底地位和影响，因而这种生产底关系也决定一切其它生产关系底地位和影响。它是一种普照之光,在这光里,一切其它事物都黯然失色了,并且依照它们的特殊性而改变色调。它是一种特殊的以太,它决定一切在它里面占有地位的东西底比重。"① 全民所有制对与之并存的其他生产关系正是起着"普照之光"的支配作用。如果说人体的解剖将会给我们更好地认识猴子身体结构提供钥匙,那么在纯粹的意义上研究清楚了全民所有制生产关系,将会使我们更深刻地认识现实,为我们解决现实问题提供钥匙。这就是我为什么先着手研究全民所有制,同时一再坚持价值规律内因论观点的重要原因。

另外,在研究经济问题时,还不能搞规律排队。我曾经讲过,千规律,万规律,价值规律第一条。其实这不是我的本意,而是在一次批判会上,我的批判者迫我脱口而讲出的,为的是把话说得尖锐一些,提醒"左派"先生在客观规律面前诚实一点。把规律排队,说那个大那个小,那个老大那个老二,这种办法是我所反对的。《资本论》并没有把规律一条一条地来排队,而是从生产过程、流通过程、社会生产的总过程进行分析,把资本主义社会发展的各条规律讲得清清楚楚。所以,我们对社会主义生产关系的研究也要以历史发展的客观经济过程为对象,从具体事实出发,揭示问题的本质。

有的同志说我讲的价值规律,只是计量问题。这是误解。我讲的价值规律不是量的问题,或者主要不是定量问题。价值固然不能离开量,但还有一个质,这个质就是社会平均必要劳动,它蕴含着具体劳动和抽象劳动、局部劳动和社会平均劳动的矛盾;包含费用和效用的比较。一句话,这里有劳动二重性、产品二重性问题。这不仅是量的问题,而且也是社会生产关系的重大问题!有同志说我讲的价值规律,还不如叫节约劳动的规律。不错,价值规律的核心问题是讲求经济效果,是节约。但是,讲节约也不能离开增产,不能离开费用和效用的比较。所以叫价值更能揭示问题的本质。有同

---

① 《政治经济学批判大纲》第一分册,"导言",人民出版社 1975 年版,第 32 页。

志说价值决定不是价值规律。其实这是不能分开的。价值决定正是价值规律的基础，也是价值规律的起点。价值规律是价值实体即社会必要劳动存在和运动的全部过程的规律。"决定"在俄文中同"定义"是一个词（опреденне），而在德文中的"决定"（Bestimmung）也具有"定义"的意思，如果我们从"价值定义"的含义上来理解，那么"价值决定"就更带有规律的意义了。

（原载《中国社会科学》1980年第4期）

谈谈搞好综合平衡的几个前提条件

——在国民经济综合平衡理论问题讨论会上的发言

这次国民经济综合平衡理论问题讨论会的召开，非常及时。

前不久我曾经讲过，不能把计划说成是社会主义经济的唯一特点，或本质特点，这是因为社会主义经济的本质特点在于生产者、劳动人民在生产资料公有制的基础上当家做主，对整个社会经济实行直接管理。如果离开这一点，却把计划说成是社会主义经济的唯一特点，那是不对的。但是，我仍然强调社会主义经济的主要优越性之一还在于它的计划性。所谓计划经济或计划工作，它的主要内容就是搞好综合平衡，即要搞好生产和消费、消费和积累、收入和支出之间的平衡；搞好生产生产资料的第一部类和生产消费资料的第二部类之间的平衡；搞好每一部类内部各部门的各种主要产品或各大类产品之间的平衡；搞好财政、信贷和物资（以及外汇）平衡以及它们之间的平衡。在过去的计划工作中，长期流行着一句哲学格言：平衡是相对的，不平衡是绝对的。还把唯意志论的高指标、留缺口看作"积极平衡"，从50年代末的"大跃进"到"文化大革命"，一直到党的十一届三中全会前的"洋跃进"，国民经济的比例严重失调，毫无效益的劳动耗费何止亿万计，这除了政治方面的原因和经济建设指导思想上的错误外，有一条重要原因就是否认综合平衡。从哲学观点来说，平衡确实是相对的，不平衡是绝对的。但是，我们搞经济计划和经济工作的任务，总是要尽可能地把各项比例搞平衡。把不平衡搞成平衡，这是计划工作的起码要求，可是唯意志论者却只迷信权力，不懂得这点起码的常识，结果给国民经济带来反复的破坏,以致经过所谓"文化大革命",把国民经济拖到了崩溃的边缘。三中全会前,我们对"崩溃"的实际状况缺乏真切了解,还是急于求成,贪大、求洋,又搞了许多不切实际的大项目,这更加重了比例的失调。应该承认,比例失调给当前的经济工作带来了巨大的潜在危险性,弄不好直接涉及党和国家的安危。为了摆脱这种困境,该做的工作确实很多,但是经济上的调整最重要。调整,就是要坚决从所谓"跃进"的轨道上退下来,而且要退够,使国民经济建设与实际的人力、物力、财力相适应,实现财政、物资、信贷的平衡,使经济逐步稳定,各项比例逐步趋于协调。在这个意义上,我认为,调整实际上也就是搞综合平衡。因此,无论从总结历史经验,还是贯彻当前的调整方针,综合平衡都是非常重要的理论问题和实践问题。

这里,我想就搞好综合平衡的前提条件提出几点意见向同志们请教。

首先,我认为要搞好综合平衡,必须改变现行的价格结构,调整实际上存在着的不合理的价格。社会主义计划经济的目的是生产直接满足社会需要的各种具体品种规格的物质财富,这就是说,发展社会主义经济的目的是增加使用价值。因此,我们在搞经济计划时,就要在计划中提出产品产量的实物指标。但是如何完成这些指标呢?关键在于能够投入多少人力、物力、财力,从少花钱多办事,节约活劳动和物化劳动,提高经济效果的角度,把这些人力、物力、财力在各生产部门之间作最合理的分配,而且还要对各种不同的计划投资方案加以经济比较。因此,发展经济的目的虽然是产品产量,是使用价值,但是要达到增加使用价值的目的,还必须做价值指标的计划。如果只作产品产量的综合平衡,即只考虑发展速度,而不考虑人力、物力、财力的综合平衡,不研究价值指标的平衡,这就等于只想渡过河去而不考虑架桥、乘船等渡河手段。我们都知道,价值是通过价格来表现的。在现代的社会化生产中,固定资产的投资对社会生产的发展有重大作用。为了计算投资的经济效果，必须实行资金利润率和生产价格，按照平均成本加上按平均资金利润率计算的利润额作为确定产品价格的依据。这是我在50年代就曾提倡的主张。目前，公开反对这项主张的意见少了一些，但是对于以生产价格为依据改革现行价格结构的迫切性，并不是都为每一个从事经济理论和实际经济工作的同志所了解。

在一个很长的时期内，价格被某些人设为"禁区"，不准经济理论工作者对它进行研究，同时还提出种种荒诞的理由把价格变成主观随意性的玩意儿。比如他们说：价格与价值相符是经济原则，而价格与价值背离是政治挂帅。在这种主观随意性下，各种产品的比价搞得非常不合理，特别是经过"文化大革命"后，价格与价值背离的程度更加惊人，有些产品的价格比价值（生产价格）水平低百分之几十，而有些产品的价格又比价值（生产价格）水平高出两三倍。目前，由于农副产品收购价格低，加工工业利润过高，小、土企业即使效率低、成本高，利润也还是很高的。价格的不合理使得小、土企业如雨后春笋般发展起来，这不仅浪费了大量好原料，而且使国家一些重要工业基地和一批技术先进的国营企业任务吃不饱，停工待料，发生了严重的原料危机，造成了国民经济比例的更大失调。这种小企业挤大企业，土企业挤洋企业，效率低的企业挤效率高的企业的现象，报纸上已经批评了很多。所以发生这种现象，也是由于价格不合理造成的，它是价格背离价值（生产价格）的祸害之一。价格不合理，国民经济中的各种比例关系就看不清，甚至会搞颠倒了。前不久我曾在一篇文章中讲过，在价格不合理的情况下搞综合平衡，实际上等于在哈哈镜里照相，真面目会完全给歪曲了的。因此，要搞好综合平衡，必须解决价格问题。目前这种不合理的价格结构，不仅是国民经济体制改革的障碍，也是国民经济管理中的障碍，更是搞好综合平衡、调整好各项比例关系的障碍。当然，价格的这种不合理状况，是长期形成的，要改革它，还得逐步进行。

其次，要搞好综合平衡，我认为还要有准确的统计资料。统计是指导国民经济的一个重要手段,只要统计搞好了,监督就比较容易搞,国家干预也就比较好搞。现在我们国家的统计太差,要搞好国家对国民经济的计划和指导,必须加强统计工作。"一五"时期,全国统计工作实行集中统一的领导,国家的统计制度、方法也在全国统一贯彻执行,凡是虚报瞒报,都被看作对国家不忠实的行为。因此,那时除农业数字外,统计数字一般还是比较可靠的。1958 年,批评了统计工作中的所谓"教条主义",从此,统计工作集中统一的领导原则被抛弃了,统计方法也开始"八仙过海,各显神通",在强权唯意志论面前,党政领导人要统计人员报多少就得报多少,否则就被斥之为"右倾"。我记得,在反右派时,有好几个省、市统计局局长由于坚持统计工作的独立性,坚持实事求是的原则,被打成了"右派""反党分子"。1962 年,党中央整顿了统计工作,根据刘少奇同志和周恩来同志的指示,还作了"加强统计工作的决定"。记得当时周恩来同志特别加了一条:不许党政部门篡改统计数字。这样,统计工作很快有了新的进展。可惜,到了所谓的"文化大革命"时期,一切又被颠倒了过来,加强统计工作被诬蔑为"闹独立王国""向党争权",全国各级统计机构几乎全部被解散。打倒"四人帮"后,统计工作重新被放到了重要的地位上,但元气很难一下恢复过来,特别是党政领导人干预统计数字、搞虚报瞒报的坏风气还在不同程度上存在着,比如:为了追求粮食的所谓"高产",少报耕地;为了追求工业"高速度",把不合格的产品计产值、产量;为了掩盖基本建设战线过长,把许多实际上属于基本建设的项目不报;为了表示职工人数"已经精减",少报计划外用工和临时工;为了显示计划生育的成绩,少报出生人口,为了隐瞒物资积压,少报库存,为了掩饰物价上涨,少报涨价商品,等等。至于搞人为的"以丰补歉"或"均衡生产",更是相当普遍。有的部门还曾规定产量多产时少报,欠产时多报。除了数字不准外,指标不全的情况也很突出。据国家统计局计算,为进行国民经济综合平衡所必需的统计指标已建立的只占 54%,

处于如此落后状况的统计工作，怎么能搞好综合平衡呢！因此，我要大声疾呼：必须提高统计工作的社会地位，把统计机关摆到国家的检查、监督机关的地位上来，把为目前的统计管理体制改变为由国务院和各地政府部门直接领导的统计管理体制，最好是改变为像检查、监督机关一样，让统计机关直属各级人民代表大会常务委员会，以便保持统计工作的独立性、严密性和准确性。这倒并不是不相信某个领导同志，这同企业中把会计和出纳分开而不能由一个人兼管是一个道理，特别是统计机关不仅要为计划机关提供编制计划的依据，而且要检查、监督计划完成情况。让某一部门代管或领导统计机关，就会影响它的检查、监督作用。统计和计划是一对矛盾的两个方面，把它们放在一个机关里来管，就等于取消了这一对矛盾。过去李富春同志曾一再声明，他是以副总理的身份来管统计的，而不是以计委主任的身份来管。他反对计划工作人员、党政领导人员篡改统计数字。保持统计工作的独立性，这在西方资本主义国家中也是非常注意的。据社会科学院和业务部门去西方考察的同志回来讲，法国用法律来保障它的统计中心在统计业务上所具有的完全的独立性；日本也很强调统计的"中立性"，统计只对客观事实负责，不受党派斗争的干扰。社会主义国家中，罗马尼亚的中央统计局直属国民议会的执行机构即国务委员会的领导。这样做都是从体制上保持统计的独立性。有的外国代表团到中国各经济部门考察，对我们的统计工作有意见，说我们的统计工作太落后了。这是应该承认的事实。因此，要搞好综合平衡，必须改革统计管理体制，加强统计工作，以便为综合平衡提供准确的数字。最近我在全国统计工作会议上也讲了这个问题。我希望这次综合平衡理论讨论会也能为这个问题大声呼吁一番。

最后，要搞好综合平衡，还应该区分开资金量的简单再生产和扩大再生产。我在50年代曾经提出过一个按资金量划分简单再生产和扩大再生产的杠杠：国家以一定价值量的资金办了一个企业，凡是原有资金即简单再生产范围内的事务，如房屋与设备更新、原材料供应和产品销售，等等，都应该归企业去办，国家不必干涉。而新投资的权限，即资金量的扩大再生产，则应该集中到国家手中。国家放弃这个权，整个经济工作就会大乱，就谈不上什么统一的经济计划。最近三年来经济工作的实践证明我的上述论断是有根据的。1978年以来，由于随着原有资金即简单再生产范围内企业管理职权的下放，同时也把资金量扩大再生产即新的投资权限也部分下放了，于是出现了基本建设战线的大扩张，促成了新的比例失调。例如1978年国家计划内基建投资是480多亿元，比1977年增加了约50%，这本来就已经远远超过了国家实际的经济力量，但地方和企业自筹资金仍然在搞基本建设，甚至数以百亿元计。"一五"时期，全国156项重点项目，才70多亿元。《人民日报》1980年12月2日社论说："地方和企业自筹资金的使用方向和建设规模，一定要严加控制，建设什么，规模多大，要报经国家综合部门审查批准。""地方、部门、企业的积极性要同社会主义生产的计划性相统一，局部服从全局，这是社会主义经济发展必须遵循的一条原则。过去片面强调集中统一计划，把经济搞得死死的，当然不对。但如果反过来，认为不要统一计划了，可以各自为战，想干什么就干什么，能干什么就干什么，结果必然使这种积极性变成盲目性。"我非常赞成这些说法。这同我按资金量来划分简单再生产和扩大再生产界限的精神完全一致。这里，我建议同志们在研究综合平衡的时候，能结合经济生活中的新问题、新情况，再研究一下简单再生产和扩大再生产的划分问题以及这两种不同的再生产范围内的综合平衡的方法问题。过去不少同志都是从实物形态，即生产规模、设备能力、产品产量方面来划分简单再生产和扩大再生产，这不太科学。就设备或固定资产来说，数量较少的设备可能具有更大的效率，能生产出更多的产品，而数量较多的设备则会相反；从产品数量来说，如果产品构成发生了变化，尽管产品数量不变，它也可能会代表更多或更少的价值量。所以，我还是坚持主张从资金量的角度来划分简单再生产和扩大再生产，凡是不要求国家追加投资的，在原有资金范围内的生产，都算作简单再生产；而新投资，超出原有资金范围外的生产，都算作扩大再生产。当企业资金量不变而技术进步、劳动生产率提高、改善管理而发生的实物量扩大再生产，是应该鼓励的企业权限内的事情。然而对于新投资，国家则必须严格控制。对社会主义计划经济管理来说，我们所必须控制的正是这种要求用追加投资来实现的扩大再生产，而这也正是当前综合平衡中所应该注意的重要问题。

前些时候，在强调经济权力下放时，曾经把新的投资权也下放了一部分，只有一年多的时间，就发生了基本建设大扩张的问题，造成了国民经济比例的更大失调，给调整工作也带来了新的困难。这说明新投资的权是不能下放的。中央、地方国营企业的利润留成，除用于集体福利、奖金外，用于扩大再生产的那部分必须集中。中央企业的，应该集中到中央来；地方国营企业的，应该集中到省、市来。这部分权不能下放给企业，否则会大乱。现在讲控制基本建设了，我很担心再反过来把简单再生产范围内老企业的技术革新、改造资金也控制死了，恢复到过去那种情况，这就不得了。我们当前现实经济生活中的问题是支出太多，特别是基本建设花钱太多，出现了财政赤字。因此，控制财政支出是必需的，但这只是一方面，甚至还不是最根本的，最根本的还是发展生产，要搞好老企业的挖潜、革新。如何挖潜、革新呢？如果把原有资金范围内技术革新、改造资金控制死了，那就等于杀鸡取卵。过去一些理论工作者和实际工作者，特别是财政、物资部门的一些同志反对我关于把简单再生产范围内原有资金的管理职权下放给企业的观点。可是，前些时候却连新投资的权也下放了。现在一讲收，我听说又有人怪罪我强调企业管理职权下放的那一套。其实，我过去说下放，仅仅是指原有资金范围内企业管理职权的下放，而对新投资的权我并不主张下放，一定要严格控制。这两年的毛病不是由于下放了原有资金范围内的企业管理职权，我觉得这方面的职权下放得还不够。过去，大家不太注意这方面的问题，有些人喜新厌旧，都去争新投资。当把一部分新投资的权放下去后，结果乱了套。乱是乱在这里。可是财政、物资部门似乎又有同志主张统统都收回来，连企业简单再生产范围内的权也收回来，恢复到50年代苏联专家教给我们的那一套，把什么都管得死死的老路子上去，那又走进了死胡同。

我们在研究简单再生产和扩大再生产的划分界限的时候，还要结合现行的固定资产更新制度来研究。如同我屡次讲过的那样，由于我们的折旧率是不考虑设备的无形磨损的，折旧率过低，折旧年限过长，实际上是把原有固定资产的转移价值即折旧当作利润，把老本当作新的投资（实践中就是拖垮了老企业去建新企业），把一部分简单再生产的资金误算到扩大再生产范围去了。因此，我认为在研究综合平衡的时候，还要把这一部分虚假因素考虑进去。

上面所讲的三个问题都是老话新谈，针对新情况再谈谈我的老主张，提出来供同志们研究。我预祝这次综合平衡理论问题讨论会顺利进行、圆满成功。

（原载《经济研究》1981年第2期）

关于生产劳动和非生产劳动、国民收入和国民生产总值的讨论

——兼论第三次产业这个资产阶级经济学范畴以及社会经济统计学的性质问题

关于生产劳动和非生产劳动的问题，在 60 年代就讨论过。但是开始引起我对这一问题的讨论发生兴趣的，是 1980 年 2 月 2 日《人民日报》发表的肖灼基同志的《应该把教育看作生产部门》这篇文章。同年 5 月 19 日《文汇报》发表了孙凯飞同志的《教育实际上也是一种生产》。同年第 12 期《经济研究》发表了湖北财经学院张寄涛、夏兴园两同志的《论社会主义下生产劳动与非生产劳动》。这几篇文章都认为科学研究、教育、文学艺术、医疗卫生部门以及一切服务行业的劳动同生产钢、铁、粮食、棉、麻、纱、布等的物质生产部门的劳动一样，都是生产劳动。

接着，今年（1981 年，下同）1 月，厦门大学《中国经济问题》第 1 期发表了于光远同志的《社会主义制度下的生产劳动与非生产劳动》。《经济研究》1981 年第 4 期发表了陈志标同志的《国民收入范畴的重新考察》和何小锋同志的《劳务价值初探》。这几篇文章除了坚持上述观点，认为科、教、文、卫以及一切服务行业的劳动都是生产劳动，从而都创造价值以外，还批评了我国现行统计指标对生产劳动和非生产劳动的划分方法，认为这种划分法是"违背马克思主义的论述"的，至少是对马克思主义的误解。他们认为，社会主义制度下生产劳动和非生产劳动的划分，不应该以是否生产物质资料为标志，而应当以是否满足社会日益增长的物

质和文化需要为标志。一切能够满足社会消费需要的劳动（例如：理发、按摩、医疗等活动，从事科研教学和文学艺术创作的劳动），都是生产劳动，都创造价值，都应该计算产值。他们要求统计上来一个突破，用西方世界的"国民生产总值"指标来代替我国"国民收入"这个指标。我的见闻不广，一年半来关于这个问题的讨论，可能还有别的作者的文章。但是，就我所看到的上述几篇文章，意见是一面倒的，即认为上层建筑部门的劳动也是生产劳动，也创造价值，从而认为我们所沿用的"国民收入"这个指标，不如西方的"国民生产总值"这个指标科学。

我不同意上面列举的几位作者的这种观点。我认为，反映社会富裕程度的指标固然很多，但是，最基本的指标是反映物质财富数量的指标。现在我国沿用的"国民收入"这个计划统计指标正是这样的一个指标。它是一个扣除了包括折旧在内的一切物质消耗，没有任何重复计算的净产值指标。而西方世界所应用的"国民生产总值"这个指标是一个歪曲了的，包括许多重复计算在内的虚假的指标，其中还包括固定资产折旧即一部分老本在内（西方国家也有"国民收入"这个指标。但是，它们的"国民收入"也包括劳务收入在内，所不同于"国民生产总值"的是前者不包括折旧，而后者包括折旧）。

科学、教育、文艺、医疗卫生工作人员的劳动是精神生产的劳动，而不是物质生产劳动。我国所沿用的"国民收入"这个指标所反映的是物质财富，而不是精神财富。"精神生产"劳动不直接创造物质财富，而且是物质财富的消费者。而经济学的研究对象恰恰是物质生产过程而不是"精神生产"过程。其实，我们讲生产，指的总是物质生产，"精神生产"和"精神财富"这种说法本来就是借用经济学的名词。因此，我们在这篇文章中所说的生产劳动和非生产劳动，指的就是物质生产劳动和非物质生产劳动。

以上几位作者坚持要把科学、教育、文学、艺术、医疗卫生人员的劳动以及服务行业的劳动者都当作生产劳动，用意之一无非是要大家重视科、教、文、卫以及一切服务行业。罗浥尘、施宗全两位同志在今年5月5日《文汇报》上发表的《服务人员不创造价值吗？——从第三次产业谈起》那篇文章中为了强调这一点，还特别提醒我们："近几十年来，发达国家第三产业的发展十分迅速，在国民生产总值和就业人口构成中的比重，第一、第二产业都从高峰上逐步下降，第三产业逐步上升，到七十年代后期已超过了第一和第二产业的总和。据一些国家的统计：一九七七年第三产业在国民生产总值中的比重，美国是六十三点九，荷兰是六十一点六，英国是六十点八，日本是五十八点一，法国是五十七点二，西德略低于五十。在就业人口的构成中的比重，美国在一九七五年就业六十八点四，日本占五十。值得注意的是第三产业上升的趋势还在继续着。"我引证了罗、施两位同志关于所谓第三产业上升趋势的整段文章，表示我是完全同意他们两位所说的意见的（即科、教、文、卫以及服务行业的比重将随着经济发展继续上升）。虽则我对于第三产业这个资产阶级经济学用语是采取否定态度的（关于这一点，我将在下面讲），同时，由于罗、施两位同志对上述数字的出处（联合国《统计年鉴》?）以及计算方法都没有交代，我对这些数字的准确性不是没有怀疑的（例如西德的比重比法、日两国低这么多），但是，我相信总的趋势确实是这样的，即上述非物质生产部门的人员，随着经济的发展，他们所占比重将日益增加。我们应当加以重视。"四人帮"遗留下来的轻视科、教、文、卫，特别是鄙视商业服务行业的思想，应该加以批判。

但是，值得我们深思的是：为什么在这些发达国家，只有30%—40%多一点的劳动力从事物质生产，而近60%—70%的劳动力，至少是50%以上的劳动力可以去从事各种"精神生产"和服务劳动呢？而在我们国家，大概有90%以上的劳动力从事物质生产，只有不到10%的劳动力能够从事"精神生产"和服务行业！为什么相差如此之大？答案是很明白的：在发达国家，由于物质生产部门的劳动生产率非常高，所以只要有30%—40%多一点的劳动力从事物质资料的生产，就可以解决全部人口吃、穿、住、行的需要；而在我们这个十亿人口的大国，物质生产部门的劳动生产率非常低，必须以 80% 左右的劳动力去解决吃和穿的原料问题（十亿人口中，农民占八亿左右），以 10% 左右的劳动力去从事工业生产，解决穿、住、行的问题，所以剩下来只有不到 10% 的劳动力，能够腾出手来从事"精神生产"和服务行业了。这不是我们主观上重视不重视教育、科学、文学、艺术、医疗、卫生以及服务行业的问题，而是我们生产的物质生活资料能够养活多少人去从事"精神生产"问题！正因为如此，所以我们必须重视物质财富的统计和计划，保证这个反映物质财富的价值量的指标（即我们沿用的"国民收入"或"净产值"指标）的纯洁性，不能把非物质生产的东西混杂进去。

恩格斯说过："正象达尔文发现有机界的发展规律一样，马克思发现了人类历史的发展规律，即历来为繁茂芜杂的意识形态所掩盖着的一个简单事实：人们首先必须吃、喝、住、穿，然后才能从事政治、科学、艺术、宗教等等；所以，直接的物质的生活资料的生产，因而一个民族或一个时代的一定的经济发展阶段，便构成为基础，人们的国家制度、法的观点、艺术以至宗教观念，就是从这个基础上发展起来的，因而，也必须由这个基础来解释，而不是象过去那样做得相反。"①

请读者原谅我在这里把众所周知的，马克思主义历史唯物论的 A、B、C，大段地抄引出来。因为在我们当前关于生产劳动和非生产劳动、关于国民收入和国民生产总值的这场讨论中，上述几位同志却不同意我们把从事吃、喝、住、穿等生活资料生产的劳动，同从事政治、科学、艺术、宗教等的劳动分别开来。我们不能不指出，上述几位同志正是混淆了物质和精神、经济基础和上层建筑的界限，混淆了历史唯物论的最基本的界限。在这里，我还附带指出

---

① 《马克思恩格斯选集》第三卷，人民出版社 1972 年版，第 574 页。

一点：如果照这几位同志的意思，把从事政治、科学、艺术、宗教等活动的人的劳动同从事农业、采矿、炼钢、纺织等物质生产部门工人的劳动一样，都算作（物质）生产劳动，那么除了病号、婴儿和待业青年以外都是生产劳动者，就没有划分生产劳动和非生产劳动这样概念的必要了。

肖灼基同志还说，教育部门不仅是物质生产部门，而且是兼有第一部类和第二部类双重性的物质生产部门。他的原话如下：

"教育部门的产品没有独立的表现形式，是一种精神产品，但它直接满足了社会成员的文化需要，满足了发展劳动能力的需要，是一种发展资料。从这一点来说，它也是一种最终产品，与第二部类有类似的特点。

"教育部门主要是培养熟练劳动力。劳动力本身也是一个自然物质要素。教育部门从培养劳动力，即从生产活机器这一点来说，同第一部类有类似的特点。这就是说：（一）它的产品是生产过程的物质要素；（二）生产这个产品所耗费的劳动量，通过新的生产过程，再现在新产品中。"[①]

如同我在前面说过的那样，如果肖灼基同志要把教育部门算作精神生产部门，我还是可以同意的。但必须重复指出，这是借用经济领域即物质生产领域的用语。然而肖灼基同志还要把教育说成是生产"活机器"的物质生产部门，而且是第一部类的生产，那么问题就多了。因为教育部门不过是这部"活机器"的加工车间，人这种"活机器"出世的场所不是学校，而是产科医院。据此，产科医院更是物质生产部门了！于是主张科、教、文、卫以及一切服务行业都是生产部门的经济学家，所谓生产劳动宽派论者就要说了：本来嘛，医生的劳动本来就是生产劳动，从而产科医院是应该算作生产部门的嘛！但是进一步的问题又发生了：如果要把产科医院说成是物质生产部门，要把助产医生接生的劳动说成是生产劳

---

① 肖灼基：《应该把教育看作生产部门》，《人民日报》1980年2月2日。

动；那么对于生产人这种"活机器"来说，产科医院至多不过是类似工厂的装配车间；而真正的"制造车间"还不在这里，难道我们能把"制造"这种"活机器"的活动也算作"生产劳动"吗？如果是这样，那么我们要把新婚夫妇的结婚仪式称作"活机器"制造厂的开工典礼了！我希望肖灼基等同志不要责怪我说话刻薄。我不过是要借此证明：我们在讨论生产劳动和非生产劳动的界限的时候，如果混淆了物质生产和精神生产的界限，如果我们混淆了生产活动的主体（人）和客体（物）的界限，那么逻辑地会得出多么不合理的结论。

把教育部门（以及科学、文艺和医疗、卫生部门）当作物质生产部门看待的经济学家，所以会得出这种不合理的结论，或许是由于误解了"科学是生产力"这一正确的马克思主义命题。他们或许认为，既然科学是生产力，那么产生科学以及传授科学的科研和教育部门——即产生生产力的部门——当然应该算作物质生产部门了。这是极大的误会，是把问题简单化了。

科学知识是人类的精神财富，它要转化为物质财富必须经过一个曲折过程。科学是生产力，然而它不是生产力的独立因素，它是通过生产过程、通过生产力的三个简单要素表达出来的，即通过从事生产的人（劳动力）、劳动工具和劳动对象（即原材料）这三个要素表达出来的。而且如同马克思所说的那样，以上三个要素如果没有结合起来，那还只是潜在的生产力，只有当这三个要素结合起来了，即是当具有先进科学知识的生产者，操纵着按照先进科学原理制造出来的先进的劳动工具，开始在按照先进的科学原理生产出来的新型的劳动对象上进行加工的时候，科学才全面显示出它的威力，变成了成倍增长的新的物质生产力。

有一个故事对于说明我们所讨论的这个问题很有帮助：前两年中国的飞机制造业有一个代表团到英国罗斯·罗伊斯公司的飞机制造厂参观。在中国代表对该厂制造的斯贝发动机极为赞赏之余，英国工程师却说，他们的斯贝发动机是依据中国吴仲华教授的叶轮机械气体动力学"三元流"理论制成的。英国人的话不能不使中国人感慨系之：中国人的气体动力学理论没有促成中国的新型飞机发动机的诞生，倒促成了英国斯贝发动机的制成，而中国的工程师反而要通过英国人的成就来学习中国教授的理论。

这故事说明：吴仲华教授所发现的科学原理对制造英国的斯贝发动机，对发展飞机工业的生产力是有很大贡献的。吴仲华教授发现的原理在美国飞机制造业得到了更广泛应用。但是，他的发明在自己的祖国没有被应用于飞机制造工业的生产过程，没有同这一行业的生产力三要素的任何一个要素结合起来。所以，没有形成他的祖国的生产力，没有成为他的祖国的物质财富。但是，吴仲华教授所发现的科学原理却形成了英国和美国飞机制造工业的生产力，增加了英国和美国的物质财富。因为英国人和美国人把他的这个科学原理应用于他们的生产中去，同他们的生产力三要素结合起来了。吴仲华教授的科学原理暂时只是丰富了他的祖国科学的"精神财富"（请读者注意这四个字的引号。因为"财富"这个词也是借用政治经济学中物质财富一词的转义词）。

这故事告诉我们：物质生产和"精神生产"的界限是不能混淆的。如果混淆了这一界限，那就会得出很错误的结论。而主张把科、教、文、卫等部门当作生产部门的经济学家正是混淆了物质生产和精神生产的这一界限，不仅如此，他们在这个问题的讨论中，还混淆了分配和再分配的界限，从而混淆了生产和消费的界限。

在资本主义世界，科学研究机关、学校、剧场、医院以及一切服务行业都是企业化的，都像物质生产企业一样，从自己的收入中开支本单位职工的工资。而且也像一切企业一样，向国家纳税，所以，比较容易产生这种混淆，好像这些企业也是创造价值的。但是，在我们社会，科研单位、学校、剧场、医院，虽然也收一部分费用，但是这些团体机关的经费也像国家机关一样，主要是从财政拨款中开支的。财政部的钱从哪里来的呢？这些钱代表物质生产部门用人民币形态上缴的物质财富；是物质生产部门职工为社会生产的产品。这就是经济学上所说的初次分配（C+V+M）。财政部门又把物质生产部门上缴的（这些部门职工为社会生产的）物质财富，通过人民币形态分配给科、教、文、卫以及政府机关的职工（包括军人）。同时，物质生产部门职工又用自己的工资去换取各种劳务。这些都是经济学上所说的再分配。至于非生产部门的职工也拿出自己的工资的一部分互相换取服务，那又是第三次再分配了。

有的经济学者说，财政部的收入也有一部分来自服务行业，如剧场、影院、理发、浴室等上缴的税金和利润。这一部分在我国的财政收入所占比重极小。但是在发达的资本主义国家，由于前面我们说过的那样，所谓"第三产业"占到收入和人口的50%—60%以上，这些部门上缴的各种税金，占财政收入的比重是很大的。但是服务行业所上缴的税金和利润，不论是通过怎么样复杂和众多的渠道缴上来的，终归是属于物质财富的再分配。再分配的财富，其来源都在物质生产部门的初次分配，来源于（V+M）。

有的经济学者或许要说了：非物质生产部门以自己的劳务换取物质生产部门的物质生活资料，从互相交换劳动这个角度来说，这是平等的交换。从物质财富来说，这是再分配，从劳务来说，这还是初次分配。对于这个问题，我们在前面已经做过说明。那就是：为什么在发达的西方世界所谓"第三产业"占劳动力和收入的50%—60%以上；而在我国，服务行业只占不到10%。这是由于物质生产部门的劳动生产率的高低决定的。不仅党政机关、科、教、文、卫以及一切服务行业职工吃、喝、住、用的生活资料是物质生产部门的职工生产的；而且非生产部门人员借以提供自己的劳务的那些用品，如科研仪器、教育用具、剧场道具等无一不是在物质生产部门生产出来的；尤其那些在任何时代、任何社会里，借以显示自己的富饶和文明程度的宫殿、政府机关、学校、剧场、医院等富丽堂皇的建筑，更是物质生产部门的产品。归根结底一句话就是：混淆了物质生产这个基础和在这基础上矗立起来的上层建筑之间的界限，也就会混淆了物质财富的分配和再分配的运动线路。

政治经济学是研究物质财富生产过程中的人与人的关系的。离开了物质财富的生产过程来研究经济问题，必然走入迷途。人们在研究经济问题时，往往会被货币运动的面纱所迷惑。这是货币拜物主义在起作用，即使在社会主义社会也难免如此；虽则我们的人民币已经不是原来意义的"货币"了。例如：发给任何物质生产部门职工的工资是从人民银行的某个支行领取来的人民币。职工拿了这些人民币去购买吃、喝、穿、住、行的各种生活资料，也用这些人民币来购买种种劳务。发给科、教、文、卫和党政机关以及一切服务行业的工资也是从人民银行的某个支行领取来的人民币。这些职工同样也可以用这些人民币去购买他们所需要的各种生活资料，而且互相换取不同的劳务。从人民币的运动线路来看，两者没有什么区别。但是从物质的运动线路来看，情况就不同了。物质生产部门的职工领取的工资是他们为抵偿自己所消费的生活资料生产的那部分产品，即我们通常仍然以"V"来代表的那部分产品。他们不过是通过人民币这个工具在流通中调换了花色品种而已。然而非生产部门的职工所领的工资却是生产部门职工为社会生产的，我们通常以"M"来代表的那部分产品。前者是国民收入的初次分配，或者可以叫作原始分配。而后者是再分配。

我们在研究任何错综复杂的社会经济现象的时候，经常透过表面的，人民币的运动线路，分析一下物质财富的运动线路，就比较容易抓住事物的本质。记住这一点，对研究经济学是大有帮助的。

所以，生产劳动宽派论者主张把科、教、文、卫等非物质生产部门职工工资当作国民收入，加在国民生产总值里面去，是混淆了国民收入初次分配和再分配的界限，是把属于"M"和"V"的收入作了重复计算，而且随着服务行业的发展，再分配的次数越多，重复计算的次数也越多。国民生产总值的虚假性也就越大。

生产劳动宽派论者主张把科、教、文、卫等非物质生产部门职工的工资当作国民收入加进国民生产总值中去，理由之一是说，科学家、教育家、文学家、艺术家和医师们的贡献很大，不把他们的经济收入算进国民生产总值中去，等于是否定了他们的贡献。难道我们能用哥白尼、牛顿、达尔文等人的经济收入来代表他们对科学、对人类社会的贡献吗?! 好像在著名的科学家中，除了爱迪生以外，没有一个是发了财的。而爱迪生之所以发财恰恰不在于他发现了关于电的科学原理，而在于他把这原理应用于电灯泡等电器生产，即由于他参与了物质生产。马克思对人类社会的贡献之大是不必说的了。但是，他的稿费收入连他的家庭人口都养不活，而要靠恩格斯和其他朋友的接济。难道我们把马克思的稿费收入加进了19世纪德国或英国的国民收入就算充分评价了马克思的贡献了吗？即使科学家和文艺家的劳动得到了充分的报酬。但是，他们所得到的报酬即经济收入，在资本主义社会中是他们的劳动力价格，属于价值范畴，而他们的贡献，是属于使用价值范畴。生产劳动的宽派论者想用他们的经济收入来表示他们的贡献，那正是混淆了价值和使用价值，混淆了费用和效用的界限。这是从马克思主义劳动价值学说滑向效用论去了。用科学家的经济收入来评价科学家的贡献，这不是抬高了对科学家的评价，而是贬低了对他们的评价。

研究政治经济学，不抠概念是不行的，概念不清，会误入歧途。由此可见，过去有些经济学家因为反对从概念出发，而根本反对抠概念是多么错误呀！

总之，生产劳动宽派论者的理论是不能成立的。因为第一，它混淆了物质和精神，混淆了经济基础和上层建筑；第二，混淆了初次分配和再分配，混淆了生产和消费；第三，混淆了生产过程中的主体（劳动者）和客体（产品）；第四，混淆了价值和使用价值，混淆了费用和效用，混淆了劳动力的价值和劳动所创造的价值。而建立在这四种混淆观点之上的经济指标——国民生产总值，则是一个有重复计算的、有很大虚假性的指标。因为，这个指标不仅包括有固定资产的折旧，而且意味着把物质生产领域所创造的物质财富中的一部分，即通过再分配线路分配给非物质生产领域的职工，供他们消费的那部分物质财富，又重复加进了新创造的物质财富（净产值）的总和中去，也就是把社会一部分成员的消费数额，当作新创造的物质财富加进社会的净生产数额中去了。

从我们上面的分析来说，西方社会用来表示社会财富的国民生产总值这个指标以及现在报刊上相当普遍使用的"第三产业"这个概念是资产阶级经济学概念。如果认为我们用"国民生产总值"这个指标代替我们从第一个五年计划时期就采用的"国民收入"（即"净产值"）这个指标是一种思想解放，那么这是从马克思的劳动价值学说"解放"出来而回到资产阶级庸俗经济学的价值学说中去了。因为马克思在创立他的劳动价值学说的时候，首先要证明的就是：产品（商品）价值是由参加物质生产的职工创造的，资本家只是生产职工所创造的一部分价值的剥削者。而资本家则说，价值不仅是直接参加生产的职工创造的；他们，资本家们，以及为他们服务的政治家、律师、警察等都参加了价值的创造过程。

生产劳动宽派论者或许要说了：资本家是剥削者，资本主义社会上层建筑领域的人员例如律师、警察、神父等是为维持资本主义剥削制度而服务的，而我们的上层建筑领域工作人员是社会主义社会或社会主义生产方式所不可缺少的组成部分。但是，对资本主义生产方式来说，资本主义社会的上层建筑领域及其工作人员也是必要的。我们不要忘记了资本主义社会在推翻封建社会和发展生产力方面是起过进步作用的。

在这场关于生产劳动和非生产劳动的讨论中，生产劳动的宽派论者为了把科、教、文、卫和服务行业的工作人员都算作生产劳动者，给我们的"国民收入"这个计划统计指标加了一些莫须有罪名，简直是制造了一场又一场的"理论冤狱"。例如，肖灼基同志把"教育部门不按经济规律办事""不能贯彻物质利益原则""使用复杂劳动力不必付费。……许多单位要人时宽打窄用，多多益善""教育工作者待遇低下"，等等，都算作"没有把教育看作生产部门的弊病"。这简直是欲加之罪何患无辞了。试问肖灼基同志：你所说的这种种弊病在工、农业物质生产企业中岂不是同样普遍存在的吗？可见这和教育部门算不算生产部门完全无关。

又如，于光远同志把"文化大革命"中商业网点的减少，也归罪于"国民收入"这个统计指标没有把商业劳动算作生产劳动的缘故。这更是一场"理论冤狱"了。因为，我们的统计指标向来把商业部门算作物质生产部门，认为商业劳动者的劳动是生产劳动在流通领域中的继续，是创造价值的。商业网点的缩减与计划统计部门关于生产劳动和非生产劳动的划分是毫无关系的。因为按照计划统计指标的规定，商业劳动是归入生产劳动范围的，但是商业网点在"文化大革命"中却是大大缩减了。

商业网点的缩减是同封建农业社会重农轻商的自然经济思想有关系的。这种自然经济思想否定社会主义计划经济中仍然存在交换或流通过程。对于这种无流通论，我在《流通概论》的一次稿和二次稿中详细分析、批评过，这里不再重复。[①] 我在这里顺便提一提的是，这种自然经济和无流通论对社会分工和服务行业的看法。"文化大革命"时期，《为人民服务》是人人要读、天天要读的"老三篇"中的一篇。但是十年叫喊"为人民服务"的结果是：服务越来越差。原因是否定社会分工，认为接受别人的服务是做官当老爷；而为人服务却被视为低人一等；每个人有两条腿、一双手，为什么要别人来侍候你呢！于是每个职工不得不在上班前或下班之后，去排长队，买这样，领那样，浪费了不少时间。三中全会以后，自给自足的自然经济思想受到了批判，但是轻视商业服务行业的思想并未完全肃清。例如，做一个售货员既要懂得商品学，要懂得点生产常识，更要知道流通经济学，又要礼貌待客、研究顾客心理学。所以站八小时柜台，不论从劳动的复杂性来说，或是从体力消耗来说，至少不比轻工业生产劳动省力。因此，我认为，对商业

---

① 《流通概论》第一稿（1963年4月），见拙著《社会主义经济的若干理论问题》第202页，第二稿见《财贸经济》1981年第1期。

从业人员的要求高是对的，但是商业从业人员的工资比所有轻工业生产人员的工资低一等则未必是合适的。现在许多青年不愿意当售货员而宁愿当工人，这与社会上轻商思想有关系，与商业从业人员工资低也有关系；但是与计划统计部门划分生产劳动和非生产劳动的原则是无关的。社会主义政治经济学和社会经济统计学都一致肯定商业是物质财富生产过程在流通领域中的延续；商业职工的劳动是生产劳动。

以上我们为两个"理论冤案"作了平反，给"国民生产总值"这个概念扣上了资产阶级经济学概念这顶帽子；下面还想给"第三产业"这个概念也扣上一顶"资产阶级经济学概念"的帽子。

"第三产业"或"第三次产业"这个用语在30年代才开始见之于西方资产阶级经济学家的著作。在我们国内，在报刊上，在广播、电视中，则是在近两年来才那么频繁地出现。但是，我把"第三产业"扣上"资产阶级经济学概念"这顶帽子，倒不是因为它来源于西方。社会主义政治经济学绝不是闭国自守的。西方资产阶级经济学中一切合理的、有用的东西我们都应该吸收。"第三产业"这个用语之所以是一个资产阶级经济学概念，由于它和"国民生产总值"这个概念一样（甚至更露骨地），渗透着资产阶级本质。因为"国民生产总值"这个概念仅仅是混淆了非生产部门的再分配收入同生产部门的初次分配收入的差别而已。然而"第三产业"这个概念就直接把科、教、文、卫服务业和国防、警察、司法等非生产部门和工业、农业、交通运输等物质生产部门混为一谈，统统称作独立的产业（industry，即工业）部门了。这种混杂隐藏着一个企图：把资产阶级国家机器中的专政部门打扮成与世无争、和善可亲、为民服务的生产部门，同科、教、文、卫等非生产部门和农业、工业、交通、运输等物质生产部门混杂在一起了。

此外，就是在西方，第三产业这个概念在不同的经济学者的著作中，所包含的范围也很不一致，有些经济学者把发电、自来水、煤气、铁道、运输等物质生产部门，也和科教、文、卫等非生产部门和澡堂、理发等狭义的服务行业混杂在一起，笼统称为第三产业，其内容真是不三不四，不伦不类，莫明其妙。

因此，我希望今后报刊、广播、电视不要再用第一、第二、第三产业这些概念。而用马克思的分类法，即生产生产资料的第一部类（基本上即通常所说重工业部门）和生产消费资料的第二部类（基本上即通常所说的轻、纺工业和农业）以及商业、服务行业等。至于科、教、文、卫等部门就是科、教、文、卫部门，不要和作为经济部门的商业服务行业混杂在一起。

在生产劳动和非生产劳动的划分中，争论比较多，而且可以继续讨论的是服务行业的问题。这里指的是生活服务行业，至于生产服务行业，如交通运输、物资供应、厂房和设备的修理等行业的劳动属于生产劳动那是没有问题的。然而就是以生活服务行业的劳动而论，情况也很复杂：既不能一概算作非生产劳动，也不能一概算作生产劳动。例如日用消费品修理行业的劳动，延长或恢复了物质财富的使用期，饮食业是食品的继续加工，这二者都属于生产劳动。统计部门也是如此规定的。但是像理发、澡堂、电影院、旅馆等行业则是物质财富的消费行业。这些行业的工作人员提供的劳务只是帮助顾客消费了物质财富（例如旅馆的房屋、家具等），并没有增加物质财富。有些社会主义国家把旅游事业的劳动算作物质生产劳动。我认为把外国人来中国旅游算作生产劳动是可以的。因为这不仅为国家赚取了外汇，而且实际上这等于是我们出口了一部分消费品，是变相的对外贸易。但是我们国内的旅游事业，则是纯粹属于消费性质。这同铁路客运的计算一样，是可以继续讨论的（在我们的统计指标中，生产人员的客运属于生产劳动，非生产人员的客运属于非生产劳动，属于生活服务劳动）。

末了，还想对计划统计工作的实际问题提些意见。我想，生产劳动宽派论者之所以要把科、教、文、卫和全部服务行业都列入生产部门，除了要引起社会对这些部门的重视，这一良好意愿以外，还有一个动机，那就是我们现在发展经济是以2000年达到人均国民生产总值一千美元为奋斗目标的。然而我们的国民收入这个统计指标同西方的国民生产总值是不可比的。如何使这两个不可比的指标成为可比呢？应该采取两个比较办法。

第一个办法是把我们的国民收入折合成西方的国民生产总值。但是用这办法来作比较，会使我们的实际经济发展水平显得偏低。因为，如同前面我们已经说过的那样，西方的国民生产总值有30%—40%（即所谓第三产业的主要部分）属于重复计算的虚假部分，而我们只有不到10%。因此，为了按照物质财富的实际生产水平作比较，还可以采取第二个办法：把西方的国民生产总值改算为净产值，即改算成我们的国民收入的口径，再作比较。

按第一种办法比较的时候，我们的水平同西方水平的差距会大些；按第二种口径比较的时候，我们和西方的差距会小些。第二个口径更接近实际情况，因为第二个口径把"国民生产总值"这个指标中重复虚假的部分排除掉了。

从我们这次关于生产劳动和非生产劳动，关于国民收入和国民生产总值的讨论中，我们是不是可以做出这样一个结论：社会经济统计是介乎数理统计和政治经济学之间的一门边缘科学？

过去很多同志对于社会经济统计需要运用高等数学，似乎是认识很不够的，认为搞统计工作只要懂得加减乘除的算术就够了。现在逐渐为更多的人所知道，社会经济统计在许多方面必须应用高等数学。例如我们在研究国民经济综合平衡、计算投入产出、计算部门间的连锁反应，或者物价涨落的连锁反应的时候，就必须应用运筹学，应用线性规划；在搞抽样调查的时候，又必须运用概率论的原理，等等。我们必须让尽可能多的中青年统计干部补好高等数学这门功课。

但是，社会经济统计又是一门经济学，而且是政治经济学。这从我们的这次讨论中就可以看得出来的：讨论的中心问题是什么指标能够更好地反映社会经济的发展水平，是我们计划统计工作中向来沿用的"国民收入"这个指标，还是"国民生产总值"这个指标。但是牵涉到的问题几乎无一不是政治经济学的基本理论问题,例如什么是生产劳动?什么是非生产劳动?什么是初次分配,什么是再分配?折旧能不能算作新创造的价值?为什么会把来源于财政开支的消费基金混淆为新生产的国民收入?效用或贡献和经济价值是不是一回事,等等。

社会经济统计有定性和定量两个方面;而定量计算是在定性指导下进行的。如果定性定错了,例如把精神生产的劳动当作物质生产劳动统计了,把再分配收入当作初次分配的收入了,把消费支出当作生产收入统计了,那么这个统计数字即使算得很精确,也是非但无用而且是有害的。现在国外对经济计量模式的研究很流行。但是,即使在西方资产阶级经济学界,不同的经济学流派所研制的经济模式也是各不相同。例如凯恩斯学派的经济模式就不同于弗里德曼学派的经济模式。这证明:定量总是在定性指导下进行的。因此,社会经济统计学虽说是数理统计学和政治经济学之间的一门边缘科学;但是它是社会科学的一个学科,而不是自然科学的一个学科。马克思主义经济学和西方资产阶级经济学派有立场、观点的差别,社会主义计划经济也不同于资本主义市场经济;因此,我们在借鉴西方经济模式的时候,更不能生搬硬套。

过去,我们把社会经济统计的定量工作的一面看得太简单,以为懂得加减乘除就可以胜任了,这固然是错误的;但是忽视了社会经济统计的定性工作的一面将会犯更大的错误。要做好社会经济统计工作,既要有高等数学修养,又必须有政治经济学修养。为了提高数学水平,我们的统计工作者还必须补好数学课,而为了提高政治经济学水平,则除了要用功学习马列主义政治经济学以外,还必须在党的"双百"方针指导下,展开学术讨论。社会主义经济建设的实践不断向我们提出新的课题来,要解答好这些课题,就得不断开展学术讨论,通过讨论来逐渐统一我们的认识。从这个意义上来说,发起这次关于生产劳动和非生产劳动、国民收入和国民生产总值的讨论是非常有意义的,对提高政治经济学水平、提高统计工作都是有帮助的。

统计工作不仅为编制国民经济计划和国民经济的研究提供了资料,而且应该对计划和经济学研究成果起监督检查作用。因此,不论是实际工作者还是研究工作者,以至每一个干部、每一个老百姓都应该来关心并积极帮助统计部门做好工作!这是我对于这次讨论的希望。

(原载《经济研究》1981年第8期)

为什么调整 调整中应该注意的一个重要问题[*]

——兼论按资金量区分简单再生产和扩大再生产问题

党的十一届三中全会以后,党中央就根据国民经济比例严重失调的状况,提出了调整、改革、整顿、提高的方针。两年多以来,报刊上关于调整的问题已经发表了不少文章。然而,对于为什么要调整,调整中应该注意什么问题,还不能说看法已经完全一致。因此,我也想谈谈自己的看法。

基本建设战线过长及其原因

这两年我国物价有一定程度的上涨,引起了全国人民的关注。物价上涨的主要原因。是因为国家财政预算总支出大于总收入。为了抑制物价上涨,首先就必须紧缩财政开支。由于基本建设费约占财政支出的40%,因此、压缩基本建设战线就有非常重要的意义。当然,引起基建战线过长的原因是多方面的,在这里有必要进行具体的分析。

首先,基本建设战线过长是中华人民共和国成立后三十多年社会主义建设路线中"左"的指导思想的产物。"左"的指导思想表现为下面两句话:一是"好社会主义之大,喜无产阶级之功";二是"平衡是相对的,不平衡是绝对的"。

由于历史的原因,世界上最早取得政权的共产党人都生长在落

---

[*] 本文曾由冒天启同志起草部分初稿,并帮助收集资料,特此致谢。

后的农业国家。他们取得政权后，都想很快改变这个落后的面貌，建设一个现代化的国家。这当然是"一片好心"。"好社会主义之大，喜无产阶级之功"有什么不好呢！但是这个"一片好心"却没有同马克思主义的科学精神结合在一起，而是同小资产者的狂热性结合在一起。于是历史唯物主义被主观唯心主义所代替，以"平衡是相对的"这句哲学格言代替了客观经济规律，否定了搞经济计划必须遵守的综合平衡的原则，搞了一个"大跃进"，结果造成了"三分天灾、七分人祸"的三年大灾难。碰壁之后，在"调整、巩固、充实、提高"方针的指导下，经过四五年时间，刚刚医治好创伤，又来了一个"文化大革命"。揪出"四人帮"后大家松了一口气。然而又是"一片好心"，想把耽误掉的十年光阴夺回来，于是又超过人力、物力、财力所能承担的限度，大搞基本建设。结果引起了财政赤字和通货膨胀，使我们振奋的是，这次"碰壁"后不再"讳疾忌医"了，"良医"开出了"名方"，一针见血地指出：病根在于二十多年来"左"的指导思想。

我们有些好心的同志也许会生气了，"你这样说，不是给我们社会主义抹黑吗"？而西方的社会民主党以及我的那位莫斯科中山大学老同学蒋经国先生也可能会说："本来吗！在小农占优势的国度里，无产阶级就不应该夺取政权，建设社会主义。"或者说："资本主义就是比社会主义好嘛！"

对于我们的好心的同志，我要说，我们中国共产党是很容易犯"左"倾病的。四十年前刘少奇同志在华中局党校讲课时说过：在中国共产党的历史上，全国性的右倾机会主义路线只出现过一次，那就是陈独秀的右倾路线；但是时间较短，是北伐军进入湖南到蒋介石汪精卫先后叛变革命，时间不过一年左右；后来张国焘的逃跑主义和皖南的右倾机会主义路线，不仅时间较短，而且都只有局部的影响。但是在陈独秀的右倾机会主义路线领导被推翻以后，盲动主义，立三路线和王明路线这三种"左"的路线却一个接着一个统治了全党，而且一个比一个"左"。遵义会议推翻了王明路线的组织领导，但是王明教条主义的思想却在40年代的整风运动以后才被肃清。正因为四十年来，很多人不认这笔账；特别是中华人民共和国成立后三十年来非但不承认这个"左"的毛病，而且还要不断反右，所以才使国民经济遭到巨大损失，这是第一。第二，对自己有信心的人或政党是不怕指出自己的缺点和错误的。党的十一届三中全会以来，特别是在十一届六中全会通过的《关于建国以来党的若干历史问题的决议》中，我们党中央公开地向全党、全国人民暴露党的肌体上的缺点，错误以至于烂疮疤，采取有效的措施加以纠正。我们党已不再像过去那样遮遮掩掩讳疾忌医了，我们大家也更有信心地朝着党所指示的方向前进了。

至于对蒋经国先生以及所有因为我们三十年来走了些弯路而否定社会主义优越性的先生们，我要说，我们三十年来所走过的一些弯路，不是证明了资本主义对社会主义的优越性，而只是证明了资本主义对"共产风"和林彪、"四人帮"的封建行帮主义的优越性。同时，我们走弯路这一历史事实本身也证明，社会主义只有在受到"共产风"和封建行帮主义干扰的时候，才丧失了它的优越性。正是同一切有生命力的肌体终于会治好自己的创伤一样，社会主义最后是会排除这些干扰的。当社会主义制度排除了这些干扰的时候，例如我们在第一个五年计划时期和1963—1965年实行"调整、巩固、充实，提高"的八字方针的时候，社会主义制度不是曾经很好地显示了自己的优越性吗？

因此，今后基本建设的规模一定不能以我们的主观意志为依据而必须以我们实际掌握的人力、物力、财力为依据。陈云同志在1957年说过："建设规模的大小必须和国家的财力物力相适应。适应还是不适应，这是经济稳定或不稳定的界限。像我们这样一个有六亿人口的大国，经济稳定极为重要。建设的规模超过国家财力物力的可能，就是冒了，就会出现经济混乱；两者合适，经济就稳定。"还说："在原材料供应紧张的时候，首先要保证生活必需品的生产部门最低限度的需要，其次要保证必要的生产资料生产的需要，剩余的部分用于基本建设。先保证生产、后供应基建这种排队的必要，主要是为了维持最低限度的人民生活的需要，避免盲目扩大基本建设规模，挤掉生活必需品的生产。在财力物力的供应上，生活必需品的生产必须先于基建，这是民生和建设的关系合理安排的问题。应该看到，基本建设搞多少，不决定于钞票有多少，而决定于原材料有多少。"陈云同志的这些话并不深奥，但在"左"的错误思想下，却往往被人们忘掉，甚至被批判。因此，在贯彻调整方针中，我们一定要认真思考和遵循陈云同志从国情出发，量力而行的经济建设思想。

要压缩基本建设战线还必须严格控制银行信贷

在中央提出调整经济、压缩基本建设战线的方针之后，要求把基本建设投资由财政拨款改为银行贷款的呼声很高。例如薛暮桥同志在《为什么生产形势很好，财政会有赤字》这篇文章中说："现在我们的基本建设投资绝大部分是由财政来拨款，连定额流动资金也要由财政来供给。如果这两项资金部分地用银行贷款来解决，财政赤字就可以大大减少。""资本主义国家财政部是不负担投资责任的，企业的建设投资自有资金往往只占半数以下，其余用银行贷款，企业流动资金则完全利用银行贷款……现在南斯拉夫也采取类似制度。"暮桥同志还说，"我国的银行由于不准发放基本建设贷款，定额流动资金不付利息，因此实际上变成了财政部门的出纳机关、代理金库。"①

我不仅赞同基本建设投资和定额流动资金部分地用银行贷款形式，而且主张这两项资金全部采用银行贷款形式；即是说列入国家财政预算的基本建设投资，也拨给银行，由银行用贷款形式发放。但是银行对这两项资金的使用必须具有类似南斯拉夫银行和会计中

---

① 薛暮桥：《为什么生产形势很好，财政会有赤字》，《人民日报》1980 年 9 月 2 日。

心所具有的那种监督检查权；而不再是财政部门的一个单纯的出纳机关。这对于加强基本建设投资的经济核算，缩短建设周期，防止资金浪费是大有好处的。

但是根据中国和南斯拉夫两国的经验，基本建设投资改为银行贷款并不能解决基本建设战线过长的问题。《人民日报》1980年12月5日的一篇《大力压缩预算外基建投资》的报道告诉我们，浙江省1980年预算内的基本建设投资虽然比1979年压缩了29%，但是基本建设总投资却比上年增加21%，其中一条重要原因就是全省用于增加固定资产的各种贷款就相当于预算内基本建设的全部投资。南斯拉夫的基本建设投资全部采用银行贷款形式。但是在南斯拉夫同样存在基本建设战线过长的问题。据1979年1月9日南斯拉夫《经济评论报》发表的材料，1978年9月，南斯拉夫的大小工程项目共有31300多个。计需投资8400多亿第纳尔（合460多亿美元）。因此，铁托同志在南共联盟十一大报告中不得不把缩短基本建设战线作为一个重要问题提出来。我在访南考察中曾问过南斯拉夫同志，为什么基建投资改为银行贷款以后，仍然避免不了基建战线过长的弊病呢？据他们说，这是由于企业管理机关中的官僚主义者同银行领导机关中的官僚主义者相互勾结的结果；关系处得好，就可以多取得贷款资金。据萨格勒布大学经济系的教授们说，基建战线过长也是造成南斯拉夫通货膨胀的一个原因。因为基建投资总额中大约有三分之一以上不是来自积累基金，而是来自银行的钞票发行。因此，基本建设投资由财政拨款改为银行贷款之后，财政上固然不会再因为基本建设战线过长而出现赤字。但是信贷膨胀同样会引起通货膨胀。可见，信贷平衡和财政平衡同样重要，两者中任何一方失去平衡，都反映着我们的事业（主要是基本建设）超过了我们的物力，都是物资失去平衡的反映，所以，不论基本建设是用财政拨款的方式或用银行信贷的方式都必须纳入国民经济综合平衡计划，都必须注意物资平衡。

这里还有一个问题需要澄清，那就是国家基本建设（这里仅仅指新建企业，不包括老企业的更新，后一问题下面另谈），除了国民经济的资金积累以外，是否可以利用一部分银行资金（包括银行自己的资金及存款）。多数人的意见，似乎认为银行的贷款只能用于企业流动资金，而不能用于基本建设。我觉得这个问题值得进一步作具体研究，还不能轻易下结论。正像暮桥同志所说的那样，在资本主义社会，企业建设基金有一半以上是靠银行贷款。在我们银行储蓄存款稳定上升的情况下，银行资金除了供应企业流动资金贷款以外，还有多余的情况下，也可考虑提供一部分供给基本建设之用。

要压缩基本建设战线就要使基本建设投资归中央和省市集中掌握

引起基本建设战线过长的另一个原因是与财政体制有关的。从1979年开始，为了改变过去由财政部统筹统支，地方党政不关心财政收支的情况，实行了中央、地方两级财政制度（如果把作为基层的企业算在内，应是三级财政制度），即"分灶吃饭"的制度。这对鼓励地方和企业的积极性，引导大家来关心国家的财政收支是有好处的。但是与此同时把扩大再生产的投资（指新的投资而不是指老企业的固定资产更新基金）也下放给地方和企业各一部分；于是中央、地方和企业三级都大搞基本建设，都来"好社会主义之大，喜无产阶级之功"，结果造成了现在的基建战线过长的局面。因此，我还是保留我在1961年《关于全民所有制经济内部的财经体制问题》和1963年《固定资产管理制度和社会主义再生产问题》两篇内部研究报告中都曾经讲过的意见：财经管理体制中"大权"和"小权"、"死"与"活"的界限是简单再生产和扩大再生产的界限，属于简单再生产范围以内的事是企业应该自己管的"小权"，国家多加干涉就会管死；属于扩大再生产范围以内的事是国家应该抓的"大权"，国家必须严格管理，不管或管而不严就会大乱。而区分简单再生产和扩大再生产的唯一界限是企业资金量，而不是实物量。凡是不要求国家追加投资，在原有资金范围以内的生产，都是简单再生产；而要求追加新投资，这就超出了企业原有资金范围以外，因而是扩大再生产。马克思所说简单再生产和扩大再生产的界限就是以追加不追加投资为标准的。凡是用于扩大再生产范围的投资，即新的投资，应该由国家统一管理。因此，企业利润除留作职工奖金和用于职工集体福利事业的厂长基金的那一部分以外都应该上交。中央企业所创造的利润原则上应该集中到中央，地方企业所创造的利润应该集中到省、市。对于社会主义计划管理来说，我们必须严格控制的正是这种把剩余劳动的价值量转化为追加投资的扩大再生产。1979 年，我在《红旗》杂志第 6 期《从必须改革"复制古董、冻结技术进步"的设备管理制度谈起》一文中再次重申了上述观点。

但是有不少同志不同意这个意见。例如刘国光同志认为："把企业自主权局限于资金的简单再生产，限于基本折旧基金下放，不给点扩大再生产的权力，这是不利于企业在技术革新、改造和适应市场需要变化采取自主行动的。"① 这个意见是很有代表性的。但是当这篇文章发表的时候，基本建设战线长而乱的问题已经提出来了。而基建战线之所以长而乱，恰恰在于把全民所有制企业扩大再生产的权力也下放了一大部分。而另一方面真正应该下放的权力——简单再生产的权力恰恰没有下放。

扩大再生产的"大权"下放的时间仅仅一年多一点，就出现了企业用自筹资金乱上基建项目，铺新摊子的混乱状况。令人欣慰的是这种状况已被觉察。《人民日报》1980 年 12 月 2 日的一篇社论指出："地方和企业自筹资金的使用方向和建设规模，一定要严加控制，建设什么，规模多大，要报经国家综合部门审查批准。""地方、部门、企业的积极性要同社会主义生产的计划性相统一，

---

① 刘国光：《对经济体制改革中几个重要问题的看法》，《经济管理》1979 年第 11 期。

局部服从全局，这是社会主义经济发展所必须遵循的一条原则。过去片面强调集中统一计划，把经济搞得死死的，当然不对。但如果反过来，认为不要统一计划了，可以各自为政，想干什么就干什么，能干什么就干什么，结果必然使这种积极性变成盲目性。"这是抓住了问题的症结。属于资金量简单再生产范围的"小权"，应该归还企业，国家抓过来就会把经济搞"死"；属于资金量扩大再生产范围的"大权"，国家应该牢牢地抓住不放，这个"大权"下放了，经济就会乱套。从实践中所提出的大量事实来看，按资金量区分简单再生产和扩大再生产的"杠杠"，既是反对过分集权的官僚主义经济的，也是反对极端分散的无政府状态的。

"简单再生产"和"扩大再生产"是不可分的吗？

在《人民日报》1980年7月25日发表的、署名文平的《什么是基本建设》一文中说："简单再生产同扩大再生产这两个概念的区分，只是理论上的一种抽象，在实际生活中是区分不开的。"从而否定按资金量来划分简单再生产和扩大再生产的杠杠。这种所谓"不可分"的观点并不是什么新意见。这个意见，在50年代末，早有人提过了。当时在我们经历了三年"共产风""瞎指挥"的所谓"大跃进"后，国民经济被拉到了崩溃的边缘。党中央和有关主管部门正确地总结了这个时期的经验和教训，针对当时新建和扩建企业大批兴工但原材料、能源供应不足，老企业和老设备带病运转以至完全瘫痪的状况，曾经提出先维修、后建设的原则，把维持简单再生产的老厂固定资产更新基金（折旧基金）同扩大再生产的新建、扩建企业的新投资分别处理；先安排好简单再生产，再去搞扩大再生产。这也就是说，要按资金量来划分简单再生产和扩大再生产。可是，这个正确的理论观点和主张却遭到了陈伯达的反对。他就胡说过："简单再生产和扩大再生产原来是马克思的一条抽象原则，在实践中是不好分的。"这是毫无根据的说法。对于每个现代企业来说,二者是极好分的。老本有多少?新投入了多少?这是明明白白的界限,怎么能说"不好分"呢?文平同志还说:在实践中同一个建设项目,基本建设投资充裕时挤到基建计划中来,基建投资压缩时挤到技术措施项目中去;今年(1981年)是基建,明年是技措,同一个单项工程,部分投资算基建,部分投资算技措。这确实是事实,但这正是我们在实际工作中把原有固定资产的更新同新投资的基本建设混为一谈的结果。这恰恰说明,我们应该按资金量把简单再生产和扩大再生产、把设备更新和新的基建投资严格区分开来,改革"复制古董、冻结技术进步"的财经管理制度,合理使用资金,而不能以此来证明"存在即合理",去否认对简单再生产和扩大再生产的划分。

这里有必要重温马克思划分简单再生产和扩大再生产的"杠杠"。按照马克思在《资本论》中的论述,划分简单再生产和扩大再生产的界限是剩余价值是否转化为追加资本投入新的生产过程。如果剩余价值全部被资本家个人消费掉而资本仅仅按照原有的价值量得到补偿,它是简单再生产;如果剩余价值被用作追加资本投入新的生产过程,资本的价值量有了增加。它是扩大再生产。马克思说:在简单再生产的场合,"资本家花费了全部剩余价值";在扩大再生产的场合,"他只消费了剩余价值的一部分,而把其余部分转化为货币"作为追加资本。① 因此,剩余价值是否转化为资本,这是马克思划分简单再生产和扩大再生产的唯一"杠杠"。

不错,马克思确实说过:规模不变的简单再生产,好像只是一个抽象。然而,马克思的这句话的意思在任何一国语言中都是很明白的:好像只是一个"抽象";那么实际上不是抽象,而是现实。马克思之所以说简单再生产好像只是一个抽象,是因为"一方面说,在资本主义的基础上,假设没有积累,没有规模扩大的再生产,是一个怪异的假设,从另一方面说,生产的状况,也不象我们

---

① 《资本论》第一卷,人民出版社1975年版,第642页。

所假设的那样，是逐年绝对没有变化"①。可是马克思在下面接着就说，即使"在有积累发生的地方，简单再生产也常常是积累的一部分，可以就其自体考察，视为是积累的一个现实因素"。这就是说简单再生产总是扩大再生产的一部分，是包含在后者之中的"一个现实因素"。

举例说，某一个社会在年初开始生产活动的时候它的全部资金是一千亿美元。到第二年再开始生产活动的时候，它把上年新创造的价值，除去已经消费掉的部分（消费基金）以外，把余下的一百亿美元作为积累投入了社会再生产过程。因此，社会再生产过程，在第二年开始的时候，已经是一千一百亿美元的规模了。显然，这是一个扩大再生产的模式。但是，这个一千一百亿美元规模的扩大再生产是以一千亿美元的再生产规模作为它的起点，而且在一千一百亿美元的终点上是包含着原来的这一千亿美元在内的。因此，马克思说，可以就它本身，即就这一千亿美元的起点（或基础）即简单再生产本身进行独立的分析。

我们必须再重复说一遍：划分简单再生产和扩大再生产的界限，不仅是马克思主义政治经济学中一个重要的理论问题，而且是社会主义经济建设中的一个重要政策问题和实际问题。前面已经说过，中华人民共和国成立以来，第一次提出这个问题的，不是理论研究工作者，而是中央领导同志在总结了"三分天灾，七分人祸"的"大跃进"的经验教训以后得出的宝贵结论。现在有必要重新提出这个问题来也是因为揪出"四人帮"后到十一届三中全会前这段时间里，我们又忘记了"大跃进"时期的惨痛教训，忘记了先简单再生产、后扩大再生产这个重要原则，把应该用于旧企业革新改造的钱，拿去建设新企业，而且造成了基本建设战线过长的局面。这怎么能说"简单再生产同扩大再生产这两个概念的区分，只是理论上的一种抽象，在实际生活中是区分不开"的呢？

---

① 《资本论》第二卷，人民出版社1956年版，第485—486页。

防止基本建设战线过长的一个具体建议

"建设规模的大小必须和国家财力、物力相适应",这是一条重要原则。这条原则在实践中如何体现出来,还有不少问题。从中央来说比较容易做到的只是在全国范围内,对于财力(价值量即投资总额)的控制;但是对于千千万万种物资和设备的实物平衡,各种不同的使用价值的平衡,根据我国过去的经验,却很难用自上而下的实物配给办法来完成。为了做到财力、物力(实物)两者都平衡,根本解决基建战线过长的问题,我建议国家订立这样一个制度:每一个厂矿企业在动工兴建之前,除了兴建单位(经营单位)与承建单位,即平常所说甲乙双方必须签订包括建成投产日期在内的合同以外,兴建单位还必须与设备的供应单位订立设备供应合同,还必须与投产后动力和原材料的供应单位和产品的承销单位分别签订产供销三方面的合同。如果由于承建单位拖延或设备供应不及时,到期不能投产,或投产后动力和原材料不能按照合同规定供应,或承销单位不能按合同如期承销产品,从而使企业停产,那么这些单位都应该按照合同规定,赔偿损失。如果是生产单位自产自销的产品,则建设单位和批准这项基建项目的上级要负行政责任。

我想如果每一个企业在兴建之前,都签订了以上四种合同,并且在法律上规定没有以上四种合同不得动工兴建任何企业,任何一方如果不履行合同都要按法律规定赔偿有关方面的经济损失。在这种条件下,基建战线非但不会发生"过长"的问题,而且人们将会说,这样的基建战线应该是越长越好!因为既然建设这种企业的设备有了保证,建成投产后的动力、原材料供应有了保证,建成投产后的产品销路有了保证,那么这样的企业岂不是越多越好吗?何愁战线过长呢?

这里还必须强调的是:这套新的基本建设程序一定要同我在前

面已经讲过的新的计划程序结合起来,扩大再生产的事务,中央必须统一掌握起来,即每年总投资数额、各个新建项目的投资额(即建设规模),生产方向,由中央统一规定;但是各个建设单位的上述各种合同由各建设单位自己负责。而包括建筑行业在内的全国所有企业的生产供应、销售总计划,则必须建立在以上各种合同基础之上。这样编制出来的国民经济计划就有了可靠的物质基础和法律保证,除非遇到特大的天灾人祸,计划的执行就不会受到干扰了。

以上的建议实际上是彻底改变了我们现在基本上还在执行的自上而下摊派指标的国民经济计划编制程序。因为按照以上建议,中央自上而下直接控制的,只有各个计划时期新的投资总额,各个新建项目的生产方向、规模(主要也是控制投资总额)与地点和它们的协作关系,就是说只抓资金扩大再生产的问题;至于原有企业的供产销关系(包括在建项目的协作关系),都通过经济合同的形式来完成。这样编制出来的国民经济计划,除了投资总额是根据财政预算由中央或省市是自上而下编制的以外,其余都建立在合同基础之上,是以企业的产供销合同为基础的,用自下而上的综合(或汇总)的办法编制起来的;而这些合同关系都是由法律保证的。因此,这样编制起来的计划基本上就可以避免自上而下摊派指标所引起的计划的多变性。

这是对现在的计划制度的重大改革。由于过去的经济合同没有法律的约束性,要改变三十多年来形成的习惯势力,困难很多。开始的时候不妨先从少数重点企业,或个别部门,个别行业试办,等取得经验之后再全面推广。

根本出路在于发展生产

如同上面所说的那样,为了消灭财政赤字,抑制物价上涨,我们必须压缩基本建设战线。但是,我们的基本建设战线规模同发达国家的建设规模相比，同我们的需要相比，并不算太大。我们之所以要压缩它，只是由于今天这个规模超过了我们国家的财力、物力所能承担的程度。所以，用压缩基本建设战线来平衡财政收支，抑制通货膨胀和物价上涨只是一种消极平衡的办法；但在今天来说，却又是不得不采取的办法。从长远来说，根本出路还在于发展生产以增加我们国家的财力、物力，这才是积极平衡的办法。只有发展生产，加快经济增长速度，我们才能一方面进一步提高人民生活，另一方面继续扩大我们的建设规模。这就是说，我们今天压缩基本建设战线，为的是明天能够更大规模地扩大基本建设战线。

但是一讲到发展生产，我们又遇到了国民经济建设中两条不同道路的分歧：一条是把希望完全或主要寄托于办新厂、扩大基本建设战线。结果，我们是从压缩基本建设战线谈起，又回到了扩大基本建设战线（我们这里谈的是新投资的基本建设）的结论，否定了以上我们所说的一切。有一个传统的经济发展公式足以说明这条发展道路的本质。这个公式是：国民收入增长速度或经济增长速度 = 积累率 × 积累效果。① 这个传统公式的前提是：老企业的劳动生产率是一个不变的常量。因此，经济增长的速度，只能靠办新厂，靠投资（积累）的增长和投资效果的增长。因此，为了经济的高速度发展就必须尽可能从老企业挤出更多资金来搞基本建设。这就必然使老企业劳动生产率不能提高，而基本建设战线则超过财力、物力所能负担的程度。然而，随着经济的发展，老企业的数量总是越来越多，相比之下，不管基本建设规模多大，新建企业在企业总数中的比重也总是越来越小。这就是按照苏联模式管理的经济发展速度越来越低的秘密所在。这是一条经济不良循环的道路。另一条是良性循环的道路，即在财力、物力允许的限度内开办新企业的同时，把发展生产，增加国民收入的希望主要寄托于现有四十多万个老的工交企业的劳动生产率的提高。提高现有企业的劳动生产

---

① 杨坚白：《对积累率问题的一些看法》，《人民日报》1981年2月9日。

率，又可以从两个方面着手：一是改善经营管理；一是进行技术改造和技术革新。

提高现有企业劳动生产率的途径之一

——改善经营管理

上海社会科学院部门经济研究所副所长陈敏之同志在 1980 年中国财政学会第一届理事会上的发言中，认为当前经营管理的改善主要是"抓八分之七"。陈敏之同志说："上海工业总产值占全国八分之一，财政收入占全国六分之一。工业劳动生产率为 3 万余元，高于全国平均数 1.5 倍以上；工业每百元固定资产实现的利润为 63.73 元，较全国平均数高出约四倍。从以上列举的数字可以看出，全国（除上海以外的）其他各省市的工业企业虽然具有同样的设备技术条件（有的地方甚至比上海好），由于经营管理水平长期得不到提高，因此劳动生产率和为国家提供的财政收入比上海低。假定这些省市的工业企业能在一两年或两三年内经过整顿、改革，把劳动生产率提高到和上海同样的水平，甚至超过上海，它们将为国家多提供多少财政收入，这是可以算得出的，而这根本不用花国家多少钱。因此，我认为，在最近这几年以调整为重点、为中心的时期，中央应该用最大的力量抓住这一点不放，一直到真正抓出实际效果！"陈敏之同志建议："把同行业中最有经验和最有才干的经理、厂长、技术人员和技术工人组织起来，赋予全权，把他们派遣到那些落后的企业中去作具体帮助，限期作出成绩来。"

陈敏之同志算的账基本上是对的。我在这里只是提出一点补充：那就是上海以及青岛、天津、大连、广州等沿海老工业基地的企业利润，比内地高的原因，除了经营管理比较好以外，还有价格的因素和交通运输、市场等原因。内地的交通、运输条件不如沿海，因而产品成本高，利润率低，特别是林彪搞的"山、散、洞"把企业布局搞得很不合理，使许多企业亏本，这些因素一时不容易改变过来。此外，在上海、青岛、天津、大连、广州等沿海老工业基地，轻纺工业的比重大，产品价格一般偏高；另一方面利润小，甚至亏本的重工业（特别是煤矿和林业）都在内地，这也是一个因素。但是总的来说，通过改善经营管理来提高劳动生产率，增加收入，在这方面，后进的赶先进，先进的更先进，潜力还是很大的。

提高现有企业劳动生产率的途径之二

——进行技术改造和技术革新

提高现有企业劳动生产率的另一个办法是搞技术改造和技术革新。没有技术的改造和革新，要提高劳动生产率就只能拼设备和拼劳动强度。这样搞，潜力不会太大。关于这个问题，我曾经于1980 年收到上海色织四厂一位青年技术员李玲君同志给我的长信。李玲君同志是 1978 年上海纺织工学院毕业后，分配到上海色织四厂工作的。她详细生动地描绘了我称为"复制古董"的设备管理制度和基层企业在这套设备管理制度下编制生产计划的方法。她在信中说道："我与其他青年一样，迫切希望我们的国家能富强起来，人民的生活水平有较快的提高（尤其是目睹农村现状后）。总之，希望四个现代化早日实现。社会主义的中国能与资本主义的美国、日本在经济上比一比。去年党的工作重点转移以来，中央提出了，'调整、改革、整顿，提高'的八字方针。目的是扬长避短，加快四化建设步伐。八字方针符合广大人民群众心愿。大家希望我们的经济建设快、稳！但就我所碰到的一些问题。我总觉得与'快'字背道而驰，与'稳'字也毫不相干。如：这些年来，上级要求我们厂产量、利润、产值逐年均有递增。如 1979 年要求在1978 年的基础上，产量增加 3%，利润增长 8%。我们厂设备老、厂房小，在不增加生产能力、不改变产品结构的情况下，如何完成上级敲下来的任务呢（'敲下来'三字用得好——冶方注）？3% 的增长速度是如何算出来的？有些什么具体措施呢？虽然我不是搞计划的，但因工作关系，我要了解这个问题。于是请教了计划科的同志。"计划科的同志介绍了一个计算增产3%的一个复杂公式。为节省篇幅起见。我不再详细引证原信。简单说，就是（一）加快机器转速、拼设备；（二）缩短交接班时间和吃饭时间，拼劳动强度。但是拼劳动强度和拼设备潜力，总是有限的。因此，厂领导过了一段时间又要大家"瞻前顾后"，禁止加班加点，等等。来信详细描绘了基层企业在技术改革措施没有跟上去的条件下，为了完成上级"敲下来"的每年增产百分之几的任务。一会儿紧一会儿松，生产能力一会儿吃不下一会儿吃不饱的浪费情况，这位青年技术员同志的来信接着说："《解放日报》1980年10月23日评论中批评了某些企业在编制四季度计划时，不顾大局留了一手，但对他们为何留一手却不曾深究。"来信说："我不知道国家计委的国民经济计划是如何编制的。但从基层来看是市里分配给局，局分配给公司，公司分配给厂，而且为了确保计划完成，无形中层层加码。虽然计划是由基层上报建议数以后敲下来的，但说计划是自上而下并不过分，因为上级在建议数上层层加码，并没有说明为何可以加码，也不考虑下面各个企业的基础如何，一律要求一年比一年增长百分之几。而且搞经济也像搞政治运动那样，提出一季超四季，二季抓过半，三季超二季、四季抓全面完成等永不过时的口号。结果只能逼得基层企业订计划或完成任务要瞻前顾后，要留一手。这也难怪下面的基层干部……""其结果，厂里留一手，公司留一手，局里留一手。留来留去都是对四化留一手，推迟了四化的实现"！

李玲君同志和我素不相识，而且也从来没有读过我的著作。之所以给我来信是因为她在《文汇报》上读到了关于我的一篇介绍。她只知道我是研究经济学的。因此她给我写信是为了要我解答使她苦闷、使她"百思不得其解"的一个政治经济学问题：国民经济有计划按比例发展的规律问题。她说："教科书上对有计划按比例地发展社会主义经济的论述是极神圣的。但是从实际情况来看问题，反映为基层计划……在束缚生产力的发展，在拖四个现代化的后腿。那么是因为'有计划'造成的罪过，还是因为计划制订得不科学、不合理、脱离实际造成的罪过？我还不曾求得答案。"

我很高兴，这位来自基层的青年技术员同志所提供的材料和她所提的意见完全证实了近二十年来我所一贯坚持的意见，那就是：（一）要使我们国家四十多万个老企业的劳动生产率能够有所提高，除了不断改进经营管理的水平以外，还必须改变"复制古董、冻结技术进步"的设备管理制度，必须不断进行技术改造。如果没有技术措施跟上去，而想使生产和劳动生产率一年又一年往上长，是不可能的。（二）老企业的即我所说的简单再生产范围内的计划编制程序，不能用自上而下"贯下去"或"敲下去"的办法，而必须采用在基层企业之间的供产销合同基础上逐级汇总的办法来编制。

一个有争论的老问题

——设备更新的年限问题或折旧率问题

但是，搞技术改造和技术革新（设备更新）没有钱是办不成的。按照我们的现行制度，用于设备更新的钱（折旧基金）只有固定资产原值的4%—5%（各行业略有不同）。这就是说，我们的财政制度假定，我们的机器设备要20年到25年才能更新一次。而且就是这么一点设备更新费用在1967年以前还是全部上缴国家财政；1978年以来50%上缴财政，但都拿去办新厂了。留给企业可以用于设备改造的资金只有50%。过去还规定机器设备在大修中要保证"不增值、不变形、不移位"。因此，我曾经把这种制度称为"复制古董"的固定资产管理制度。这套制度是50年代从苏联进口的。我在60年代初就提出过反对的意见。①1979年因为维也纳《新闻报》批评苏联人不灵活，自己的冶金工程师发明的连续铸锭法已经有28个西方国家购买了这个专利权，在冶金业中普遍采用；但是苏联自己生产的一亿五千万吨钢却只有8%，即一千一百万吨是用这种新方法生产的。因此，我在《红旗》1979年第6期《从必须改革"复制古董、冻结技术进步"的设备管理制度谈起》这篇文章中说，这不是苏联人的头脑不灵活，而是苏联沿用的那套设备更新制度不灵活。因为要用新的炼钢法，必须对旧设备进行改造。而苏联的财政制度（折旧制度）对旧设备的改造是舍不得给钱的。因此，我建议，根据苏联的前车之鉴，我们必须改变这套制度。据1981年美联社华盛顿电讯，美国研究苏联问题的专家宾夕法尼亚大学经济学教授莱文的分析说，苏联的新五年计划已经改变这种经济发展战略，即把重点放在通过改善设备来把老厂现代化上面，而不是建立全新的工厂。因为苏联新的五年计划中规定的投资增长率出人意料地达到战后空前最低的水平，规定今后每年平均投资增长率为2.6%，而在上一个五年计划期间为3.6%。在1971年到1975年期间的增长率是6.4%。莱文说，"这次政策改变的目的是要促进采用新技术的活动以扭转生产率增长速度下降的趋势"②。这就是说，这套"复制古董"的设备管理制度在它的原产地已经开始被否定。但是我的文章在《红旗》发表以后，却在国内引起了好些经济学家，特别是财政学家的反对。例如，因为我在那篇文章中提出，现在西方的固定资产更新周期已经缩短到四五年左右，我国的更新周期考虑到技术和财政情况至少应该从现在二三

---

① 孙冶方：《固定资产管理制度和社会主义再生产问题》，载《社会主义经济的若干理论问题》，人民出版社1979年版。

② 1980年12月2日《真理报》公布的第十一个五年规划纲要中关于新建和改造的关系说："把投资……首先集中在现有企业的改造和技术改装上。""首先要把投资用于企业的改建和技术改装以及完成早已开工的建设项目。只有在考虑到现有生产能力的改造和技术改装，依靠对现有生产能力的改造和技术改装……仍不能保证国民经济对某种产品的需要时，方可兴建新的和扩建老的企业。"

十年缩短到十年，即把折旧率由现在的4%—5%增加到10%左右。针对我的这个意见，1980年《财政》第1期上朱民杰同志在《对提高固定资产折旧率的意见》一文中说："最近有些同志写文章、作报告，都提出了固定资产折旧率太低的问题，认为这是冻结技术进步的小生产管理方法，与加快四化相抵触的竭泽而渔的政策，急需改进。他们主张折旧时间要大大缩短，折旧率要大大提高，折旧基金全部或大部分留企业支配。"

朱民杰同志说的"写文章，作报告"的人大概就是我。（不过我不是最近才写文章、作报告。我宣传这个观点，大概快要二十年了。）朱民杰同志认为，我们现在的折旧年限同资本主义国家的折旧年限已经差不多了。但据我们所知这是不符合事实的。各国各行业的折旧率是不完全一致的。现在西方各国房屋更新年限大概在十年左右，一般机器是五年左右，车辆以及制造车辆的专用设备为三年；绝没有像我们这样，综合折旧率在20—30年这么长的。我们社会主义国家要胜过它们，就要迎头赶上去，逐步加速我们的设备更新周期。遗憾的是，我们有些经济学家和财政学家还在为这种低折旧率和长的设备更新周期、为这种落后的固定资产管理制度找理论根据。

低折旧的理论根据是否定无形磨损

前面已经说过。我们这套低折旧率的设备管理制度是50年代初从苏联引进的。这套制度在实践中的基本精神就是重视办新厂，忽视老厂的技术改造，把老厂的固定资产的折旧率尽量压低，把钱挤出来搞新的投资，把老本当作积累。这种低折旧率的理论也是从苏联引进的，这就是否定无形磨损，认为无形磨损是资本主义的经济学范畴。例如1954年出版的《苏联大百科全书》第28卷在"无形磨损"这个词条下有以下的说明："机器的无形磨损是指资本主义社会里由于生产同类型的机器更便宜了，或者由于这一类型的机器被别的效率更高的机器所代替了，从而引起的机器价值的损失。"这就是说，在社会主义社会里，就不会因为劳动生产率的提高和技术进步引起旧机器的贬值而发生无形磨损了。而我们的经济学家和财政学家为了替低折旧率辩护也是从这套制度的发源地找到同样的理论依据的。

例如 1980 年第 9 期《经济研究》柳标、田椿生二同志《关于固定资产折旧的几个问题》一文谈到无形磨损时所提的理论依据就同《苏联大百科全书》的上述解释基本一致。柳、田二位的文章说："我们虽然仍是商品生产的社会，但是企业的固定资产是作为劳动手段使用的，除了少数不需用的固定资产外，一般是不会出售。大量在用的固定资产的贬值，大多是由于国家调低了设备的出厂价格，所有拥有这类设备的企业都要同时调低固定资产的价值。因为都是社会主义公有制的企业，这里没有什么损失可言，只不过是大家共同把价值符号作一个变动而已。"这是一番很有趣的妙论。作者在"我们仍是商品生产的社会"这个条件下承认无形磨损，那么试问，当着我们的社会不是商品生产而全国都进入一个全民所有制的社会了的时候，无形磨损难道就不存在了吗？特别值得注意的是作者在"但是"之下所发的议论。作者认为，在社会主义条件下，虽然那种由于劳动生产效率提高而使机器价值下降是存在的，但可以不必计算，"没有什么损失可言，只不过是大家共同把价值符号作一个变动而已"，完全把客观存在着的无形磨损变成了纯粹主观意志的产物，这是很不合乎逻辑的。难怪会出现如同报纸上揭发的那样，有许多企业把外国进口的崭新设备压在仓库里好几年，甚至几十年不用，在他们看来，反正不用也不会损失的。这完全是一种农业社会的自然经济观点在作怪。因此，我认为，两种无形磨损在社会主义条件下都要考虑到折旧率中去，它不是哪位财政学家通过主观意志调整一下价格就可以不计算的"符号"。

以上所有反对提高折旧率的理由都是站不住脚的。一个真实的、需要认真对待的理由是财政问题：我们现任所有全民所有制企业的固定资产大概在五千亿元，折旧率每提高1%，财政上就要拿出50亿元，如果把平均折旧率从现在的4%左右提高到10%，如同我建议的那样，再加上原来上缴财政的那50%的折旧基金，那么财政上就要拿出几百亿元。在财政赤字至今没有完全消灭的时候，要拿出这么一笔老企业更新基金确实是一个大难题。但是，只要首先在思想上认清了老企业设备更新的重要性和必要性，那么办法总是有的。那就是我最近在几次会议讨论这问题时建议的那样，逐渐创造条件，把今后预备每年用于新的投资的那三百多亿元，拿出一半用于老企业的设备更新，只拿出一半甚至一半以下用于最必要的新建企业的投资（如煤、电、油和铁道、水运等）。在今后两个五年计划时期，把老企业的改造作为中心任务，然后再去研究外国的折旧率到底多少，我们应该多少等问题。

当笔者改完这篇文章的第二稿时，赵紫阳总理在五届全国人大四次会议上作的政府工作报告《当前的经济形势和今后经济建设的方针》发表了。这个报告提出的十大方针的第四条是："有重点有步骤地进行技术改造，充分发挥现有企业的作用。""为了有效地推进技术改造，今后用于固定资产的投资，要把基本建设和技术改造的资金统一安排使用。应该在较短时间内制定出符合我国情况，有利经济发展的设备更新政策。企业固定资本的折旧率要根据不同行业、不同企业的情况逐步提高，以利于合理地缩短企业设备更新的周期。今后凡是企业的折旧基金、利润留成部分中的生产发展基金，以及上级部门拨给的有关资金，都应该用于技术改造和设备更新。这些资金的分配和使用，都要纳入财政计划和信贷计划，不得用于新建项目和其他支出。有条件的企业还可以适当利用外资，把技术改造同技术引进结合起来"。

让我们全国上下一致，执行赵紫阳总理提出的这条以及其他九条方针，把调整、改革、整顿、提高彻底贯彻下去，再加上党的思想教育工作和必要的组织调整，我相信我国的经济发展速度必然会逐步提高！

（1981年2月初稿，1981年12月修改稿，
原载《经济研究》1982年第2期）

讲经济就是要以最小的耗费取得最大的效果

在"文化大革命"时期,讲生产,讲经济,尤其讲经济效果,就是政治不挂帅,就是不讲阶级斗争,反对讲以最小的消耗取得最大的效果。反对讲经济效果。空讲政治挂帅,空讲阶级斗争。我们今天把林彪、"四人帮"统治时期的这一套胡说都否定了。我们今天要重新提倡这个"最小"和"最大",提倡讲经济效果,这就是我们又重新在社会主义道路上开始大踏步前进的一个标志。只要我们全国一切经济事业都按照这个"最小"和"最大"的原则。按照讲经济效果这个道路向前走,我们就有信心,不用很多时间,我们就能够赶上,而且最终要超过一切发达的资本主义国家。为了提高我们的农业、工业、交通运输业,以及其他各方面经济活动中的效果,基本上要从两方面着手,一个就是改善国民经济管理和企业管理,一个就是不断地进行技术革新、技术改造,而对于一切宏观和微观经济管理的改造、改善。对于技术革新、技术改造,我们都必须以"最小"和"最大"的角度,从经济效果的角度来加以测定。

一般说,小农看合作化以后的大生产、联合生产,不是从现代社会化大生产的观点来看问题的,他是从封建庄园经济的角度来想象我们社会主义社会的大生产的,而封建庄园经济也是一个自给自足的经济,同样没有流通、没有交换、没有抽象劳动的观念,没有社会平均必要劳动的观念,没有价值观念,也不讲经济效果。我们多年来的经济体制中的许多做法,我觉得也反映这种自然经济的观点。我记得我在一篇文章中讲过这个问题。我说,我们现在的计划部门，同财贸部门，至少在一定程度上是脱节的。我们的计划部门只注意实物量的指标，只注意使用价值指标，我们讲速度，讲产品产量，都是讲的使用价值量。我们的总产值，不变价格计算的总产值，自然是一个综合的实物量指标，而计划的编制，主要讲速度，讲产品产量，实际上就是管实物量指标。而流通和价值都是归财贸系统，归财贸口管的，这就是说，我们的价值和使用价值是分口管的。这一套就是在自然经济思想指导之下建立起来的，着重于使用价值指标的计划，而不注意价值量指标，不注意经济效果。正因为如此，基本建设战线过长，供产销脱节。都是使用价值与价值分口管理，使用价值与价值脱节。否定流通，不讲经济效果等的结果，是自然经济思想的产物。因此，我认为要改变现在这种生产与需要脱节，基本建设与财力、物力、人力脱节的情况，必须改变实物指标由计划部门管理，而价值指标由财贸部门管理的互相脱节的这种体制形式。而要改变这种体制形式，我们在思想上，在经济学上，必须从最基本的概念宣传讲起，就是说，为了提倡讲究经济效果，必须从劳动的两重性、产品的两重性，从价值与使用价值的两重性讲起，从政治经济学的 ABC 讲起。

(原载《财政》1982 年第 3 期)

坚持以计划经济为主市场调节为辅

据我记忆，"计划与市场"或"计划经济与市场经济"这个问题的提法，最早发生在东欧。近几年来，在我国经济学界也逐渐流行起来了。我觉得这个提法本身就不很确切。尽管我这个喜欢抠概念的脾气在二十多年前就挨过批评，但是我认为概念不清，就搞不好经济学，而且对实际工作亦会带来害处。这个"计划与市场"或"计划经济与市场经济"的提法，就是概念不清的一个例子。因为这个提法本身就是"板块论"的提法，只把"计划"和"市场"作为两个对立面提的。它的意思似乎是说：你是要计划呢？还是要市场呢？

什么是"市场"？市场不是一个空间概念；而是指产、供、销的关系，指买卖关系，也就是指流通过程或流通环节。政治经济学告诉我们：即使是在资本主义社会里，每个企业内部的生产也是有计划的，而且可以说，资本主义企业内部的计划编制得很好！我们不是有不少实际工作者和理论研究工作者到西方资本家企业去考察过，而且很称赞他们的管理吗？就是说，他们企业内部的生产是组织得很好的，也就是说是有计划的。但是整个社会经济是无政府状态，无计划的；因为那里的千千万万个企业属于许许多多私人资本家所有。他们的生产，尤其是他们的买卖关系是属于他们的营业秘密，别人是无权过问的。而我们社会主义社会的经济之所以被称作是计划经济，正因为在实行公有制之后，不仅每个企业内部的生产是有计划的，而且各企业相互间的产、供、销关系即流通过程或市场，也是有计划地组织在一起成为一个统一的机体。因此，如果我们把市场作为计划的对立面来提（或者是计划，或者是市场），那么我们的社会主义经济和资本主义经济还有什么差别呢？

1978年冬，我在南斯拉夫访问考察的时候，曾经请教过南斯拉夫经济学家："计划和市场"或"计划经济和市场经济"的问题提法到底是什么含义呢？一位经济学家回答我说："我们的市场是没有自发性的市场。"我想，如果市场去掉了自发性，那么剩下来的就是有计划的供求关系了。然而，供就是生产；既然生产原来就是有计划的，那么"计划和市场"或"计划经济和市场经济"的提法，实际上就意味着为需求、为消费而生产，即根据需求或销售情况来安排生产。这应该说是社会主义计划经济天经地义的原则，是不成其为问题的事情。

但是，我觉得当国内外经济学家的文章提出"计划和市场"或"计划经济和市场经济"这个问题的时候，他们实际上想说的是"计划调节和市场调节"的关系问题，而所说的"计划调节"就是指指令性的计划指标，也就是上海人说的"上面敲下来的指标"[①]；而"市场调节"就是指根据市场上供求关系和物价的浮动情况来安排或调整我们的生产指标。

如果我们是这样提问题，那么对这一问题的唯一正确的答案也只能是：在社会主义社会，要以计划经济（或计划调节）为主，以市场调节为辅。因为如果我们是完全根据市场供求和物价的摆动来安排生产指标，那么我们的经济和资本主义经济就没有什么两样了。

但是为什么计划经济又需要有市场调节作为补充呢？那是因为目前我们还存在着不同的所有制，除了全民所有制以外，还有集体所有制，特别是还存在个体经济。我们的计划的广度和深度都还不够。我们的计划方法也不够完善。

但是即使社会上只存在一个全民所有制了，即使我们的计划方法也够完善了，计划对千千万万种产品的产量和需求量，也不可能算得百分之百的精确。因为除了天灾人祸以外，技术不断在进步，人们的爱好也不断地变化。因此，不论是对于各种生产资料的需求也好，还是对于各种消费资料的需求也好，总是在不断地变化中的。但是如果社会掌握有经过科学方法计算的，必要的库存，那么就可以应付随时出现的，市场上任何产品的供求关系的失调。由于今天我们的生产还不很发达，库存还不够充足（不用说，这里所说的库存不是指那种没有人要的呆货），所以当出现上述失调现象的时候，就不能不适当调整我们的计划。

这就是说，我们的经济是计划经济，是按照计划来安排生产和需求的，并且在一定程度之内还不能不根据供求关系和价格的摆动来调剂生产，还不能绝对排除自发性。而自发性不仅是资本主义经济的特点，而且也是小生产者个体经济的特点。

总之，我们的社会主义计划经济之所以还需要以市场调节为辅助因素，那是因为：第一，还存在不同的所有制，特别是保留有个体经济成分（主要是自留地生产）；第二，我们的计划方法还不够完善；第三，我们的商品储备还不够充足。

但是，为什么在前些时候，在经济学界曾经出现过以市场经济为基础的计划经济这种提法呢？那是因为人们对"市场"这个概念还有不同的理解。如果我们把"市场"理解为没有自发性的市场，把它当作"需求"的同义语，那么生产是为了消费嘛，生产计划要按需求来编制，或计划要建立在市场基础上这样的提法也是可以理解的。然而，这样来理解"市场"这个概念，正和把"市场"当作"自由市场"（正确地说应是"集市贸易"）的同义语那样，都是不确切的。

我这篇短文章从概念谈起，又以谈"概念"结束。这好像有"从概念到概念"的味道了。我认为，研究问题是要从实际出发，而不能从概念出发的。这是完全对的。然而，我要再次重复说明，如果概念不清，那也是说不清任何问题、搞不好任何学问的，包括经济学在内。

（原载《财贸研究》1982年第5期）

我们的经济计划要符合社会需要*

1982年5月19日《人民日报》发表一篇武汉一商局储运公司的调查报告，惊呼近一个时期来商业库存的结构发生了很大变化，某些不适销的商品库存额急剧增加甚至变质残损，但是生产部门还在继续生产，商业还在继续调进，这是一种很反常的现象。据说，不少地区都存在着类似现象。我们社会主义经济是计划经济，只有坚持计划经济，社会主义经济建设才有保障，但是，坚持计划经济，并不是说那些不符合实际的，或者说是错误的计划方法就不可改变。过去，我们常常是用上面敲下来的指标指导生产，生产部门不问产品销路而盲目生产，商业部门不顾社会需要实行统购包销，盲目进货，结果是"工业报喜，商业报忧"，这使我们的经济工作遭受了很大损失。早在50年代，我曾呼吁把计划和统计建立在价值规律的基础上，其中有一条具体措施就是要把简单再生产范围以内的生产计划建立在供产销合同的综合平衡上，自下而上地制订计划。这样形成的计划，由于大体上符合实际，因而不但是指令性的，而且具有法律效力，合同一旦签订必须坚决执行。一种产品的生产，其原材料没有供货合同做保证，其产品销路又没有销售合同做保证，那么这种产品就不应该继续生产。如果硬是坚持由上面"往下敲""往下压"指标的计划方法，库存积压的现象永远也不会改变。生产的服务对象是消费者，不是仓库，过去只强调商业要有生产观点，不强调生产要有商业观点（即能卖出去），那是有片

---

* 本文系孙冶方同志给中国商业经济学会成立大会的贺信。

面性的。商业是流通的代理人,它代表消费者的利益,要实现商品的使用价值,它应当为消费者服务,而不能为仓库服务。当然也要代表生产者利益去实现商品的价值,商品(产品)二重性的矛盾要经商业之手最终解决。因此,维护商业企业代表消费者、社会需要向生产单位自由选购商品的权利,这是十分重要的。陈云同志早就提出,除对涉及国计民生的重要商品不得不继续统购包销外,对那些日用百货要逐步实行选购,使工业关心产品销路,商业关心社会需要。因此,我建议我们商业经济理论工作者和实际部门一道,围绕商业企业的自主权问题,深入研究如何保证我们的经济计划符合社会需要的问题,进一步改革那些不符合实际情况的,或者说是错误的计划方法、计划体制,改革流通体制,这是提高流通领域经济效果的重要课题。据了解,商业流动资金被库存积压商品所占用的部分相当可观。我们的生产部门,还有商业,如果在实际上都是面向仓库,这说明我们的计划方法是失败的。这是我要讲的第一点意见。

第二,我们要深入地及时地研究新形势下流通领域出现的各种具体问题,特别要研究如何有计划地组织好商品流通的各种具体形式问题。在这些方面,马克思在《资本论》以及别的经典著作中没有留下任何现成的答案,这是由研究对象所决定的。资本主义流通是自发的盲目的下意识行为,资本主义商业企业组织本身的研究,也是资本家业务范围内的事。但社会主义流通却是有计划的行为,市场是有组织的社会主义统一市场。因此,我们要通过对一些具体形式的研究,比如:多种经济成分的构成、多条流通渠道的开辟、多种经营形式的开放、零售商业网点的设置、按经济区域组织商品流通、贸易货栈、集市贸易、议购议销、工商利润分配、市场预测,等等,由此来探索对社会主义流通实行计划管理的途径,真正做到"活而不乱,管而不死"。

第三,要克服"轻商"思想。商业是物质生产过程在流通中的延续,售货员站柜台,不论从劳动的复杂性来说,或是从体力消耗来说，不比某些轻工业生产劳动省力，因此，商业职工的劳动是生产性劳动，我国的统计指标向来也是把商业部门算作物质生产部门的。"轻商"思想的克服，并不在讲商业职工的劳动是生产性劳动就行了，这不是问题的实质。"轻商"思想，根本原因是残存的封建农业社会的自然经济思想作怪。"死人抓住活人！"这种自然经济思想否定社会主义计划经济中仍然存在着交换、流通，否定现阶段的社会主义经济中由于多种经济成分还存在着商品货币关系。因此，要克服"轻商"思想，使全党学会经商，我们商业经济理论工作者有责任在对自然经济思想的斗争中出大力。

我在40年代曾搞过一段时间的财贸工作，但对商业经济中的许多具体问题，特别是现阶段的新问题，缺乏系统深入的研究，讲几句老话，供同志们参考。

（原载《财贸研究》1982年第8期）

关于固定资产管理制度的几个问题

一 问题的性质和问题的提法

固定资产的管理,尤其固定资产的更新是社会主义经济管理工作中一个重要问题,而折旧基金的管理问题,又是固定资产更新问题的关键。近年来,大家开始注意对这一问题的研究,但是有些同志把折旧问题仅仅看成是或主要看成是财政体制问题,他们主要是从财务管理的角度来看问题。这样,他们把问题的性质搞错了,当然就不会对问题提出正确的答案。折旧问题,首先是生产管理体制问题,其次才是财务管理体制问题。因为在这里,并不发生财政的收入和支出问题。马克思曾经特别指出过,固定资产折旧是补偿生产中垫支的资金的,"决不采取收入的形式"①。固定资产是企业的老本。老本的消耗应该及时得到补偿。把老本当收入,观念上就会种下吃老本的根子。因此,关于折旧问题的考虑,必须服从生产管理的需要,必须有利于革新技术和发展生产。

在问题的提法方面,有些同志把固定资产新旧基金管理制度说成是要集中,抑或是要分散的问题。这样对立地提问题也是不对的。集中统一的管理制度是社会主义计划经济的同义语,没有集中

---

① 马克思:《资本论》第三卷,人民出版社1975年版,第949页。列宁在《再论实现论问题》一文中批评司徒卢威时,进一步发挥了马克思这一论点。他说,用来"补偿不变资本的那部分社会产品",从来不采取而且也不能采取收入的形式。当然,这是从收益和成本角度而说,若从货币资金的收支账角度来看,它也是可以记作"收入"的。

统一的管理就没有计划经济。所以,问题绝不是要不要集中的问题,而是应该如何在更好地确保国家对固定资产更新基金集中统一管理的同时,又能够更好地发扬企业领导和全体职工群众在革新技术,提高劳动生产率,发展生产方面的首创精神和积极性的问题。怎样才能达到这样的目的呢?我认为,关键就在于明确划清作为国民经济细胞的企业的职责和代表国家的上级领导机关的职责。

二 固定资产管理制度的基本原则和办法

为了明确划定企业的职责,特别是企业在固定资产更新工作中的职责,首先必须谈一谈与此密切相关的,如何划分简单再生产和扩大再生产的问题。

问题是从实际生活中提出来的。在前几年,工业生产和基本建设以空前速度前进的时候,工矿企业中普遍发生了这样一种现象:一方面新建和扩建的企业大批兴工;另一方面,老企业和老设备却因为得不到正常的维修(更不要说更断)而"带病运转",以至完全瘫痪。因此,党中央和主管业务部门提出了"先维修、后建设"的原则,而且要大家考虑,在管理制度上可否把维持原有规模的再生产,即维持简单再生产的固定资产更新基金(折旧基金)同扩大再生产的新建、扩建企业的投资分别处理。

我认为,问题这样提出,已经抓到了社会主义计划经济管理体制问题的关键。但是由于在理论上和实际生活中,在划分简单再生产和扩大再生产的界限上发生了困难,所以上述这个英明的原则虽早已提出,而在实践中却始终没有能够贯彻执行。

马克思在写《资本论》的时候,为了阐明再生产的基本规律,他舍象了技术进步和生产力发展的因素,而从同一的劳动生产率水平来研究前后两个周期中简单再生产和扩大再生产的量的关系。因此,他所用的再生产公式中的数字,既代表实物量(使用价值量),也代表价值量。但是在企业资金量不变而技术进步、劳动生产率提高的条件下,生产的实物规模还是可以扩大的。这又可以在两种情况下发生:一种情况是由于生产该企业所用设备及其他生产资料的部门,发生了技术进步,提高了劳动生产率,因而用同量资金可以购置更多、更好的设备和其他生产资料,从而扩大了这个企业的生产能力;另一种情况是由于企业自身的劳动生产率提高而增加了生产能力。

在实际生活中,上述这两种不增加资金量的扩大再生产和增加新投资的扩大再生产常常交叉发生。这就更使得有些同志认为,简单再生产和扩大再生产只是马克思的理论抽象,在实际生活中是无法区分的。

但是,如果我们不从实物量角度,而只从资金价值量角度来区分简单再生产和扩大再生产,那么这种区分就毫无困难。凡是不要求国家追加投资的,即原有资金范围内的生产,都算作简单再生产,即价值量的简单再生产(当然,在实物量上是应该不断扩大的),国家把这个范围以内的工作,包括固定资产更新工作在内,都交给企业去办,由国家加以领导和监督检查;而对于新的投资,即对于价值量的扩大再生产,国家必须严格控制,由国家来决定。对于社会主义计划经济管理来说,我们所必须控制的也正是这种要求用追加投资来实现的扩大再生产。不要求国家追加投资的实物量的扩大再生产,正应该是责成千千万万个独立核算企业的领导者和全体职工,千方百计、全力以赴的事情;在一般情况下,领导上只有给予鼓励,而不应给予不必要的干预。

我们现在在企业管理制度上的最大缺点恰恰就在于国家对于新的投资控制过松,而对于不需要国家新投资,只要通过技术改革、设备更新来实现的扩大再生产又控制过严,把同样属于原有固定资产更新范围以内的重建、大修理、技术革新措施等不同的更新办法,分裂为繁复的不同的制度,由企业和不同主管机关分类掌握。这就大大地限制了技术进步和生产力的发展,限制了企业的积极性和首创精神。

根据上面所说的理由,我认为必须改变现行的把所有企业的固定资产更新基金(折旧基金),年年打乱重分的办法,贯彻执行核定企业资金的工作,特别是要核定企业的固定资金(不是定实物量,而是定资金量,即价值量),把固定资产的全部折旧(不分基本折旧和大修理折旧)存入企业在建设银行所开设的户头,根据革新技术、发展生产的需要,在计划机关、主管业务部门上级和银行三方面分头监督下由企业支用;但并不排除在必要时,例如在资源开采完毕,或社会需要已充分满足,企业规模过大等情况下,把某一企业或某一部门的资金抽走一部分或全部。

与此同时,必须执行资金有偿占用的原则,即是根据企业占用资金多、装备好,劳动生产率就应该提高的原则,国家将按照企业占用资金数量的比例,即按资金利润率原则,要求企业上缴利润。

执行这些办法有以下几个好处。

第一,给企业划定了职责范围,使企业对于固定资产更新,可以有一个全面的长期的打算,而不像现在这样把这个统一任务割裂为基本建设(房屋的彻底翻新和设备的重置)、大修理和新技术措施等不同程序,归不同的主管上级审批,以致互相牵扯,妨碍了技术进步和生产的发展。现代技术进步一日千里,情况复杂,企业中某一建筑,或某一设备,如何更新才能够既经济又有实效,何种建筑或设备应该彻底拆除后重建重置,何种应该进行修理或局部改装以便继续使用,对于这些,都应该根据具体情况,以企业为主,在企业的技术人员和财务人员密切合作之下,对费用和效果加以仔细分析比较之后,才能作出最妥善的判断。计划部门、主营业务上级、科技部门和银行、财政部门应该从计划执行、技术政策和财务管理等方面加以领导和监督、检查。

第二,实行了上述新办法,就可以消灭固定资产的无偿供给制,建立起固定资金的有偿使用制,在企业中建立起真正的全面的独立经济核算制度(现在没有固定资产核算观念,只有流动资金核算和定额核算制)。

第三，按照上述新办法，固定资产更新工作欠账的事情基本上就不会再发生了。同时，由于核定了企业的固定资金，建立了固定资产核算制，就会减少甚至消除计划工作中争资金的扯皮，而把计划机关的精力更集中于综合平衡工作，集中于新投资的扩大再生产的安排。

三 大修理并不一定比重置、重建合算

按照现行制度，对于固定资产的彻底更新（即重建重置）控制非常之严，是按照新投资的基本建设工程同样程序办理，实行最集中的管理。但是原有固定资产的彻底更新所需要的重建和重置工程，一般来说总是比较零星，在大家争投资，而资金总是远远不能满足各方面需要的时候，老企业的重建重置工程就很容易被挤掉，排不上队。于是许多原来应该拆除重建重置的建筑和设备，只好用大修理办法来维持使用。一般人认为这是节约，是好事。其实往往是很大的浪费。

下面举一个1961年我们在上海作调查时看到的事例。

上海机床厂有一种1944年造的美国辛辛纳底的龙门刨。这种龙门刨的效率低，三个抵不上我们济南机床厂制造的一个。即是说，使用这种龙门刨所用人工、场地、动力都要三倍于国产龙门刨。厂里的工程师认为，对这种美国龙门刨进行大修理，不如购置新的国产龙门刨。但是按照规定，这个美国龙门刨的折旧年限还有九年，还要经过两次大修理才能报废。财务工作人员认为，我们国家穷，老企业应该爱惜使用旧设备，直到实在不能再使用为止。

我们可以设想两种情况。一种情况是济南机床厂可以供应效率高的刨床。那么，只要重置比大修理经济，就应该重置。折旧费和折旧年限是应该根据经济核算来规定的，而不是倒过来，使不合理的规定来破坏经济核算。另一种情况是济南机床厂的产品不足以满足所有的需要，而这种旧式龙门刨在全国还很多。那么，国家的长

期计划就应该考虑到：今后九年是继续负担这些旧式龙门刨的大修理费和九年间三倍的人工、场地和动力等其他消耗好呢，抑或是把这笔钱用于扩大济南机床厂的生产能力，使能制造更多的新设备以替换这些旧设备好。

还需要补充的是：当时我们的生产龙门刨的和生产电话总机的工厂，生产任务并不太紧，它们的产品还销不出去。

由此可见，有些过了时的设备（即使根本没有启用过的），到了应该报废的时候还继续使用会变成包袱，给国家造成损失。

四　对几种反对意见的答复

现在看到的，关于固定资产更新基金管理制度的改革方案中，大多数仍旧主张在企业之间打乱重分，反对由原企业来掌握；改革的着眼点集中于更新基金专款专用，即专门用之于设备更新和技术革新。有了这样的规定，或许对固定资产更新的欠账可以避免，至少可以减轻。但是这种改革没有解决企业的独立经济核算问题，更重要的是千千万万个企业的固定资产更新重担主要仍然挑在国家肩膀上；对于与革新技术、提高劳动生产率、发展生产密切相关的固定资产更新工作，企业仍然处于被动地位，无权处理，不能作通盘打算。同志们反对固定资产更新基金归企业掌握，大致由于以下三种顾虑：第一，担心走上自由化的道路，助长分散主义；第二，担心不增加新投资的实物量的扩大再生产由各企业分头负责，也会促成国民经济发展比例失调；第三，担心不利于资金的集中使用和统一分配，造成社会资金的闲置和浪费。

下面我想就这些反对意见和顾虑谈一谈个人的看法。

第一，固定资产更新基金交企业掌握，只是意味着固定资产的更新和与此密切相关的革新技术、提高劳动生产率、发展生产的具体工作交企业去"办"，并不是说代表国家的上级计划部门、业务部门和银行就撒手不"管"，就放弃领导。相反，诸如生产方向和产品价格都必须严格按照国家计划规定去办,供销合同必须严格执行。"管"和"办"是两回事,是可以分开的。这是一方面。另一方面,这只是把经营和管理的职和权交给了企业,但是所有权仍旧属于国家。国家在必要的时候(一般是根据预定的计划,如由于资源的枯竭或由于收缩生产规模的必要),就可以收回全部或一部分更新基金,这与自由化完全是两回事。

第二,由于社会的需求总是不断增长的,所以在企业不要求国家增加投资的范围以内,按照原来的生产方向,去发展生产,是应该加以鼓励而不应该加以限制的。但是,即使在原有资金的范围内,科学发明和技术革新以及随之而来的劳动生产率的提高和生产的增长在各部门、各企业之间也还是不平衡的。正因为这个缘故,我们常说,国民经济各部门的比例关系,平衡是相对的,不平衡是绝对的。如何使不平衡重新恢复平衡,这正是计划机关应该做的工作。

重新恢复平衡的方法主要是增加短线部门(即劳动生产率和生产发展速度较慢的部门)的投资,只是在需求已经充分满足的个别部门,或是对资源已枯竭和规模过大的厂矿,才实行抽调资金的办法。在计划方法上,也应该把原有资金范围以内的再生产(价值量的简单再生产和实物量的扩大再生产)和新增投资的扩大再生产(价值量和实物量都扩大的再生产),分开来管,计划机关着重管新投资的扩大再生产,对于原有资金范围以内的实物量扩大再生产,在固定协作关系,普遍推行供销合同制的条件下,可以仅仅平衡差额部分,实行"差额平衡法"。原有资金范围以内的再生产采用先由下而上,再由上而下的综合平衡方法;新的投资,由国家计划委员会全面严格控制,用先由下而上,再由下而上的综合平衡方法。这样就可以避免把原有资金规模的再生产年年重新安排(但不是放任不管),减少了计划机关的事务工作,而同时就可以集中精力于最重要的综合平衡工作——新投资的扩大再生产。

第三,不错,由于折旧是逐年零星提取在先,而这基金的使用是在后，而且最大批的使用要在房屋设备拆除彻底更新的时候。在此期间，对企业而言，有很大一批折旧基金是闲置的。但是由于企业逐年提取的折旧是存入人民建设银行的，企业要进行大修理或重建重置工程的时候，事先要编制固定资产更新计划，并且仍旧需要报请上级计划机关、业务领导部门批准之后才能到银行取款，所以国家对于全国企业在当年需要动用多少折旧基金，有多少可以由国家作为流通中的闲置资金调作新的基本建设或生产事业之用，计划机关和银行完全可以事先掌握，对社会来说，绝不会造成闲置和浪费资金的问题。

也有些同志说，过去有些企业挪用大修理基金去搞基本建设，挪用生产建设资金去建设大礼堂、跳舞厅了，因而固定资产更新基金不能交企业掌握。但是上述现象不正是在现行制度下发生的吗？这是固定资金无偿占用制的结果，是财务管理制度松懈的结果。

五　折旧率的大小问题

固定资产管理制度中另一个重要问题是折旧率的大小问题。问题的关键在于承认不承认无形损耗，以及无形损耗要不要计算折旧的问题。所谓无形损耗，就是指与固定资产的物质损耗无关的经济贬值。无形损耗又分两种，第一种是由于生产这种固定资产的劳动生产率提高，因而固定资产的再生产价值降低了，但固定资产的式样和性能未变，第二种是由于出现了新式的设备和建筑，因而引起了老式设备、建筑的贬值，或者使老式设备提前报废。这个问题不仅是一个实际问题，而且是有争论的一个理论问题。多年来，很多经济学家认为无形损耗是资本主义经济范畴，社会主义生产的目的是物质财富，因而只承认有形损耗，不承认无形损耗，或者即使有无形损耗也不计算折旧。

其实固定资产本来就具有与原料不相同的一种特点，那就是它们在产品生产过程中，都不是以自己的物质因素加入产品的实体中去。固定资产作为实物本身,在整个运转阶段,一直到被拆除送进废料房为止,都是与由它帮助下生产出来的产品相对峙着、始终屹然独立地存在着的;移转到产品中去的只是它们的价值,或普通说的"经济价值"。如果承认固定资产的损耗是指"经济价值"的损耗,那么当然也就应该承认无形损耗,并且用折旧来取得补偿。

如果我们必须承认社会再生产过程中固定资产的这两种无形损耗,并且把它们计入折旧,那么我们可以肯定,折旧率将远比现在的高;折旧年限只能比马克思时代的十年左右的短,而不是更长。第二次世界大战以后资本主义世界一般工业固定资产折旧年限已经缩到十年以下,军事工业甚至在五年以下。

再一种说法,认为讨论折旧多或少,没有多大意思,折旧多了,剩下的利润就少了,折旧少了,利润就多了,好比一杯水,这边多倒一些,那边就剩少了;如果那边多倒了,这边就剩少了。这种一杯水的理论会助长"肉烂在锅里"、不要算账的思想。固定资产折旧不是多些好还是少些好的问题,而是应该不多不少,与固定资产的实际消耗(包括有形损耗和无形损耗)相符合。

有人认为少算些折旧,把折旧年限拖长些,可以鼓励大家爱护旧设备。这种想法也是不符合实际的。折旧提取完毕之后,并不一定非把设备送入废料房不可,在一定情况之下还可以利用。但是这种已经到了报废时期边缘的设备,如果不再负担折旧开支(折旧已提取完毕),比之还要负担折旧开支的(继续提取折旧),只有更受欢迎些,因而是有利于鼓励设备的继续利用的。

(原载《经济管理》1983 年第 2 期)

经济工作者必须认真学习《资本论》

我们经济学界所有的人，当然包括我在内，要认真深入地研读马列主义的原著，特别是马克思的《资本论》。《资本论》在"文化大革命"中，曾被"四人帮"诬蔑为"马尾巴的功能"。林彪说："《资本论》只能说明资本主义的问题，不能说明社会主义。"这都是谬论。恩格斯说过：无产阶级政党的"全部理论内容是从研究政治经济学产生的"（《马克思恩格斯选集》第二卷第116页）。而政治经济学的经典著作就是《资本论》。《资本论》不仅阐明了资本主义社会的规律，而且也对社会主义社会的基本规律作了说明。我们应该一遍又一遍地读《资本论》，一遍又一遍地研究。为什么要推翻资本主义、建立社会主义？建立社会主义经济应该遵循什么样的原则？马克思在《资本论》中都有原则性的揭示。所以，我们不仅要劝年青一代反复读《资本论》，就是我们老年也要反复读。近年来，人家说我们经济学家的文章，概念混乱，意见分歧。50年代，有一个捷克经济学家对我说，世界上有多少个经济学家就有多少种意见。学术思想和学术概念总是从不统一到统一的，所以，概念混乱和意见分歧没有什么奇怪。但是，我们应该把我们的思想、概念逐渐统一起来，不能永远混乱、分歧下去。那么如何统一呢？应该在马克思主义基础上，在《资本论》这部马克思主义经济学的基本著作的基础上统一起来。

当然，我们不能把马克思的著作（包括《资本论》在内）生搬硬套。马克思、恩格斯非但没有看到社会主义，就是今天资本主义经济的某些新事物，他们也没有见到。我们应该根据马克思主义经济学的基本原理来说明这些新现象、新问题。我们既反对生搬硬套的教条主义，也反对离开马克思主义基本原理、就事论事的经验主义或实用主义。因此，我认为，借口《资本论》没有解答社会主义社会新出现的新事物，而说《资本论》不够用了，或者说"不能光靠《资本论》了"的说法，至少是有语病的。其实，何止经济学或者《资本论》，就是马克思主义的哲学和阶级斗争学说，即马克思主义的其他部分的著作，也应该根据实际情况的变化加以发展、补充。难道我们能说马克思主义也不够用了吗？

回顾三十二年来我们经济学理论研究工作和财经实际工作所走的弯路，不是因为我们搬用了《资本论》的什么教条，而是因为我们违背了《资本论》所早已明确指点了的许多基本原理。特别是50年代我们引进的那套经济管理制度的一切缺点也不是因为生搬硬套了什么《资本论》的"教条"，而是因为违背了《资本论》的基本原理。如果说这里有什么教条，那么这正是马克思、恩格斯所最反对的自然经济的家长制度和官僚主义管理制度的教条。因此，今天我们马克思主义经济学者应该好好宣传《资本论》，而不是去贬低它。对于《资本论》所没有谈到的许多新事物，也只有遵循《资本论》的基础理论才能作进一步的说明。现在，有些同志醉心于从西方引进许多新概念、新思想。在这一点上，我并不保守。我觉得西方经济学中有许多有用的东西，我们应该汲取，特别是经济计量学、部门经济学、企业管理学等方面的东西，我们可以向他们学习。他们在经济管理方面有许多好的经验，但在政治经济学方面，我们马克思主义的政治经济学与西方资产阶级的政治经济学毕竟是两种性质根本不同的东西，我们不能随便借用他们的概念、名词。现在对西方经济学中的某些概念、范畴，有点滥用了。这也是一种物极必反。过去多少年，特别是"四人帮"横行的十年中，搞闭关自守，对西方一切先进有用的东西，包括经济学方面的进步思想，一概加以拒绝，结果走向了反面。我们在很多地方，甚至在社会科学方面，落后于西方。这个话，我最先是从国外访问回来的社会科学家那里听说的,起初我听了很吃惊,怎么马克思主义的社会科学会落后于西方资产阶级的社会科学?马克思主义的社会科学与资产阶级的社会科学,这是两种根本不可比拟的东西呀!后来人家告诉我,人家在资料的收集、整理方面,有许多科学制度,而我们在"文化大革命"时期,许多珍贵的文献资料、笔记、卡片,在康生、陈伯达、"四人帮"这批野蛮的蒙昧主义者煽动下,被"造反派"当作"四旧"销毁了,制度也被破坏了。在运用经济数学发展经济科学方面,我们大大落后于西方。我的数理化水平很差,但我深感社会科学尤其经济科学不能离开自然科学,更不能离开数学。1959年我在苏联考察,刚好遇上列昂节夫在那里宣传投入产出法,我同苏联一位经济学家就这个题目交换了意见,他说:列昂节夫这一套投入产出法,就是早在苏联新经济政策以后的第一位计委主任提出过的一张棋盘平衡表,不过那个时候没有运用运筹学等现代数学方法来计算。列昂节夫把现代数学运用到国民经济各部门的投入产出方面来,是有贡献的。但是,经济计量学、现代高等数学在经济学方面的应用,30年代在苏联也有人提倡过,却被多次批判而给否定了。现在却被作为新的东西,也成了出口转内销,言下,那位苏联经济学家不胜感慨万分。在这里,我也附带提一件往事。1959年我从苏联考察返回来后,有鉴于苏联过去的这个教训,我们经济研究所曾选派几名同志到国外,并到中国科技大学进修数学在经济学中的应用。可是在"社会主义教育运动"中被当作修正主义批判,那几名进修数学的经济学研究人员,也被撤了回来。要是这几位同志从50年代末能坚持研究到今天,我相信,我们的经济数学也不一定落后于世界先进水平。像经济计量学这一类东西,我们现在应该借鉴于资产阶级经济学,借鉴他们已经取得的成就。但是,对于政治经济学中许多概念的引用,应该慎重,像"第三产业"这个概念,我认为这是资产阶级经济学的概念。这是我在去年第八期《经济研究》上已经讲过。我认为,"第一次产业""第二次产业"的说法还可以成立。"第一次产业",指直接从自然界分离出来的产品,像农业和采矿业;"第二次产业",指加工工业。但"第三次产业"这个概念就不伦不类了,它把政府官员、军队、警察、律师同商业以及包括教、科、文各部门在内的一切广义服务行业,甚至把铁路运输都混在"第三次产业"这个概念中,这真是莫名其妙。前些日子,在电视、广播、报刊上到处听到、见到宣传这个概念,这真不应该。又如"宏观""微观",这个概念也不确切。国民经济,这个应该算宏观吧,但是对世界经济来说,还只能算微观;工业经济、农业经济以至更具体的如机械工业、化学工业、纺织工业等,对企业管理来说可称宏观,可是对国民经济、世界经济来说,它却应该又是微观经济了。又如,扩大企业自主权,这好像是微观的,但是它牵涉到从中央到地方各级的关系问题,牵涉到"条条块块"的问题,即各管理部门与各级政府的关系问题,牵涉到整个国民经济的管理体制,能说明是微观吗?因此,究竟什么叫宏观、微观?这说不清楚,所以,我认为还是我们原来运用的概念,如世界经济、国民经济、部门经济、企业管理等较为确切。还有很多西方的概念,我以为它们也不如马克思主义的基本原理、概念确切,我们不必赶时髦,轻易借用那些"舶来品"。"文化大革命"前和"文化大革命"中,我的许多见解被看成是标新立异,是"修正主义"。看来,现在我倒显得有点保守,或者有点"左"了。但到底是"左"还是右,还请大家评论吧!反正我觉得西方的很多概念,我们有的可以借用,但对许多东西还是谨慎一些好。怎样来判断哪一种概念可以输入,哪一种概念不能输入?我以为还是应该以马列主义经典著作为准绳,在经济学方面,特别要以《资本论》为准绳。因此,我认为要推进经济科学的发展,还是要提倡读马列主义的经典著作,特别要提倡读《资本论》,不但对青年,就是对老年,都要提倡一遍、二遍、三遍、四遍地读《资本论》,读马列原著。只有以马克思主义经济学为标准,我们才能确定西方经济学中间哪些是应该吸收的,哪些是不应该吸收的。像高等数学在经济学上的应用,这些东西我们应该学习，可是像"第三产业"这样的概念，我们是不应该汲取的。这些问题，我相信在经济学界肯定是有争论的，但是提倡读《资本论》，我想是不应该有异议的吧！

山西财经学院有一位中年副教授，叫张魁峰，根据教学的需要，写了一部教案，叫《〈资本论〉浅说》，由展望出版社出版。这类图书，对于《资本论》的初读者，或者说，对于读《资本论》原著一时有困难的读者，作为参考书，似可以用。不过，我是一贯提倡读原著的，愿借此机会，重申我的这个主张。

（原载《经济问题》1983年第3期）

《社会主义经济论》导言(大纲)

本导言主要讨论政治经济学的研究对象、方法和社会主义生产关系产生的特点等问题。这些都不属于对社会主义经济过程本身的分析研究。

政治经济学是社会科学中争论最多的一门学科。原因是：它不仅直接涉及不同社会集团的物质利益，而且由于实践经验不足，认识不够。因此，这门学科更需要贯彻执行"百家争鸣"的方针。

一　政治经济学的研究对象

政治经济学的研究对象是人们在生产过程中的相互关系，即生产关系。研究生产关系必须密切联系生产力和上层建筑，这是大家公认的。但是实际上有不同的理解，并且存在着这样一些错误倾向：

有的经济学家认为，经济管理体制仅仅是国家法制问题，或者是生产力组织学的研究对象，把它排除在政治经济学的大门之外。而有些社会主义政治经济学著作又被写成几乎像政治工作纲要。这两种似乎相反的做法有时甚至出自同一个经济学家。

有的经济学家远离生产力来研究生产关系，可是又否认价值范畴，把国民经济各部门之间的联系仅仅看作使用价值的关系，即技术定额的关系。可是又否认价值范畴……把政治经济学变成了道道地地的"生产力学"。

二 什么是生产关系

许多资产阶级经济学者都从孤立的个人出发来研究经济现象。如同马克思所说的那样,连斯密和李嘉图也免不了玩弄"鲁滨逊故事"。

马克思和恩格斯批判了这种思想,强调指出人是最名副其实的社会动物,是一切动物中最社会化的动物。[①]

在经济学界,从孤立的个人出发,从个人的主观愿望出发来考察社会主义经济现象的"鲁滨逊故事",并不罕见。例如,有人以封建士大夫的清高思想,来设想社会主义的经济生活,反对任何交换,讳言商品,讳言价值和价值规律,幻想倒退到陶渊明式的桃花源生活中去,这是一种对文明的反动。同时,又有人把资产阶级社会中彼此孤立、相互竞争的商品生产者理想化。

人们并不是各自孤立地进行生产,而是结合在一定的关系中进行生产的(商品交换仅仅是这种结合的一种形式)。人们在生产中所结成的这种关系就是生产关系。马克思的《〈政治经济学批判〉序言》对生产关系的作用作了经典性的阐述。后来,恩格斯在《反杜林论》中对生产关系包括哪些内容又作了全面的表述。

三 生产关系包括哪些组成部分

恩格斯在《反杜林论》中指出:政治经济学是"一门研究人类各种社会进行生产和交换并相应地进行产品分配的条件和形式的科学"[②]。这就是说,恩格斯认为,政治经济学所研究的生产关系应该包括生产、交换和分配三个方面。由于交换和分配都是社会再

---

① 见《马克思恩格斯选集》第三卷,人民出版社 1972 年版,第 510 页。
② 同上书,第 189 页。

生产过程中的环节，所以，交换和分配过程中人与人之间的关系又与直接生产过程中人与人之间的关系并立，统称为生产关系。

斯大林在《苏联社会主义经济问题》一书中对生产关系提出了另外一个定义：政治经济学的对象是人们的生产关系，即经济关系。这里包括：（一）生产资料的所有制形式；（二）由此产生的各种不同社会集团在生产中的地位以及他们的相互关系，或如马克思所说的，"互相交换其活动"；（三）完全以它们为转移的产品分配形式。这一切共同构成政治经济学的对象。

这两个定义有两个不同点：第一，恩格斯的定义中没有"所有制形式"；第二，斯大林否认独立于直接生产过程之外的交换，即流通。我们先从两个定义中的第二个不同点谈起。

马克思和恩格斯都很重视交换和交换的总和——流通。他们在《共产党宣言》中，甚至把交换方式同生产方式相并列，作为决定每一个时代的社会结构的重要因素。

杜林也否认独立于生产过程之外的交换过程。恩格斯在《反杜林论》中批判杜林的时候说："生产和交换是两种不同的职能。"又说，"这两种社会职能的每一种都处于多半是特殊的外界作用的影响之下，所以都有多半是它自己的特殊的规律"。[1]

恩格斯认为杜林之所以否认独立于生产过程之外的交换过程或流通过程，"……只不过是证明，他不知道或不懂得正是流通在最近五十年来所经历的巨大发展"。[2]

如果说，恩格斯写《反杜林论》以前的五十年流通中所经历的变化是巨大的，那么在社会主义社会建立了全民所有制经济和集体所有制经济以后，流通过程所经历的变化就更大了。

社会主义经济是社会化程度更高的经济，它要求有更发达、更大规模、更灵活的流通。但是在社会主义"无流通论"的影响下，

---

[1] 《马克思恩格斯选集》第三卷，人民出版社1972年版，第186页。
[2] 同上书，第193页。

拨调或配给制代替了流通，造成了产供销脱节，"货不对路"，使社会再生产不能顺畅进行。这种情况与斯大林定义中否定流通的思想影响，不能说没有关系。

刘少奇是很重视流通问题的研究的。他在总结三年经济困难时期的瞎指挥和"共产风"的教训的时候，曾经指出，流通是最敏感的环节，经济生活中一切问题都会在流通过程中反映出来。因此，他曾指示原中国科学院经济研究所不仅要同国家计委挂钩，而且要同国务院财贸办公室挂钩。

四　恩格斯关于生产关系的定义为何没有"所有制形式"这一条

马克思指出，财产关系（或译作所有制关系，即所有制形式）只是生产关系的法律用语，它的内容是由生产关系决定的。

恩格斯的上述定义已经包含了所有制这个法律用语中所包含的全部经济内容。正是在这个意义上，马克思说："给资产阶级的所有权下定义不外是把资产阶级生产的全部社会关系描述一番。"[①] 斯大林把所有制形式独立出来同生产和分配关系并列，这就意味着脱离生产关系去研究所有制问题。这样做，"不过是形而上学的或法学的幻想"[②]。

这种幻想在现实生活中已经有所表现。

第一个例子。

郭沫若在论证中国古代史分期的标志时就认为，如果从生产关系角度出发着眼，奴隶社会和封建社会是容易混淆的；如果从所有制角度着眼，问题便容易弄清楚。他从《春秋》中发现了"初税亩"三个字，就认为这是井田制即公田制转向私田制的证据，是

---

① 《马克思恩格斯选集》第一卷，人民出版社1972年版，第144页。
② 《马克思恩格斯选集》第四卷，人民出版社1972年版，第324页。

中国转向封建社会的证明。

斯拉夫公社、印度公社、俄国的村社等历史事实告诉我们,在土地公有制下,既可以是奴隶制社会,也可以是封建制社会。可见离开生产关系去谈所有制是不能说明问题的。

第二个例子。

古今中外,有各种各样的"社会主义",如何判别真假?孤立地从所有制形式上看是分别不清的,因为都实行公有制;但从生产关系的总和看就可以区别得一清二楚。离开生产关系,也不能对假社会主义作出正确说明,而只会陷入形而上学的或法学的幻想。

前些年,被"四人帮"严密控制的一些地区、部门和单位,从形式上看,"公有制"未变,可是只要从生产、交换和分配过程中人们的相互关系剖析,就可以看出它们的假社会主义真封建主义的本质,这种"公有制"实际上是挂着社会主义招牌的封建所有制。

多年来,斯大林的这种传统观点几乎统治着整个经济学界,并对实践造成了危害,例如在我国农业等的社会主义改造中,三步并作一步走,以及后来的"穷过渡",造成生产力的巨大破坏。为了压制不同意见,又引起阶级斗争的扩大化。这种认为公有制规模越大——不管生产力水平和实际生产关系如何——社会主义就越完善,只要不断在所有制的法律规定上不断升级,就可以飞速奔向共产主义"天堂"的观点,是一种形而上学或法学的幻想。

总之,斯大林的定义不是从恩格斯的定义前进一步,而是后退了两步。

五 斯大林定义的社会背景

斯大林的生产关系定义,排除了交换,排除了独立的流通过程。这是把社会主义看作自给自足经济的"自然经济观"的表现。

斯大林的这种观点不仅有其思想渊源,也有其深刻的社会根源。

交换和它的总和——流通同社会主义不相容的观点，曾经长时期在社会主义政治经济学中占统治地位。波格丹诺夫20年代的著作《经济学大纲》宣称，社会主义的基础，不是交换，而是自然自足的经济。列宁不断同这种观点作斗争，但它仍然不断改头换面地出现。斯大林没有能够完全摆脱它的影响，最突出的表现就是他的生产关系定义对流通的否定和把所有制（如马克思所说这只是生产关系的法律用语）当作生产关系的基础。苏联实践中生产资料的实物配给制，正是在斯大林否定交换的思想指导下搞出来的。

这种思想上的自然经济观和实践中的实物配给制是有它的深远的社会历史背景的。第一，十月革命前俄国是一个资本主义商品经济不发达，小农的宗法制经济占相当优势的国家。小农经济是半自给性的或自给自足的自然经济。这种自然经济的隔离状态，使小农，特别是在商品交换中大批破产的农民，对流通产生恐惧的心理，幻想过一种没有交换的田园诗式的生活。第二，十月革命后，由于战争的破坏，苏联出现了经济实物化过程；1918年下半年起，为了保证抵抗外国干涉战争的需要和以消费品供应后方工人，苏联开始实行"战时共产主义政策"，这一政策进一步加速了经济关系的实物化，并使人们产生了一种通过平均财富、禁止交换的措施实现社会主义的幻想。后来，虽然采取新经济政策，纠正了这一错误，但社会主义"无流通论"观点时隐时现。

我国原是一个半封建半殖民地国家，商品经济很不发达，自给自足的自然经济占绝对优势，正是"无流通论"的肥沃土壤，在长期的革命战争中，根据地的革命队伍实行"供给制"，中华人民共和国成立三十年来，实行实物配给制，更使"无流通论"易于流行，以至于让斯大林的这种自然经济观在理论上几乎占据着统治地位。在中国，还存在几千年的士大夫的清高思想，重农轻商——过去，把商人列入四民之末。在社会主义时代，又把社会主义的商品货币关系与资本主义的商品货币关系画等号。这是自然经济观在中国的第三个社会历史背景。

六　什么是生产力

政治经济学的研究对象是生产关系，但是要联系着生产力来研究，因此，生产力应该放在政治经济学的研究范围之内。

在马克思主义经典著作中，生产力这一概念，包括两种含义，一是指生产水平、效率；二是指生产力诸因素。二者是不可分的。

在"文化大革命"以前，关于生产力定义问题，在经济学界曾经发生三场争论。后面的三节将对此略加评述，以表明本书对政治经济学研究生产力问题的看法。

七　关于生产力定义问题争论之一
——生产力二因素和三因素的争论

马克思说："劳动过程的简单要素是：有目的的活动或劳动本身，劳动对象和劳动资料。"① 在作者看来，劳动过程无非就是生产力的运行过程，马克思是主张生产力三因素的。但是，在中华人民共和国成立初期的一场争论中，三因素论的观点却被诬为"反马克思主义"。其原因是斯大林讲过：用来生产物质资料的生产工具，以及有一定的生产经验和劳动技能来使用生产工具、实现物质资料生产的人，——所有这些因素共同构成社会的生产力。后来，他又在《苏联社会主义经济问题》中进一步解释了为什么把原材料排除在外而主张生产力二因素的观点。

其实，生产力二因素论的观点是错误的。首先，生产工具确实十分重要，但是，没有原材料，生产工具也是制造不出来的。正如马克思所说，史前时期是"按照制造工具和武器的材料，划分为

---

① 《马克思恩格斯全集》第23卷，人民出版社1972年版，第202页。

石器时代、青铜时代和铁器时代的"。① 在这里，划分历史时期的，与其说是工具的不同，还不如说是制造工具的原材料的不同。其次，劳动生产率是离不开自然条件的，富有的劳动对象往往构成生产力发展的自然基础。如我们说中华民族地大物博，帝国主义国家掠夺殖民地的自然资源来发展自己的生产力，都是指劳动对象。再次，根据资本主义生产发展史，采用不同的原材料往往会出现不同的生产效率。如由于美国南北战争，使英国失去了优质美棉，不得不采用劣质的印度和埃及的棉花，结果大大影响了纺织业。最后，当前工业革命的重要内容之一是劳动对象的革命，如合成材料的出现，直接影响生产力的发展，说明原材料问题十分重要。二因素的观点阻碍了人们去研究原材料对生产发展的影响。

最近有同志说，生产有三个要素，而生产力只有二要素，这如同战斗是人、武器加上敌人三个要素组成，而战斗力仅仅是人和武器两个要素组成，不能把战斗对象——敌人——算作自己的战斗力因素。这个理由不能成立。因为：

第一，生产和战斗，从而生产力和战斗力是性质根本不同的两种事物，二者不可类比。战斗的目的是要消灭敌人，消灭战斗对象；生产的目的不是要消灭劳动对象，而是要把劳动对象加工成另一个产品。

第二，即以战斗力而论，没有实践经验的部队，即没有同战斗对象较量过的部队，战斗力也一定不如同样素质但有实践经验的部队。在这意义上说，战斗对象也是形成战斗力的一个因素。

八 关于生产力定义问题争论之二

——生产力中人的因素和物的因素划分

1958 年，本书作者曾经提出经济学要研究经济建设中人的

---

① 《马克思恩格斯全集》第 23 卷，人民出版社 1972 年版，第 204 页。

因素和物的因素的关系问题。① 有的经济学家批判说，政治经济学的研究对象是人与人的关系，把人与物的关系说成是政治经济学的研究对象是反马克思主义的。其实，从发挥人在生产过程中的能动作用的观点出发，把生产力的三个因素分为人的因素和物的因素两大类，这正是马克思的提法。马克思说：这两类因素结合的特殊方式和方法，使社会结构区分为各个不同的经济时期。

人类社会发展的历史证明，生产力中人和物结合的不同方式和方法，形成了不同的社会结构。社会主义社会应该自觉地不断改进、调整人和物的结合方式，以促进生产力的发展。

不错，政治经济学是研究人与人的关系的，但不要忘记，这里所说的人与人的关系，是指物质财富生产过程中的相互关系即经济关系。"这些关系总是同物结合着，并且作为物出现。"② 因此，政治经济学不能离开物，包括人们之间的物质利益，来空谈人与人的关系。

当然，这里所说的"物"，不是自然物，而是劳动生产物；"人"，不是自然人，而是社会的人。这里所说的人和物的关系，实际上是指活劳动和物化劳动的关系问题，是"$v+m$"和"c"的关系问题。

九　关于生产力定义问题的争论之三

——生产力有没有内部矛盾

20世纪60年代，平心同志正确地提出政治经济学也要研究生产力，生产力的发展并不完全依赖于生产关系的反作用，它也有自己的运动规律，而这个规律是由生产力内部矛盾决定的。他坚持生

---

① 见拙著《社会主义经济的若干理论问题》，人民出版社1979年版，第42页。
② 《马克思恩格斯选集》第二卷，人民出版社1972年版，第123页。

产力三因素观点，坚持人的因素和物的因素相结合的观点。但因为这些观点触犯了那股把"生产关系绝对化，生产力简单化"的"左"倾错误思潮，因比，被诬为"生产力论"。

生产力内部确实存在着矛盾，生产力中人的因素和物的因素就是一对矛盾；但要揭示这个矛盾的运动规律，不能离开一定的生产关系。生产力总是在一定的生产关系下存在和发展的。只有在生产力和生产关系的矛盾运动中才能正确揭示生产力发展的动力。讲生产力"自行增殖"不妥。离开生产关系来谈论"生产力组织学"也是不妥的。

十 科学是生产力，然而不是生产力中的独立因素

生产发展史表明：生产力是随着科学技术的发展而不断发展的。马克思说：生产力里面也包括科学在内。大工业把巨大的自然力和自然科学并入生产过程，必然大大提高劳动生产率。因此，科学是生产力。

科学作为生产力，表现在它能引起生产力三个要素的重大变化。首先，从劳动者来说，劳动力是人生产某种使用价值时运用的体力和智力的总和。体力有限，但智力却能在对文化知识、生产技能、科学技术的学习和生产经验的积累中不断增强起来，从而能更有效地改造自然。其次，从生产工具来说，任何一种新的工具的出现，都是科学技术发展的产物。正如马克思所说：铁路、火车头、电报等，都是物化的智力。由于机器使用而带来的社会劳动生产力，是科学的力量。最后，从原材料来说，新原材料、能源的发现，也离不开科学技术。如当代新型合成材料的出现而引起的劳动对象的革命，就是高分子化学发展的结果。此外，科学技术的发展，会引起管理水平的提高、工艺的改善，使人和物的因素更有效地结合起来。

尽管如此，科学却不能构成生产力中的独立要素。因为科学技

术只有通过劳动者技能的提高、生产工具的改善、原材料范围的扩大和品质的改进,以及上述生产力三个因素的有效结合,才能转化为社会生产力。离开生产力三要素,它只是"知识的形态"上的生产力,即潜在的生产力。

"四人帮"否认科学是生产力,胡说"承认科学是生产力就会贬低人的因素的作用"。其实,这正是前面所说的那种"生产关系绝对化,生产力简单化"的"左"倾观点的恶性膨胀。

十一 社会主义政治经济学研究生产关系是为了什么

社会主义政治经济学研究生产关系是为了寻找社会主义生产关系运动的规律,以推动生产力的迅速发展。

马克思说:"社会关系和生产力密切相联。随着新生产力的获得,人们改变自己的生产方式,随着生产方式即保证自己生活的方式的改变,人们也就会改变自己的一切社会关系。"① 政治经济学研究生产关系,就是为着弄清楚一定的生产关系是在什么样的生产力发展水平下产生并为生产力的进一步发展开辟了广阔场所;弄清楚一定的生产力发展又怎样超过了已经形成的生产关系,从而找出变革生产关系的途径。

社会生产关系的变革不能诉之于"道德"观念。

社会主义生产关系是在无产阶级夺取政权后逐步建立起来的,它有一个从不完善到完善的发展过程。毛泽东说:社会主义生产关系已经建立起来,它是和生产力的发展相适应的;但是,它又还很不完善,这些不完善的方面和生产力的发展又是相矛盾的。社会主义政治经济学要弄清楚社会主义的生产关系中哪些部分还不适应生产力的发展,需要自觉调整;哪些部分适应生产力的发展,需要进一步巩固。

---

① 《马克思恩格斯选集》第一卷,人民出版社1972年版,第108页。

研究资本主义政治经济学的目的是证明资本主义的必然灭亡，从而为了号召无产阶级起来革命，推翻资本主义生产关系（或社会）；研究社会主义政治经济学是为了建设，为了发展生产（即生产力）。

研究社会主义生产关系如果忘记了研究的目的是推动生产力的发展，这就是忘记了根本。在"左"倾思想的干扰下，所谓社会主义政治经济学总是把生产关系仅仅归结为占有关系，最多再加上被歪曲过的按劳分配。由于它的研究离开了生产力，结果堕落为"长官意志"的注释学。

十二　政治经济学的重要性

政治经济学在马克思主义三个组成部分中占着特殊的重要地位。

列宁说，政治经济学是马克思主义的主要内容，"是马克思理论最深刻、最全面、最详细的证明和运用"[①]。

恩格斯说，无产阶级政党的全部理论内容是从研究政治经济学产生的；一切社会变迁和政治变革的终极原因，不应当在有关的时代的哲学中去寻找，而应当在有关的时代的经济学中去寻找。

马克思认为，向公众提供他的《资本论》便可以把党提到尽可能高的水平；同时，他还把《资本论》的出版看作向资产者（包括土地所有者在内）脑袋发射的最厉害的炮弹。

正是根据以上理由，刘少奇在 60 年代初指出：政治经济学是党纲的理论基础。

政治经济学也是各门社会科学的基础理论，如同数理化是自然

---

① 《列宁选集》第二卷，人民出版社 1972 年版，第 588 页。

科学的基础理论一样。政治经济学就是社会科学的基础理论。①

政治经济学的重要性最终是由这门学科所研究的对象即生产关系在一切社会关系中所占的地位决定的。在社会生活中,生产关系是"决定其余一切关系的基本的原始的关系"。因此,研究生产关系运动规律的政治经济学同研究其他社会关系运动规律的各种社会科学相比,就不能不具有基础性。

马克思花了近四十年写作《资本论》。恩格斯在马克思逝世后放弃了自己原来的写作计划,而替马克思整理出版了《资本论》,也说明政治经济学的重要性。

为了实现四个现代化,我们要重视对政治经济学的学习和研究,要读《资本论》。虽然《资本论》主要是研究资本主义社会的生产关系的,但是马克思通过分析指出了在这个社会的废墟上将出现的新社会的轮廓,这是一。第二,《资本论》给我们提供了解剖现代的社会化大生产的一个基本模式。社会主义生产方式比资本主义生产方式规模更大、更社会化,它和资本主义生产方式相比,除了不同的阶级特性以外,在社会化大生产这一点上是有共性的;但是同封建社会的庄园经济和小农经济却很少有共性。

在小生产汪洋大海包围中存在和发展的中国共产党,本来就存在着对马列主义重视不够的狭隘经验主义倾向;反王明教条主义虽有其积极意义,但又助长了不重视理论特别是经济理论的倾向。这种不良倾向被林彪、"四人帮"推到了极端。林彪胡说"《资本论》只能解决资本主义社会的基本规律问题",并以走"捷径"为借口反对读《资本论》;"四人帮"爪牙把给大学经济系学生开设《资本论》课程斥作"讲授'马尾巴的功能'"而横加取消。某些人竟

---

① 这个说法是西北大学一位教授1977年冬召开的西北地区经济学研究规划座谈会上提出的。在那次会上我引以上恩格斯的话来说明政治经济学的重要性,于是这位教授就提出了政治经济学是一切社会科学的基础理论的说法。我当时赞同了这个说法。但是后来有同志读了这次座谈会的记录后给我来信提出了不同意见,认为根据恩格斯的原话,一切社会科学的基础是哲学而不是政治经济学,认为我们是断章取义地摘录了恩格斯的话。关于这个问题我们将在下面第十五节("政治经济学与哲学")中详细讲。

然认为,"经济工作无非就是打打算盘、算算账而已,何必还要办经济院校呢?"

我们必须纠正不重视马列主义理论特别是经济理论的倾向,要宣传政治经济学的重要性。

十三　社会主义生产方式产生的特点

社会主义生产方式的产生,和资本主义生产方式及以往一切生产方式的产生不同,是先有政治制度的变革,然后才有生产关系的变革。资本主义经济的最简单的细胞——商品,在原始公社解体时期就已经产生;资本对雇佣劳动的关系,在封建社会后期已经有相当的发展。而社会主义经济却不可能在资本主义社会中存在。社会主义公有制与资本主义私有制本质不同,它不能在私有制社会中产生,只能在无产阶级夺取政权以后才能产生。列宁指出:社会主义革命和资产阶级革命的区别在于:在资产阶级革命时,现成的资本主义的生产关系形式已经具备了,这种革命只有一个任务,就是扫除、摒弃并破坏旧社会的一切桎梏。社会主义革命则不同,它要在资本主义社会化大生产的物质基础上创造新的生产关系;在落后国家,甚至还要创造作为社会主义的物质基础。因此,由于历史进程的曲折而不得不开始社会主义革命的那个国家越落后,它由旧的资本主义关系过渡到社会主义关系就越困难。

对于无产阶级革命,夺取政权却只是革命的开始;并且政权是用作改造旧经济和组织新经济的杠杆。但是,国民经济的社会主义改造,只是社会主义生产关系产生的前提,而不是这种生产关系本身的运动。所以,它与其说是社会主义政治经济学的研究对象,毋宁说是资本主义政治经济学的研究对象。对于资本主义制度必然为社会主义制度所取代的客观规律性,马克思已经在《资本论》中作过透彻的分析。我们现在需要加以补充的,只是由于帝国主义阶段无产阶级革命首先在资本主义只有中等发展程度,乃至初等发展程度的国家取得胜利带来的若干新的特点。除此而外,就是属于政治学(阶级关系和阶级斗争、革命政党的战略战术等)和历史学(国民经济史)的问题了。因此,关于社会主义改造问题,我们只在《导言》中作一总的交代,在正文中不再加以分析研究了。

各国社会主义改造的具体方式,因革命前的历史条件,主要是社会经济形态和生产力发展水平以及因此而引起的革命的战略战术的不同而有所不同。例如,十月革命时,苏维埃俄国对地主、资本家的财产,不论它是属于本国资本家的,还是属于外国资本家的,一律采取没收的政策。但是在中国民主革命胜利之后,除了对于地主富农①的土地采取没收或征收的政策以外,对于帝国主义资本,对于本国的官僚垄断资本和民族资本的改造,采取了分别对待的政策。

(1)对于日、德、意三国资本,作为反法西斯战争中的敌国财产,在抗日战争期间和抗日战争胜利后就在老解放区采取了没收的政策。

(2)对于美国资本,由于当时美国政府站在国民党一边参与了中国内战,人民政府在解放战争期间和解放战争胜利时也采取了没收的政策。

(3)对于英国、法国、比利时、荷兰、丹麦等第二次世界大战中的同盟国的资本,在解放战争胜利后,由人民政府用征用办法,收归国营。

(4)对于国民党买办官僚资本(包括国民党政府在抗战胜利后接管的日、德、意三国的资本和汉奸的财产),在解放战争期间

---

① 在中国民主革命阶段中,对于富农的土地采取没收的政策,在原则上是对的。因为中国的富农对农民的剥削是带有封建性的。它和资本主义国家的农业资本家是属于两个类型的剥削者。(这问题作者在抗日战争前发表的《财政资本统治下的殖民地半殖民地的生产关系》一文已有详细论证)但是把剥削的雇佣劳动占总劳动的25%及其以上即算作富农,是值得研究的。因为如果25%的收入是剥削他人的劳动,那么75%还是靠自己的劳动;就是说:他基本上还是劳动者而不是剥削者。更何况,在农业生产中还有一个季节性(农忙)的问题。因此,根据这个标准划的富农恐怕是扩大了中国的富农阶级。

和解放战争胜利后，也一律由人民政府接管。

以上四种资本都是在民主革命阶段由人民民主政府没收接管的。但是由于这个人民民主政府是由工人阶级（通过共产党）领导的人民民主专政，它为解放战争在全国胜利之后，民主革命阶段转入社会主义革命阶段做好了准备；所以，这些资本在被人民政府接管的当时就带有社会主义改造的性质了。

（5）民族资本的改造——民族资产阶级是无产阶级在反帝反封建反官僚买办资产阶级革命中的同盟军，在解放战争取得胜利后一个时期内人民政府允许民族资本经营的企业继续存在，并且鼓励它们发展生产，仅仅通过加工订货和银行贷款等手段加以限制。直到革命进一步深入，由民主革命阶段转入社会主义革命的时候，才通过公私合营等办法，对民族资本企业进行社会主义改造。这个政策总的来说，是符合党在新民主主义时期的政治纲领的。但是如果在具体政策上再放宽一些，保持公私合营形式的时间再推迟一些（例如推迟到第二个五年计划末期），对于调动私营工商业者的积极性、发展生产是不是会更有利一些，现在看来，作为历史经验教训，还是可以研究的。

（6）农业改造，即农民个体经济的合作化。小农个体经济必须走合作化的道路是不成问题的。但是如同前面已经说过的那样，步子太快了一些，违背了毛泽东自己说的通过典型示范和自愿的原则。如果经过三年恢复和三个五年计划即十八年的时间来基本完成农业合作化的任务，对于农业生产的恢复和发展肯定要有利一些。

（7）手工业的改造。

（8）小商小贩的改造。

个体小手工业和小商小贩的合作化也是必经之路，但是如同我国农业合作化那样，步子也快了一些，发生了对发展生产和满足城乡人民的需求不利的后果。

十四　关于贯穿全书的红线问题

——政治经济学与政治学

20 世纪 60 年代初《社会主义经济论》编写小组的同志们在起草《〈社会主义经济论〉初稿的讨论意见和二稿的初步设想》的时候，曾经讨论过这样一个问题：《社会主义经济论》以至于一切社会主义政治经济学著作应该贯彻始终的中心思想或"红线"是什么？如果说，科学研究的区分，就是根据科学对象所具有的特殊的矛盾性，那么《社会主义经济论》或一切社会主义政治经济学的特殊矛盾是什么？有的同志认为这条红线应该是社会主义社会的基本矛盾，即社会主义社会上层建筑和经济基础、生产关系和生产力的矛盾。有的同志认为这条红线应该是阶级斗争。

编者认为，这两种意见都不全面，都没有说透问题的本质。

社会主义政治经济学必须探讨社会主义社会生产关系和生产力的矛盾以及上层建筑和经济基础的矛盾，并试图解决这些矛盾。这是不成问题的。因为诚如本文第十一节中说过的那样，这正是社会主义政治经济学研究生产关系的目的。在论述存在阶级斗争的社会阶段的经济学问题时，也离不开阶级斗争的思想。这也是不成问题的。但是社会主义政治经济学在探讨这些问题的时候，如何有别于专论阶级斗争的政治课本和专门论述历史唯物论的哲学课本呢？答复是很明白的：社会主义政治经济学必须从经济的角度来论证社会基本矛盾和阶级斗争。什么是经济角度呢？归根结底，就是要讲究以最小的费用取得最大的效果。批判者认为政治经济学讲"最小—最大"就是政治不挂帅的表现，是否定阶级斗争的证据。这是对政治的莫大曲解。列宁说"政治是经济的集中表现"①。这意思无非是说，政治要从长远的和全局的角度来反映经济利益，是更

---

① 《列宁选集》第四卷，人民出版社 1972 年版，第 441 页。

能反映经济利益的；而不是抛开了经济来谈政治。

恩格斯在批评那种不适当地强调政治、离开了经济来谈政治的主观主义唯心论哲学观点的时候，曾经说过："任何政治斗争都是阶级斗争，而任何争取解放的阶级斗争，尽管它必然地具有政治的形式（因为任何阶级斗争都是政治斗争），归根到底都是围绕着经济解放进行的。……国家，政治制度是从属的东西，而市民社会，经济关系的领域是决定性的因素。从传统的观点看来（这种观点也是黑格尔所尊崇的），国家是决定性的因素，市民社会是被国家决定的因素。"[①]

正是毛泽东在《论联合政府》中说的：中国一切政党的政策及其实践在中国人民中所表现的作用的好坏、大小，归根到底，看它对于中国人民的生产力的发展是否有帮助及其帮助之大小，看它是束缚生产力的，还是解放生产力的。林彪、"四人帮"一伙横行的十年内乱时期，空谈政治不讲经济，给中国国民经济带来巨大的损害。从这一点说，他们是地地道道的托洛茨基主义者：实践已经证明，这样的政治挂帅已经彻底破产了。因为他们的政治或政策不仅是束缚生产力而已，而且是直接破坏生产力的。

什么叫解放生产力呢？那就是要讲经济效果，就是要以最小的费用取得最大的效果。人们可以从两个方面来达到这个目的：一是通过技术革新和技术发明的途径；另一个就是通过自觉地合理地安排社会主义的生产关系以及建立与这种生产关系相适应的上层建筑来达到这个目的。（不用说这样的生产关系和上层建筑也能为技术革新和技术发明创造条件。）社会主义政治经济学的任务就是要探索社会主义生产关系的客观规律，来实现这个"最小—最大"。

因为我在讲政治经济学的时候强调了经济核算、经济效果问题，强调政治经济学要讲"最小—最大"，有一位批判者曾经说，我的政治经济学不是政治经济学，而是经济政治学，意思是说，我

[①] 《马克思恩格斯选集》第四卷，人民出版社1972年版，第247页。

的政治经济学不是政治挂帅而是经济挂帅。我倒很乐意接受这顶帽子。因为经济政治学，即经济政策学，虽然不是严格意义上的政治经济学（即人们有时称为理论经济学的），而是政治经济学的具体运用，多少近于部门经济学（或具体经济学）的范围，然而这总是一门极有用的学问，我们怕的就是为政治而讲政治的政治政治学。对于这种为政治而政治的政治政治学，有一个现成的名称，那就是政客学。

十五　政治经济学和哲学

前面在"政治经济学的重要性"一节中引证了恩格斯关于无产阶级政党的全部理论内容来自政治经济学这句话，作出了"政治经济学是社会科学的基础理论"这个论断。但是有的同志认为，根据恩格斯的原话，应该得出不同的结论：社会科学的基础理论是哲学而不是政治经济学，认为我是断章取义地摘取了恩格斯的话，是曲解恩格斯。因此，我把恩格斯的原话比较完整地引证如下：

>……德国无产阶级的政党出现了。它的全部理论内容是从研究政治经济学产生的，它一出现，科学的、独立的、德国的经济学也就产生了。这种德国的经济学本质上是建立在唯物主义历史观的基础上的……[1]

是的，既然唯物主义历史观（即哲学）是政治经济学的基础，那么一切社会科学的基础的基础应该是哲学而不是政治经济学了。而且我们还可以补充说，恩格斯曾经说过，如果没有德国的哲学，特别是黑格尔哲学，就不可能创立马克思的科学社会主义。[2] 但

---

[1]《马克思恩格斯全集》第13卷，人民出版社1962年版，第525—526页。
[2] 见《马克思恩格斯选集》第二卷，人民出版社1972年版，第300页。

是，恩格斯这些颂扬哲学的话，如何和同一个恩格斯所说，无产阶级政党的全部理论内容来自政治经济学，以及社会变革的终极原因不应当在有关时代的哲学中去寻找，而应当在有关时代的经济学[①]中去寻找等说法相一致呢？

我认为这两种说法完全协调，并不矛盾。因为当恩格斯说，政治经济学建立在唯物主义历史观基础上的时候，指的是马克思主义政治经济学的宇宙观，是这个政治经济学的哲学思想。但是当恩格斯说党的全部理论内容来自政治经济学以及社会变革的终极原因不应当到哲学中去寻找，而应当到经济学中去寻找的时候，他指的是：政治经济学（广义的）是研究各种社会经济形态发展的基本规律的。正是政治经济学而不是哲学或别的学科，通过对于历史上各种社会经济形态的客观发展规律的分析研究，论证了人类社会的发展必然是从原始共产主义部落社会开始，经过奴隶社会、封建社会、资本主义社会，走向社会主义社会和共产主义社会。正因为如此，所以，过去人们也把广义政治经济学称作社会经济形态发展史。

正是政治经济学而不是哲学或别的学科，通过对各阶级在社会上的不同的经济地位（生产关系）的分析，科学地论证了资本主义的掘墓人和社会主义社会的建设者是同农民结成牢固联盟的工人阶级而不是别的阶级，因此领导这个伟大的社会变革的政党是无产阶级的政党而不是别的政党。这也就是恩格斯所说党的全部理论来源来自政治经济学的理由。

不论你研究的是哪一门社会科学，如果你不学一点政治经济

---

① 附带说明，有同志提出，恩格斯这句话的译文不正确。这里"经济学"一词应译作"经济"。这个意见有一定理由，因为德文中"ÖKONOMIE"一词既可以译作"经济"，也可以译作"经济学"，从上下文来看，两种译法都有理由。但是，即使恩格斯的原意是"经济"而不是"经济学"，那么，经济本身作为客观的自在之物，是不会说话的，只有通过人对这一客观自在之物的认识过程才能告诉我们，它是什么。既然是通过了主观认识过程得来的关于"经济"这一客观事物的知识，那也就是"学"了，因此译作"经济学"也无不可。

学，对社会发展的基本规律毫无知识，那么你对于自己研究的那门学科也是研究不好的。

把政治经济学放在历史唯物主义哲学基础上，同研究社会发展基本规律的政治经济学作为一切社会科学的基础理论并不矛盾。人们都承认数、理、化是一切自然科学的基础理论；但是任何一门自然科学，包括数、理、化在内，都要把马克思主义的辩证唯物主义作为自己的宇宙观，作为自己的哲学基础，这是不相矛盾的。

要懂得经济必须学点哲学。列宁深刻地指出：不钻研和不理解黑格尔的全部逻辑学，就不能完全理解马克思的《资本论》。《资本论》问世一百多年来，社会经济发生了巨大变化，要发展马克思主义政治经济学，概括出新的科学结论，同样需要唯物辩证法的指导。只有马克思主义哲学才能给我们提供正确的世界观和方法论，使我们对经济关系有正确的认识手段。

但是同样，如果只研究哲学，不研究政治经济学，如果对社会主义经济过程不作具体的分析研究，不按照客观经济规律办事，而是妄图凭几条哲学格言治天下，解决国民经济中的一切问题，那是必然会碰钉子，损害社会主义建设事业的。我们在中华人民共和国成立以来三十年间，吃的空谈哲学格言的苦头还不够吗！

我们还不要忘记，毛泽东说过，世界上的知识只有两大类：自然科学和社会科学，哲学不过是这两门知识的概括和总结。从这个意义上说，自然科学和社会科学又成了哲学的基础了。

最后，还必须指出，科学是没有高矮之分的。我们说政治经济学是一切社会科学的基础理论。并不表示政治经济学就比别的学科高出了一头，而只是说它是研究其他学科的必修课，或基础知识而已，而哲学虽然是在一切自然科学和社会科学的基础上做出的概括和总结，但是它对一切科学都起着方法论和宇宙观的指导作用。

我们再重复说一句，各门科学只有研究对象的不同，分工的不同，没有高矮之分。

十六　政治经济学和历史学

"政治经济学本质上是一门历史的科学。"① 那么政治经济学同历史学又有什么区别呢？区别是这样的：政治经济学研究的只是一切社会发展的一般的或基本的规律；而历史学则是根据这些基本规律来研究某一民族（通史）、某一朝代（断代史）、某一行业（专业史）、某一学科（如经济思想史、自然科学史）等的具体历史。

正因为政治经济学是研究社会形态发展的一般规律的，历史学家研究具体的历史必须依据这些规律；所以，我们仅仅从这意义上说，政治经济学是包括历史学在内的一切社会科学的理论基础。但是，政治经济学是从哪里得出社会形态发展的一般规律的呢？如果政治经济学不研究具体的历史过程，能够找到社会发展的基本规律吗？当然不能。在这意义上说，研究具体历史过程的历史学又是政治经济学的基础了。

马克思研究了以英国为代表的资本主义社会的经济过程、资本主义社会的发生历史以及全部资产阶级政治经济学思想史，才写出了资本主义政治经济学的经典著作《资本论》。他又和恩格斯在一起，研究了人类的史前社会，古代希腊、罗马的奴隶社会和欧洲及东方的封建社会，为广义政治经济学奠定了基础。科学社会主义的奠基人对历史科学有广博而深邃的研究。没有这种研究作为基础，不可能产生马克思主义的政治经济学，也不可能产生马克思主义的哲学。而马克思、恩格斯对历史的研究，又是以马克思主义的辩证唯物论和历史唯物论的哲学思想为指导的，或者也可以说是建立在这种哲学思想的基础上的。

---

① 《马克思恩格斯选集》第三卷，人民出版社 1972 年版，第 186 页。

十七　政治经济学与部门经济学

除了政治经济学以外，经济科学中还有工业经济学、农业经济学、贸易经济学、财政学等许多部门经济学，门类繁多。学科不断分化，这是科学进步的一种表现。我们在这方面还有不少空白学科，必须大力填补。

曾经有一种意见认为，政治经济学是对经济现象性质的分析，它的对象是生产关系；而部门经济学是具体分析和研究经济过程中的数量问题，它的对象是生产力；前者是科研部门的任务；后者是业务部门的任务。这种看法值得商榷。我认为，政治经济学是密切联系生产力研究生产关系的一般发展规律，而部门经济学是研究某一经济领域生产关系发展的特殊规律，或者是经济领域同其他领域之间的边缘科学（如技术经济学）。

政治经济学是部门经济学的理论基础，研究部门经济学必须以政治经济学为理论基础。政治经济学应吸取和概括部门经济学的成果。正像哲学研究要同具体科学的研究相结合一样，政治经济学的研究要同部门经济学的研究相结合，才能深入。

十八　政治经济学和自然科学

任何生产关系总是建立在一定的生产力的基础上的。现代生产广泛运用科学技术的最新成就。质的分析离不开量的分析，而量的分析在经济问题研究中显得特别重要。因此，研究政治经济学必须具备现代科学技术知识，特别是数学知识，才能深入分析经济过程，具体揭示生产关系与生产力相互关系的丰富内容。

懂得数学，不仅是了解现代生产所必需，而且是经济科学本身的现代化、精密化所必需的。和资本主义政治经济学不同，研究社会主义政治经济学，不只要了解社会经济形态发展的一般规律，而且要探索社会主义经济中的许多具体的宏观问题和微观问题。而要解决社会主义大生产中这些极其错综复杂的具体经济问题，不借助于高等数学是根本办不到的。比如说，某种产品或某几种产品的价格变动，对于这些产品以及其他产品的生产、销售和财务状况会产生哪些连锁反应；又比如，增加某种产品的生产，对于原材料供应、市场销售、劳动力需求等又会产生哪些连锁反应。对此，都应当有精密的计算。这些，不应用现代数学方法，是难以解决的。可是我国老一代的经济科学研究工作者多数缺乏高等数学的素养，对于现代科学技术所知也不多。因此，必须对新一代经济理论工作者加强这方面的训练。老一代的经济理论工作者，包括我自己，也应当根据不同情况补课。

另一方面，从事技术工作的也必须懂得一些经济学，这样才能在考虑各种措施、技术方案时具有经济眼光，不至于只从技术的新旧上着眼，而不考虑如何取得最大的经济效果。

十九　政治经济学的方法

《社会主义经济论》所遵循的方法就是《资本论》的方法，也就是辩证唯物论和历史唯物论。这是原则，是作者的愿望，至于在实际上运用这个方法是否运用得好，那就要请读者批判了。

同样，笔者也遵循马克思的教导，使《社会主义经济论》的叙述方法同研究方法有所区别。马克思《资本论》第一卷第二版跋告诉我们：

"当然，在形式上，叙述方法必须与研究方法不同。研究必须充分地占有材料，分析它的各种发展形式，探寻这些形式的内在联系。只有这项工作完成以后，现实的运动才能适当地叙述出来。这点一旦做到，材料的生命一旦观念地反映出来，呈现在我们面前的就好象是一个先验的结构了。"①

对于马克思上面这两段话，在原则上大家是没有争论的。但是在具体运用于编写社会主义政治经济学的时候，不同意见就出现了。因为我们的研究对象，首先是摆在我们面前的，具体的，包括有全民所有制、集体所有制、个体所有制三种经济成分的中国社会主义社会。不用说，我们在研究过程中，还要参考其他社会主义国家的材料，特别是列宁创建的世界上第一个社会主义国家苏联半个多世纪以来的演变经过。所以这是一个够复杂的研究对象。

我们在对这个对象进行考察研究的时候，当然不能把社会主义经济的这三种经济成分割裂开来，孤立地考察、研究其中的一种。我们要在这三种经济的相互关系中来考察和研究这个具体、复杂的综合体。不仅如此，我们还要在这个综合体同全世界其他国家的经济交往中，在它的历史发展中（即社会主义改造以前以至中华人民共和国成立以前的历史发展中）来进行研究。如果我们在考察研究的时候，不这样做，那就是脱离了实际。

但是在叙述我们研究结果的时候，我们就必须采取另一种方法，采取马克思所提倡的抽象法。我们不能从具体的总体入手，而必须从这个总体的最本质的细胞形态入手，而把其他非本质的东西暂时放在一旁。因为"具体之所以具体，因为它是许多规定的综合，因而是多样性的统一。因此它在思维中表现为综合的过程，表现为结果，而不是表现为起点，虽然它是现实中的起点，因而也是直观和表象的起点"②。

例如，像我们上面所说的那样，社会主义社会是全民、集体、个体三种所有制的综合体，但是，我们的分析不是先从这三种所有制的相互关联的这个总体入手，而是先从全民所有制分析起；而且在开始分析的时候，不仅把全民所有制经济同其他两种所有制经济

---

① 《马克思恩格斯全集》第23卷，人民出版社1972年版，第23—24页。
② 《马克思恩格斯选集》第二卷，人民出版社1972年版，第103页。

的相互关系舍弃掉了，而且把社会主义时期按劳分配的关系也舍弃掉了。于是批判者就说了：不从现实的社会主义社会的三种所有制出发，而是从未来的共产主义社会的单一的全民所有制出发——这种研究方法是典型的脱离实际的研究方法。

不错，没有不同的所有制（单一的全民所有制），没有按劳分配的限制，那就不是现实存在的社会主义社会，而是未来的共产主义社会了。但是谁也不能否认，全民所有制经济是社会主义社会的领导成分。而单一的全民所有制经济也是我们所追求的理想社会。按劳分配不过是我们到达理想的共产主义社会途中的过渡阶段，虽然这是必不可少的一个过渡阶段。既然如此，我们在考察、研究这个具体的、存在有多种所有制的社会主义社会的时候，先把这个既是当前的领导成分，又是我们理想的社会经济形态——全民所有制生产关系分析清楚；然后，我们再进一步来分析这个被我们原先放在纯粹形态中进行分析的全民所有制生产关系，在处于多种所有制的相互关系中，在社会主义按劳分配阶段中，它又呈现出一些什么样的变化。

我们所担心的倒不是在分析中把这个全民所有制的生产关系太抽象化了，而是担心抽象得不够，就是说，没有把它原有的最本质的东西分析出来，从而也就不能把它同其他所有制的相互关系以及按劳分配制度给它的限制观察清楚。

在政治经济学的方法论问题上，除了上面讨论的抽象法问题以外，还有一个叙述的次序问题。在50年代末，我们开始编写《社会主义经济论》的时候，大多数同志主张社会主义政治经济学仍然应该按照客观经济过程来编写，即先分析直接生产过程，然后分析流通过程，最后分析社会生产总过程。我们把这种方法称作"过程法"。也就是马克思《资本论》的编写次序。但是在当时有人认为，沿用《资本论》的叙述方法就是把社会主义经济混同于资本主义经济。于是有同志提出按部门来编写社会主义政治经济学，即按农业、轻工业、重工业、商业等次序来编写。最早参与

《社会主义经济论》的编写工作的同志认为，如果按照部门来编写，势必前后重复。因为尽管由于部门不同，生产、交换和分配的产品使用价值也不同；但是从生产关系的角度来看，在本质上，问题是相同的。因此我们始终坚持仍然按照直接生产过程、流通过程、全社会的总生产过程这样三大篇来表达我们对社会主义经济的研究结果。

现在，社会主义政治经济学要按客观经济过程来分篇编写的意见，似乎已经比较普遍地被接受了。但是，打开每一篇的内容来看，往往仍然是从规律到规律，从政策到政策，从原则到原则。不过这些规律、原则和政策是按照直接生产过程、交换过程、全社会的总生产过程这样三大篇分别排列而已。正如恩格斯所说的那样，"原则不是研究的出发点，而是它的最终结果"[①]。规律和政策也是如此。因此，我们仍然遵循马克思的教导，从经济形态的细胞——产品和商品分析起。马克思在《资本论》第一卷初版序言中说：分析经济形式，既不能用显微镜，也不能用化学试剂，二者都必须用抽象力来代替。而对资产阶级社会说来。劳动产品的商品形式，或者商品的价值形式，就是经济的细胞形式。在浅薄的人看来，分析这种形式好像是斤斤于一些琐事。这的确是琐事，但这是显微镜下的解剖所要做的那种琐事。

于是批判者说了，马克思上面这段话明明是说的资产阶级社会的经济的细胞形态，你把产品和商品也当作社会主义社会的经济的细胞形态，那岂不是混淆了两种不同的社会经济形态了吗？

关于这个问题，我们留在下面第一章来详细说明。

二十　关于抠概念

自从40年代的反教条主义整风运动以来，"抠概念""从概念

[①]《马克思恩格斯全集》第20卷，人民出版社1971年版，第38页。

到概念"被当作教条主义的代名词而加以贬斥和讨伐。但是概念不清，能搞好学问吗？没有"从概念到概念"，哪能有逻辑推理？我们不能笼而统之地反对"抠概念"。反对"从概念到概念"。问题的关键在于我们所用的概念是不是科学地准确地反映了客观事物的本质。首先要搞清楚，我们所使用的概念是唯心主义的、以主观想象为基础的概念，还是唯物主义的、正确反映客观存在的概念。为了搞清这个问题，还得认真地抠一下概念。对于政治经济学这样一门科学，也像对于哲学一样，抠概念特别重要。因为如果说哲学是研究自然界和人类社会一切事物的最一般的，同时也是最本质的学科，那么政治经济学是研究人类经济活动的最一般最本质的学科。正因为这样，所以政治经济学也叫理论经济学或抽象经济学，以别于研究具体经济问题的部门经济学或具体经济学。

长期的反对"抠概念"，贬斥"从概念到概念"。发展到"文化大革命"时期，就造成了极端的概念混乱和黑白颠倒，把理论上许多最起码的常识问题也搞混乱了。自从揪出"四人帮"以后，被他们颠倒了的某些是非观点重新颠倒过来了（例如，对于张春桥的《破除资产阶级的法权思想》的批判，对于康生批判"唯生产力论"的批判，等等）。但是还有许多经济学概念至今仍然混淆不清，其中不少是"文化大革命"之前就已经混淆不清的。

例如，因为讳言利润而把利润或收入一律当作积累；把老本（折旧）当作收入；把配给制当作计划分配，甚至当作按需分配；把社会主义的商品、货币、利润混同于资本主义的商品、货币、利润；把基本建设混同于扩大再生产（由于这种混淆，老厂房屋、设备的更新受到了严格限制）；把盲目建设和盲目生产称作重复建设和重复生产，好像每一种产品全国只能建设一个厂，只允许一个厂独家经营，产品只能生产一次。至于如何区分社会主义社会的价值、价格、生产价格等概念范畴和资本主义社会中的同名称概念范畴，更是我们要在正文中详细研究探讨的，不在这里多说了。

我还想在"导言"中补充说一下的是，由于长期反对"抠概念""从概念到概念",不仅在政治经济学、哲学和其他社会科学中存在概念混淆的情况,在我们日常语言中也存在许多概念不清、用词不当的情况。本来,任何一个民族的语言都是人民大众所创造、经过专家提炼而逐步完善的。人民大众在日常交往中,不断创造出不少新的用语或概念,其中也有一些是不值得提倡的糟粕,必须经过人民大众特别是文学家和语言学家的不断加工,排除糟粕,把其中的精华吸收到本民族的语言中去。中华人民共和国成立后我们的语言学家和文学家在这方面做过不少工作。在"文化大革命"以前,《中国语文》杂志有专栏评论报刊上用词不当、语法不通的词句。文学评论家在这方面也做了不少工作。例如诗人张光年1961年在《关于戏剧语言的杂感》一文中就说过,"把生僻的方言,俚语不加挑选地写到剧本里是不足为法的;为了猎奇把类似'搞对象''耍态度'这些劳动人民的语言糟粕拿到舞台上去推广是应当避免的"①。

但是语言学家和文学家的这些可贵的工作,在"文化大革命"中却遭受到了林彪、陈伯达、张春桥等人的全面否定。林彪胡说什么"文法呀,措词呀""我没有那个精力去推敲"②。陈伯达叫嚣"中国人怎么还学中国语言"。而他自己却结结巴巴地说不了普通话,讲话要让别人"翻译"(笔者的普通话也说不好,文章也不精练,不生动活泼,但是笔者是很赞成学点语言学,学点文法和修辞的)。张春桥则说:"讲究语法的文章,语法上是通了,但文章没人要看了。语法学家是从来写不出好文章的。"③ 好像他的文章很通,很受读者欢迎似的。在这批蒙昧主义者的毒害下,在"文化大革命"期间毕业的中小学生,文章不通,用词不当,概念混乱成了普遍现象。因此,我们社会科学各学科的理论工作者不仅应当

---

① 见《张光年文艺论文集》。
② 见《语法·修辞·逻辑》第二分册,《修辞》(试用本),上海人民出版社1975年版,第9页。
③ 见《语文学习丛刊》1978年第1期。

抠一下社会科学的概念，而且应该关心一下语言的规范化。

最近商务印书馆总编辑陈原在一次报告中提出了"排除语言污染、净化祖国语言"的号召。① 这个号召非常及时。

其实，现在我们的语言和文章不仅如张光年所说的那样，不加选择地吸收了一些劳动人民的语言糟粕，而且我们的文人、学者自己也制造了不少混乱不清的概念、名词，污染人民大众的语言。

例如，质和量，本来是哲学上的两个不同的范畴、概念。量变引起了质变，而质变又促成了量变。这就是哲学上所说的质和量的相互转化。可见质和量是两码事。据我记忆所及，20世纪20年代初，翻译家们因为质和量这两个单音节词读不响亮，于是改成了"质量"和"数量"这两个双音节词。"数量"这个词，意义很明确；但是"质量"这个词，问题就多了。

首先，"质和量"既然是两个不同的范畴、概念，现在合成了一个词，那么到底指的是"质"还是"量"，或者是指"质"和"量"的互变呢？1979年我们国家为了改进产品的质，搞了一个"质量月"运动。事有凑巧，日本在这时候为了改善产品的质，也搞了一个"品质月"活动。因此，当我们的一个访日经济考察团同日本企业家交换"质量月"和"品质月"的经验的时候，日方就指出了"质量月"这个词的不恰当处。中国人的中国文要由外国人来指正，这也就是否定"抠概念"（或"抠字眼"）得到的报应。

其次，在自然科学中，"质量"这个词是别有一个专门内容的，翻开任何一本辞书，在"质量"这个词条下会告诉我们：这是指量度物体惯性大小的物理量，它的值需要用一个相当复杂的公式来表达。

但是，现在"质量"这个词已经被工农大众广泛使用，甚至在集市上，也可以经常听到买卖双方在指摘或夸耀某件商品的

---

① 见《光明日报》1980年12月30日第2版。

"质量"如何如何。在过去，工农大众是不这么说的。他们是说某件商品的质地或品质如何、如何"品质"和"质地"比"质量"精确多了。从这个事例看来，是翻译家、著作家的语言糟粕污染了人民大众的语言。

文人、学者们的概念不清、用字不当影响了人民大众语言的纯洁性的另一个例子，就是"爱人"这个词。据我的记忆所及，"爱人"一词最初出现，是在"五四"以后的进步知识分子中，特别是青年中间。但是最初仅仅是指还在谈恋爱过程中的男女双方，即所谓"情侣"，即现在所说的男朋友和女朋友，可是不久，"爱人"这个词便用来代替"丈夫"和"妻子"这两个词了。于是由原来一个阳性名词和一个阴性名词变成为一个中性名词，"夫妻吵架"可以说成是"两个爱人吵架"了。然而，我们不是用"最可爱的人"来称呼抗美援朝和对越自卫反击战中的解放军战士的吗！怎么把他们同"丈夫"和"妻子"混在一个概念中去了呢！

日常语言中概念混淆的另一个例子是把"自豪"说成是"骄傲"。"骄傲"是一个贬义词，"自豪"才是褒义词。毛泽东说过，中国党历史上几次骄傲招致了几次失败。现在看来，"文化大革命"是其中最惨重的一次（但愿也是最后的一次）。但是中华人民共和国成立以来，却常听到诸如"党和国家的骄傲""民族的骄傲"或"某某人的骄傲"这样的颂词。始作俑者好像又是我们的翻译家，最初出现在外事场合外宾的祝词中。他们常以"你们党和国家可以引以为豪"这类话来赞扬我们的成就。翻译家常把"自豪"翻译成"骄傲"。后来我们自己也这样说了。记得50年代曾经有一位精通汉语的外宾就对我说过，你们毛主席不是要大家戒骄戒躁吗？你们怎么又骄傲起来了呢？可是近年来报刊文章甚至正式文件中以骄傲代替自豪的话越来越多了，甚至名家文章也这样写了。幸好这种说法还只限于文字上，口语中还不多见，所以工农大众还没有学会以骄傲为自豪。

我们在上面说过，语言是亿万人民大众创造的。根据"约定俗成"这个原则，一个词既然被群众接受了，我们就得承认它，把新的含义加进去。但是语言学家、文学家以及一切著作家，对于群众中已经流行的、属于糟粕一类的、含义不清，甚至概念混淆的"词"，还应该有一个提倡和不提倡的分别。希望我们一切著作家，特别是文学家（因为他们的影响最大）尽量避免这些概念不清的字眼。为此，更希望我们的语文杂志恢复《文章病院》一类的专栏，给这些成问题的词和句治治病，（当然我们不是为了去挖苦讥讽中小学生、青年们的文章，这是为鲁迅先生所反对过的。我们也不应该提倡这样做）让我们的民族语言不仅更丰富多彩，而且更规范化。

笔者用了这么多的笔墨来讲"抠概念"的问题，除了想在学术界提倡一下"抠概念"的风气，对于长期以来对"抠概念""从概念到概念"的批判表示一些看法以外，在这里还想表示一点希望，那就是：为了我们政治经济学这门学科的前进，更为了我们这些参加这部稿子编写工作的全体同志的进步，我们热烈希望得到读者的批判意见。但是由于笔者对许多常用的政治经济学概念的解说，跟许多经济学者的解说不尽相同，所以希望读者以我们所用的概念的含义来评价我们的全书。至于我们所给予这些概念的含义是否精确，是否站得住脚，那当然是可以批判的。

（原载《中国社会科学》1983 年第 3 期）

编选者手记

每次来到中国社会科学院经济研究所，都会在二楼见到一尊半身铜像。孙冶方先生目光如炬地望着前方，仿佛在谆谆教诲每一位经济所人——要不忘初心、砥砺前行、敬畏规律、守护真理，为时代开先声，为人民做学问。这是孙冶方的精神，也是经济所人所奉行的原则和信念。

余生也晚，在来到经济所工作之时，孙冶方先生已辞世三十余年。但直到今天，在领导讲话、学术报告中，还是经常能够看到、听到先生的名字。尤其是在经济所举办建所90周年系列纪念活动，邀请老同志撰写回忆录，或对老同志进行口述采编时，"孙冶方"三个字出现的频次几乎是最高的。在许多人看来，经济所之所以被称为"天下第一所"，是因为经济所涌现过一大批引领中国经济学方向的大家和名家。在这璀璨的群星之中，孙冶方先生就是那颗最闪亮的，迄今为止，仍然光芒万丈，熠熠生辉。作为经济所的后进，能够有机会为孙冶方先生编选文章，实在是人生一大幸事。

孙冶方先生一生治学严谨，著述并不算多。他的成果常以论文的形式面世，曾有创作《社会主义经济论》这一专著的愿望，也由于各种原因未能真正实现。在孙冶方先生生前，已出版了《社会主义经济的若干理论问题》及其续集，将先生在中华人民共和国成立之后所撰写的与社会主义经济问题相关的文章大体收入其中。1983年，孙冶方先生去世前夕，曾审定50篇代表其学术成就的论文，其中包括8篇20世纪30年代所作涉及中国社会性质的经济学论文，并经张卓元、冒天启、邝建伟三位先生的编辑，在山西人民出版社出版《孙冶方选集》。1998年，为了纪念孙冶方先生诞辰90周年，孙冶方经济科学基金会委托山西经济出版社出版了5卷本《孙冶方全集》，包括先生从20世纪30年代至80年代半个多世纪所撰写的文章、讲话及内部报告111篇。2008年，孙冶方经济科学基金会与无锡市玉祁孙冶方纪念馆在整理文献资料时，发现《孙冶方全集》漏选了不少文章、译著，因而内部出版了《全集（补遗）》。2018年1月，在孙冶方诞辰110周年之际，《孙冶方文集》（10卷本）由知识产权出版社出版发行。《孙冶方文集》由孙冶方经济科学基金会主持，收集了先生1925年至1983年间的各类作品356篇，是在《孙冶方全集》和《全集（补遗）》基础上再次整理编辑而成的。

  时值经济所建所90周年，编选《孙冶方集》是一种责任，对于编选者来说也是一种荣誉。经过多次讨论，"文库"收入孙冶方先生具有代表性的研究成果24篇，以发表、出版或写作的时间为序。这样编排是为了更客观地展现孙冶方先生在各个年代工作和生活时的原貌，真实反映先生尊重规律、追求真理的研究轨迹。《孙冶方集》在编选的过程中，得到了高培勇所长、朱恒鹏副所长、胡乐明副所长、魏众研究员、郭冠清研究员、张琦副研究员等经济所领导前辈的支持鼓励。需要指出的是，由于编选者时间匆促、能力有限，最终呈现出来的《孙冶方集》难免存在问题，希望得到有识之士的理解与批评。

林 盼
2018年10月

《经济所人文库》第一辑总目(40 种)

（按作者出生年月排序）

《陶孟和集》　　　《戴园晨集》
《陈翰笙集》　　　《董辅礽集》
《巫宝三集》　　　《吴敬琏集》
《许涤新集》　　　《孙尚清集》
《梁方仲集》　　　《黄范章集》
《骆耕漠集》　　　《乌家培集》
《孙冶方集》　　　《经君健集》
《严中平集》　　　《于祖尧集》
《李文治集》　　　《陈廷煊集》
《狄超白集》　　　《赵人伟集》
《杨坚白集》　　　《张卓元集》
《朱绍文集》　　　《桂世镛集》
《顾　准集》　　　《冒天启集》
《吴承明集》　　　《董志凯集》
《汪敬虞集》　　　《刘树成集》
《聂宝璋集》　　　《吴太昌集》
《刘国光集》　　　《朱　玲集》
《宓汝成集》　　　《樊　纲集》
《项启源集》　　　《裴长洪集》
《何建章集》　　　《高培勇集》